U0663592

浙江省哲学社会科学重点研究基地
临港现代服务业与创意文化研究中心
资助出版

浙江省哲学社会科学重点研究基地
临港现代服务业与创意文化研究中心成果丛书

Research of E-Business Information Service Model：
Based on port-neighboring manufacturing demand

电子商务信息服务模式研究：
基于临港制造业需求

陈晴光　著

ZHEJIANG UNIVERSITY PRESS
浙江大学出版社

图书在版编目（CIP）数据

电子商务信息服务模式研究:基于临港制造业需求 /
陈晴光著. —杭州：浙江大学出版社，2018.4
ISBN 978-7-308-17651-4

Ⅰ. ①电… Ⅱ. ①陈… Ⅲ. ①港口经济－情报服务－
研究 Ⅳ. ①F55

中国版本图书馆 CIP 数据核字（2017）第 283333 号

电子商务信息服务模式研究:基于临港制造业需求

陈晴光　著

责任编辑	杜希武
责任校对	杨利军　李瑞雪　牟杨茜
封面设计	续设计
出版发行	浙江大学出版社
	（杭州市天目山路 148 号　邮政编码 310007）
	（网址:http://www.zjupress.com）
排　　版	杭州好友排版工作室
印　　刷	杭州杭新印务有限公司
开　　本	710mm×1000mm　1/16
印　　张	15.75
字　　数	282 千
版 印 次	2018 年 4 月第 1 版　2018 年 4 月第 1 次印刷
书　　号	ISBN 978-7-308-17651-4
定　　价	49.00 元

版权所有　翻印必究　印装差错　负责调换
浙江大学出版社发行中心联系方式：(0571) 88925591；http://zjdxcbs.tmall.com

本专著系浙江省哲学社会科学重点研究基地
——临港现代服务业与创意文化研究中心课题成果
课题编号：12JDLG03YB

内容简介

  本书基于用户需求的信息服务理念，针对制造业电子商务活动过程中不同环节的信息服务需求，对电子商务交易信息服务、物流信息服务、信用信息服务、协同制造信息服务的一般业务模式与盈利模式、信息服务的内容体系与运行机制等内容进行了较为系统的研究探讨，并结合浙江临港制造业的特点，从优化电子商务信息服务生态体系的角度提出构建临港制造业电子商务信息服务模式的对策。

  本书适合电子商务、信息管理与信息系统、管理科学与工程等专业研究生和高年级本科生阅读，也可供从事信息服务和制造业电子商务实际工作和研究的企业、政府相关部门的专业技术人员、管理人员参考。

前　言

　　信息服务是围绕信息的组织、发布、传播以及社会的信息沟通、业务管理与决策所进行的一系列社会化活动，涉及信息提供者、信息需求者、信息内容、信息载体与传播方式等要素。传统的信息服务模式一般以文献为主要载体进行信息的收集、加工、存贮与传递。随着以现代信息技术为基础的信息网络的发展，传统的信息服务条件发生改变，使得人们能够不受时空限制、跨地域获取网络上任意节点的信息服务。

　　信息服务体系的发展演化迄今大致可分为 3 个阶段：面向信息源阶段、面向信息交流过程阶段、面向信息用户阶段。面向信息源是信息服务的初级阶段，其主要特点是以信息资源建设为中心；面向信息交流过程服务阶段则强调信息的传递与利用，其主要特点是以信息资源传递和利用为中心；面向信息用户阶段的信息服务体系是高效的信息服务体系，其主要特点是以主动、适时地为用户提供满意的信息服务为中心。

　　电子商务信息服务也是现代服务业的重要内容。现代服务业从本质上讲，是建立在信息网络基础之上的新型商业活动，电子商务是现代服务业的重要组成部分。互联网和电子商务的快速发展与广泛应用，实现了信息的快速传递和知识的高效获取。就制造业而言，电子商务环境下的信息服务极大地拓展了其对制造业的影响深度和广度，也使得制造企业快速地满足全球范围内用户个性化和多样化的需求成为可能。

　　电子商务环境下，不同地区和行业的信息服务体系，在不同时期选择的侧重点和所产生的效益各不相同。本书是在国家发展海洋经济的战略背景下，围绕现阶段临港制造业电子商务发展中存在的问题及其对电子商务信息服务的现实需求，着重针对浙江省甬、台、温地区，诸如宁波北仑区临港制造业基地、杭州湾新区中出口加工区及先进制造业集聚区等地的临港制造企业，以电子商务、信息服务、管理学理论为基础，兼顾临港外向型制造企业个性化信息服务诉求，系统地探讨面向制造业的电子商务交易信息服务模式、电子商务信用信息服务模式、电子商务物流信息服务模式以及网络化协同制造信息服务模式，涉及各种服务模式的具体业务内容、实现途径或方案建议等。

　　本书基于用户需求的信息服务理念，针对电子商务活动过程中不同环节的信息服务需求，对制造业电子商务信息服务模式展开较为系统的研究，对信息服务和制造业电子商务的研究具有理论和实践价值；本书所阐述的基于临港制造业用户需求的电子商务信息服务模式是互联网＋制造业的典型应用范例之一，对于临港制造业加强与业务伙伴的合作与联系，密切企业与客户之间的关系，提高客户关系管理水平，形成规模经济效应，实现由传统制造向服务型制造的转型与升级，都具有相应的指导作用和参考价值。

　　本书的研究和撰写得到了浙江省哲学社会科学重点研究基地课题（编号：12JDLG03YB）以及浙江省重点学科——服务管理与工程的支持，并得到了浙江省临港现代服务业与创意文化研究中心的出版资助，在此致以诚挚的谢意！在本书的前期调查过程中，得到了海商网等相关企业的大力支持与配合，在此特表示感谢！此外参考了大量国内外同行的著作，引用的内容以及对书刊和互联网相关资料的参考，或在文中注明资料来源，或以参考文献的方式在书末列出，在此向诸位作者表示敬意和感谢！浙江万里学院电子商务专业、市场营销专业先后有 20 多名本科生参与了本研究的企业调查工作，在此谨向相关同学表示感谢！

　　由于电子商务实践在不断发展，电子商务信息服务的许多理论和方法也处于不断完善和发展的过程中，对本书的疏漏和不当之处，欢迎业内专家、同行和广大读者不吝赐教。

陈晴光

2017 年元旦于宁波高教园区

目 录

第 1 章

绪　论

信息服务(information service)是用不同的方式向用户提供所需信息的活动。在电子商务活动中,信息服务起着至关重要的作用。电子商务环境下的信息服务是一种全新的信息服务,其服务模式正随着电子商务应用的普及和深入发展而逐渐从初级阶段基于信息源的信息服务模式向相对更高级阶段的基于用户需求的个性化信息服务模式方向演变,渗透到社会经济众多领域的各个行业。对于电子商务系统而言,信息服务的作用犹如人体的神经系统一样,而基于用户需求的个性化信息服务模式将发展成为新经济常态下电子商务信息服务的主流。对于制造业而言,基于企业用户需求的制造业电子商务信息服务模式,是实现传统制造向服务型制造转型升级的一条重要途径。

1.1　研究背景与意义

在全球电子商务迅猛发展的宏观环境和我国致力发展海洋经济和服务型制造业的战略背景下,基于临港制造业发展中对电子商务信息服务的需求,着重针对浙江宁波北仑区临港制造业基地、杭州湾新区先进制造业集聚区的制造企业以及台州、温州等地临港中小外向型制造企业,开展电子商务信息服务模式研究,对于实施国家海洋经济发展战略、帮助临港制造业实现转型升级持续发展、充实电子商务信息服务理论体系,具有重要的意义。

1.1.1　海洋经济发展战略重要任务的实施要素

中国国家海洋局颁布的《中国海洋 21 世纪议程》明确指出,"中国应该实行以发展海洋经济为中心的海洋战略",在国家战略的海洋政治、海洋经济、海洋军事、海洋科技等领域内，必须坚持"以发展海洋经济为中心"的原则[1]。2011 年国务院批复《浙江海洋经济发展示范区规划》①，确定在浙江临港经济带打造国家级海洋先进装备业和海洋工程装备基地、海水淡化技术装备制造基地，同时坚持自主化、集群化、高端化方向，择优发展新型船舶、汽车、造纸、钢铁等先进制造业。因此，开展临港制造业电子商务信息服务模式研究，也是实施国家海洋经济发展战略的任务之一。

临港制造业是指临港经济带区域内的各类核心制造企业以及与其紧密关联的相关辅助制造企业。一方面，当下发展临港先进制造业，离不开电子商务信息服务和各种信息支撑系统；另一方面，发展海洋经济与临港制造业密不可分，同时对电子商务的应用发展也有着重大的影响。首先，发展海洋经济，通过大规模开发应用新能源、新材料等方式谋求可持续发展的战略目标，与"低碳经济"的电子商务理念不谋而合；其次，制造业欲借助电子商务及信息技术实现增值服务形成"高端产业经济"，与发展海洋经济打造"蓝色经济区"的策略都是倡导高科技、低能耗、环保型的经济发展模式；其三，电子商务能为蓝色经济区建设带来新机遇，而海洋经济的发展反过来又能促进电子商务的全面应用。

1.1.2　充实电子商务信息服务内容体系

本书针对临港制造业所提出的电子商务信息服务模式，是对现有电子商务服务理论和现代服务业知识体系的重要补充。

自 2008 年以来，受美国金融危机、欧洲债务危机升级、人民币升值和国内生产成本上升等因素影响，中国出口商品的价格优势已经被削弱，低端加工制造业订单正在向外流失，不容忽视的"被替代"现象开始蔓延，中国许多外贸制造企业面临着低端"被蚕食"、高端"上不去"的尴尬局面。自 2011 年 9 月阿里巴巴的"网商·成长——阿里巴巴浙江网商顾问团分享计划"暨宁波外向型制造业会议在宁波召开至今，针对外向型制造企业在发展电子商务中遇到的困难，企业界已经在实践中开始了探索，迫切需要有比较系统的相关理论或策略予以指导；2016 年 9 月国家智能制造论坛在宁波举行，多方位探讨加速新一代信息技术与制造业深度融合、加快制造业转型升级的策略。制造企业对信息服务提出了更高层次的需求，迫切需要有先进的信息服务模式来满足这种

---

① 《国务院关于浙江海洋经济发展示范区规划的批复》国函〔2011〕19 号，发改地区〔2011〕500 号。

需求。

因此,开展电子商务信息服务模式研究,为中国制造企业(特别是临港外向型制造企业)实现电子商务顺利转型提供相应的信息服务理论支持,已迫在眉睫。

1.1.3　为临港制造业向服务型制造转型升级提供指引

服务型制造(service-embedded manufacturing)是指企业为了实现制造价值链中各利益相关者的价值增值,通过产品和服务融合、客户全程参与、企业相互提供生产性服务和服务性生产,实现分散化制造资源的整合和各自核心竞争力的高度协同,达到高效创新的一种制造模式,是制造与服务相融合的新产业形态。

调查显示,2007—2009 年起源于美国继而席卷全球的金融危机,对中国临港外向型制造业在海外市场的销路影响非常严重,出口总额不断下降,金融危机期间出口增长率曾一度跌入谷底,经营成本对企业发展的制约显得更加突出。在应对金融危机影响方面,许多企业选择直接降价和缩小经营规模等消极应对措施,而电子商务信息服务缺失或信息化程度不高等因素则助长了企业的消极选择。但调研结果也表明,一些信息化基础比较扎实、电子商务应用程度较好的临港外向型制造企业,仍然保持着一定的盈利能力。

中国临港制造业很多处于产业链低端,以中小企业为主,急需通过产业转型来寻找新的发展途径。因此,如何充分利用国家发展海洋经济战略所带来的良好发展机遇,系统地探讨适合中国临港制造业(特别是临港外向型制造业)的电子商务信息服务模式,降低企业经营成本,实现内外并举和谐发展,是目前业界和学界迫切需要解决的问题。

本书研究的基于用户需求的制造业电子商务信息服务模式,是实现以制造为基础、以服务为导向,使制造业由提供"产品"向提供"产品＋服务"的服务型制造转变的重要而且有效的途径,具有科技含量高、资源环境友好等特点,对于推进制造业服务化、有效提升制造业对服务业中间投入产品的需求,为临港外向型制造企业进一步摆脱金融危机造成海外市场萎缩所带来的困境,为相关制造企业更好地发展电子商务、提升信息服务能力与水平、实现转型或升级以求得持续发展,能够提供决策参考和实践指引,并产生十分重要的推动作用。

1.2　国内外同类研究述评

随着网络购物市场的逐渐成熟,越来越多的制造企业开始转型发展电子商务,电子商务信息服务已成为我国现代服务业的新亮点。但是,目前国内针对制造业电子商务信息服务模式的专项研究还十分有限,相关成果见诸公开报道的尚不多见。在中国学术期刊网络出版总库、中国博士学位论文全文数据库、中国优秀硕士学位论文全文数据库、中国重要会议论文全文数据库中按"临港制造业 and 电子商务信息服务模式 or 电子商务信息服务 or 信息服务"策略检索,没有检索到符合条件的结果。下面分别从制造业电子商务、电子商务信息服务模式等角度,对国内外相关研究进行述评。

1.2.1　国外同类研究与发展趋势分析

国外关于制造业电子商务应用的研究起步比较早,在制造业电子商务平台建设与协同制造、电子商务个性化服务等方面,出现了一批有应用价值的研究成果;在信息服务体系研究方面,相关应用技术成果和标准也在实践中不断完善。

(1)关于制造业电子商务平台建设与协同制造的相关研究。在 20 世纪 90 年代美国、加拿大等国的一些制造企业建立了客户响应和自助服务功能,使得制造企业的业务处理向电子商务方向迅速发展,如思科(Cisco)公司利用因特网为客户提供技术建议、软件下载、问题诊断等服务;Mario Storga 等利用新一代 Web[①] 技术在 J2EE(Java2 平台企业版)平台上建立了协同产品开发系统,形成协同的产品数据管理平台[2];Setrag Khoshafian 在分析商业流程管理及其层次结构的基础上,提出了基于 Web Services[②] 技术的虚拟企业联盟框架[3];Ying Huang 等提出了服务组合框架来解决基于 Web 服务的商业集成问题[4];Hongbo Lan 等提出了一种新型的网络化制造服务系统平台[5],在

---

①　Web 是 world wide web 的简称,即全球广域网或万维网,它是一种基于超文本和超文本传输协议的、全球性的、动态交互的、跨平台的分布式图形信息系统,其中的文档及超级链接可将因特网上的信息节点组织成一个互为关联的网状结构。

②　Web Services 是基于网络的、分布式的模块化组件,它执行特定的任务遵守具体的技术规范,能与其他兼容组件进行交互操作。

远程用户、服务中心和协同制造企业间建立一个协同生产制造的环境。

(2)关于电子商务个性化服务技术的研究。为增强用户的整体满意程度，国外学者对电子商务个性化服务技术进行了广泛研究，如 IBM，ILOG，Broad Vision 等公司的推荐系统允许系统管理员通过用户的静态特征和动态属性来制定规则，依据不同的规则可在不同的情况下提供不同的服务；Lin 等提出了基于关联规则的推荐系统[6]；Jae Kyeong Kim，Yoon Ho Clio 等利用 Web 使用挖掘、决策树、关联规则等多种数据挖掘技术[7-8]来实现产品的个性化推荐。

(3)国外信息服务体系的发展趋势。美国信息业在世界领先，其多渠道、多层次、及时"面向信息用户"的经贸信息服务体系为其成为世界经济大国起了重要的推动作用。以美国发起或建立的各种方式组合成的虚拟参考系统，如 LSS(Library System and Service)和 Convey 等，可实现诸如网上实时解答问题、网页推送、共同浏览、专家及机构间分担问题、答复处理、建立知识库等多种功能的参考咨询服务。北美地区 80％以上的大学图书馆自 2002 年便开始提供网上参考咨询，其中 500 多家图书馆能在网上提供实时的咨询服务。近年来，欧洲各国信息服务业为了建立资源更加丰富、服务范围更加宽泛的统一的信息服务体系，在"面向信息用户"提供服务的过程中，逐步走向了联合或合并。最著名的是欧洲信息网络服务中心（Europeen Information Network Service，简称 EINS），它的前身是著名的欧洲航天局情报信息检索服务中心（ESA-IRS）。

上述国外的研究成果，虽然主要是从技术角度研究与制造业电子商务平台及服务相关的问题，但也可以为本书从服务的管理、策略、机制等角度展开研究提供解决问题的思路和一些有益的启示。

1.2.2 国内同类研究与应用分析

1. 国内制造业电子商务的研究与发展状况

我国制造业电子商务的发展紧跟着全球的发展，近十多年来也涌现出许多研究成果，涉及制造业的多个领域和电子商务应用的多个方面。

(1)关于制造业电子商务系统建设和个性化服务模型的相关研究。我国从 1997 年开始致力于为企业建设电子商务应用系统，此后相继出现了一批有实用意义的成果[9-12]。为了克服制造企业传统销售模型的局限性，李文立开展了基于电子商务的制造业销售服务模型研究[13]，从制造商角度提出基于

B2C 电子商务模式的制造企业售前、售中和售后服务模型，其基于销售服务链的集成销售服务思想对于制造企业构建电子商务营销模式具有一定的意义。在电子商务个性化信息服务方面，国内学者也做了大量研究，提出了多种实现个性化推荐的算法与系统[14-16]。这些个性化推荐系统虽然缺乏对外向型制造业的针对性，更未考虑针对临港或海洋经济背景，但也可以从某些侧面启发本书寻找解决问题的思路。

(2)关于电子商务与供应链整合及网络化协同制造的研究。电子商务与供应链的整合为制造业降低成本提供了可能，全面推进制造业信息化服务是制造业的发展趋势。这方面研究的代表性如宁方华等探讨了电子商务中制造业的物流策略[17]，提出将物流信息系统与电子商务进行有效嫁接以实现物流信息共享和物流作业互动协同的观点；于永军以汽车制造业为例探讨了基于信息技术的组织间协调机制[18]；徐从才认为生产性服务业是打造国际制造业基地的保障[19]，应大力发展电子商务，积极构建现代物流信息交易平台，建设生产性服务业新秩序。朱晓琴认为实施 e 制造(e-manufacturing)可以将制造系统与供应链集成[20]，使供应商和客户无缝连接，适合于多领域的工业自动化集成信息平台。吴俊提出电子商务与供应链整合的模式[21]，谷文辉等则从多个方面提出加快制造业发展电子商务的对策和建议[22]。黄笛等对制约浙江省外贸企业应用电子商务的内外部环境进行了分析[23]，盛革开展了面向制造业企业的协同电子商务模式研究[24]，基于协同商务理论提出了制造业企业协同电子商务模式。戴江鹏等针对网络化生产和制造业电子商务[25]，提出以服务集成的思想构建制造业电子商务服务系统，并采用业务流程执行语言(BPEL)设计实现该制造业电子商务服务系统。陈拥军提出建设与开发制造业公共电子商务服务平台[26]，实现中小制造企业的网上联盟和协作制造。丁疆辉探讨了传统制造业在信息技术下基于时间成本的生产链空间组织的变化特征[27]，证明了服装纺织企业在信息技术下，其设计、生产、配送的周期能快速缩减。曾静等开展了区域化制造业产业集群电子商务平台构建研究[28]。此外，杭建平对传统制造业企业开展电子商务的风险进行了研究[29]，张春玲等对制造业电子商务与 ERP 集成方案进行了研究[30]。总的看来，关于电子商务与供应链整合及网络化协同制造方面的研究目前还比较零散，探索深度也比较有限，但其包含的电子商务与物流供应链整合服务的思想导向，以及在电子商务环境下实现网络化协同制造的思想雏形，对本书的研究具有借鉴意义。

2. 国内电子商务信息服务模式的研究状况

信息服务体系的发展演化迄今主要经历了面向信息源→面向信息交流过程→面向信息用户三个阶段的变化过程[31]。本书基于临港制造业需求开展电子商务信息服务模式研究,属于面向用户的信息服务体系,处于信息服务模式发展的高级阶段。

(1)信息服务模式研究状况。信息服务模式是信息服务各要素在某种环境下表现出的状态,描述的是信息服务各要素和有关因素的不同组合及其相互关系。信息服务越是发展,其模式就越是多样。不同机制诞生的信息服务模式是多种多样的,陈建龙根据信息服务要素之间的关系,将信息服务的基本模式区分为三类:描述源于信息服务内容(信息系统、文献等)并以信息服务产品为中心的传递模式;描述源于信息用户的信息需要并以用户信息使用为中心的使用模式;描述源于信息用户当前有待解决的问题并以用户问题解决为中心的问题解决模式[32]。这样的分类方式充分考虑到了以用户问题解决为中心的重要性,但是忽略了信息发布活动平台和具有信息生产能力的需求者。李家清探讨了网络环境下信息服务方式的发展及优化过程,认为信息集成服务、垂直信息服务、网络智能知识服务、信息推送服务和数字参考服务是网络环境下主要的信息服务模式[33]。这些模式虽然也提到提供专门化、个性化、创造性的信息服务和应用人工智能,但还是无法凸显出面向需求信息提供者的主动服务和信息生产能力,以及自主选择任务主题等非资源数据库和数字信息平台提供需求信息的信息服务方式。

此外,温浩宇等认为信息用户在网络中搜索并获得信息的方式并不单一,主要的信息服务模式可分为两类:服务器依赖型模式(包括 C/S 结构和 B/S 结构)和对等网络模式(包括 P2P 模式和 P2SP 模式)[34];舒明全认为计算机网络和多种信息载体形式的出现,导致用户信息需求模式发生了根本性的变化:由传统的对文献普遍性需求转向个性化信息需求,提出并建立了基于用户个性化需求的精品化信息服务模式[35];王斌则在综合性信息服务基础上提出一种专注于信息的专深性、体现"以人为本"理念的垂直门户信息服务模式,认为网络信息服务模式从水平走向垂直是一种趋势[36]。垂直门户提供专门的服务,可以吸引潜在的顾客群体,为制造业开展电子商务提供理想的平台。

(2)关于面向用户的信息服务研究。我国对面向用户的信息服务已有一定的理论研究与实践。理论研究主要集中在面向用户的信息服务理论与用户需求、面向用户的信息服务技术方法与系统设计等。张立功认为面向用户的科技情报信息界应该从信息资源数字化、情报信息服务网络化、重组情报信息服务工作流程并提供知识化服务三个方面着手，重新构建情报信息工作的模式[37]；佟泽华等提出由 DM 模式(传统支付模式)、ASP 模式(提供网络基础服务)、SaaS 模式(软件即服务)交互融合发展构建金字塔式层次结构的企业信息服务融合模式[38]；郭亚军以用户信息需求为导向建立起个性化数字信息服务钻石模型[39]，该模型将数字信息产品和用户关系管理作为表现形式和核心资源，以数字信息产品的个性化定制和用户关系管理的个性化交互作为主要信息服务特征。常永华等利用演化博弈论分析电子政务信息主体的信息利益关系，进而构建政府和公众的群体演化模型[40]，提出促进电子政务信息服务的对策建议。黄付艳等将用户的信息需求分为表达、认识和潜在信息需求 3个层次，并在此基础上构建了适应不同层次需求的图书馆信息服务模式体系，提出了适应用户需求的对接需求、确认需求和超越需求这三个层次的服务策略[41]。

关于面向用户的信息服务方法与系统设计的研究，也有许多成果见诸报道，代表性的诸如朱秀梅、郭亚军等分别对企业自主创新信息服务体系的构建、服务需求展开了研究[42-43]；祖峰对社区零售业电子商务服务模式进行了研究[44]；王素丽、王仕雪分别对云计算环境下高校图书馆信息服务模式进行了探讨，分析了 Web 2.0 环境下个性化信息服务的特征、信息服务的方式与路径[45-46]；李伯虎等提出了一种面向服务的网络化制造新模式——云制造[47]；顾新建等则对制造业服务化和信息化融合技术展开了研究[48]。

上述研究涉及的方面比较广泛，其中针对图书馆信息服务模式的研究比较充分，尽管涉及制造业信息服务的研究成果并不多见，一些成果在研究内容的系统性和深度等方面也还有待进一步加强，但其研究方向如"云计算环境""个性化信息服务"等显示了该领域研究很好的发展趋势。

(3)关于电子商务信用信息服务的研究。在进行一般信息服务模式研究的同时，也有学者开始了对电子商务信用信息服务的探讨。如王伟军通过分析基于网络的第三方信用信息服务模式[49]，提出发展电子商务信用信息中介服务的观点。毕强等对电子商务信用信息服务展开了研究，认为信息不对称造成的信用风险已经成为阻碍电子商务发展的主要原因[50]。这些研究虽然还处初始阶段，但对于进一步有针对性地系统研究外向型制造业的电子商务信用信息服务模式，具有很好的参考价值。

3. 中国制造业电子商务信息服务状况

中国电子商务服务业正蓬勃兴起，而且呈现出专业分工更加细化的趋势，制造业电子商务信息服务市场需求势头强劲。一方面，中国有许多第三方电子商务信息服务平台,诸如阿里巴巴 B2B 网络公司(china. alibaba. com)、网盛生意宝(www. toocle. cn)、环球资源网(www. globalsources. com)、中国制造网(cn. made-in-china. com)、中国制造交易网(www. c-c. com)、全球机械网(www. qqma. com)等 B2B 电子商务交易信息服务平台都可以为制造业(包括外向型制造业)提供采购和供应信息服务。另一方面,在当前国际经济形势和国内大力发展海洋经济的大背景下,"外需"疲软倒逼中国大量外向型企业转向国内市场,许多外贸制造企业纷纷进军电子商务。但传统外向型制造企业做电子商务面临三大挑战:第一,转型电子商务小批量、多批次的新模式挑战;第二,缺乏电子商务渠道建设与运营经验;第三,缺少电子商务人才与专业的团队。

临港外向型制造业相对于内陆腹地的制造业而言,对国际市场风云变化的感知可能会更加敏感,因而对电子商务信息服务的需求也更迫切,对相关信息服务的时效、质量等方面的要求也会更高。因此,临港外向型制造业企业自觉、主动地利用信息技术和电子商务,进行流程再造和渠道转型,使管理和经营策略从纵向一体化向横向一体化发展,与其他企业共享信息资源,快速组织生产,满足市场需求,已经成为企业赢得竞争,持续发展的必然选择。

1.2.3 制造业信息服务研究存在的问题

目前国内外对于制造业电子商务平台及电子商务信息服务问题的研究,已取得了很大的成果,并且有部分成果已经转化为生产力。但是针对制造业电子商务信息服务的理论研究还比较零散,对于临港制造业的电子商务物流信息服务、信用信息服务、网络化协同制造信息服务等也都有待系统地进行研究,具体存在以下问题:

(1)制造业信息服务模式缺乏系统性。对制造业信息服务基本内涵、服务内容和业务模式等的提炼不够,缺乏系统性,尤其是针对外向型制造业的电子商务信息服务模式的研究,还处于概念认识阶段,未能对服务途径等问题进行深入分析。

(2)电子商务交易服务信息与物流服务信息脱节。制造企业(尤其是外向型制造业)目前可以利用的电子商务交易平台大多只侧重于提供交易信息服务(如 Made in China、环球资源、阿里巴巴等 B2B 网络交易平台),而电子商务物流服务信息不足或缺乏,买卖双方线上成交后需要另觅渠道采用其他商业模式完成相应的物流服务,无法通过一个资源整合平台来实现制造业电子商务交易中的信息流、物流、资金流、商流真正的一体化运作。虽然有学者曾提出制造业应将物流信息系统与电子商务进行有效嫁接以实现物流信息共享和物流作业互动协同的观点[17]，但并未深入探讨实现途径或业务模式。

(3)电子商务信用信息服务不足。虽然有些电子商务平台提供了一些有关企业的诚信信息服务（如阿里巴巴的"诚信通"等），但在很多情况下还不能满足临港外向型制造企业对有关诚信信息服务的需求。

(4)网络化协同制造信息服务缺失。电子商务环境所带来的网络化协同制造优势，在实践中还未得到有效的应用。

上述问题的解决，既涉及计算机技术、网络技术、现代通信技术等自然科学领域的知识和技术，也涉及管理学、经济学、服务学等社会科学领域的理论及方法，需要综合应用多学科的理论知识方法加以解决。本书拟从社会科学的角度，基于制造业用户的信息服务需求，从服务内容、组织管理、服务策略、运营机制、实现方案等方面展开对制造业的电子商务信息服务模式的研究。

1.3　研究的基本方法与内容

1.3.1　基本研究思路

首先，通过文献阅读、资料研究、数据收集等确定研究的理论框架和初步解决方案；然后，从我国发展海洋经济、打造临港先进制造业的现实需求出发，以浙江临港制造业为主要研究对象，通过分析其电子商务信息服务的需求及特点，以电子商务、数据挖掘等信息技术和服务学、管理学理论为基础，兼顾企业个性化信息服务诉求，系统地探讨面向临港制造业的电子商务交易信息服务模式、电子商务物流信息服务模式、电子商务信用信息服务模式以及制造企业网络化协同制造信息服务模式的具体内容、实现途径或方案建议。

1.3.2　主要研究方法

(1)文献研究法。针对临港制造业信息服务模式这个研究主题，通过文献阅读、资料研究、数据收集等确定研究的理论基础和方案框架。

(2)理论研究与实证研究相结合的方法。采用问卷调查法、实地访谈法进行有关信息服务需求和应用现状的调查，同时结合文献研究法、统计分析法进行外向型制造业的电子商务信息服务特点分析。

（3）以多学科的理论和方法为支撑开展研究。综合运用管理学、服务学、系统科学、信息科学的原理和方法开展制造业的电子商务信息服务模式研究，充分把握其复杂的内在机理，并进行一般的抽象和概括。

1.3.3　主要研究内容

1. 临港制造业电子商务信息服务的特征研究

（1）临港制造业的发展现状分析。以浙江省宁波北仑区临港制造业基地、杭州湾新区中出口加工区及先进制造业集聚区的制造企业以及温州、台州等地一些中小型制造企业为例，调查分析现阶段浙江临港制造业的电子商务应用与发展现状。

（2）临港制造企业对电子商务信息服务的需求调查。以浙江省上述区域内临港制造业企业为调研对象，其中着重针对宁波北仑区临港制造业基地以造纸、修造船为主体的青峙工业园区、以汽车配件生产为主体的汽配工业园区、以台塑为主体的石化区等相关企业展开电子商务信息服务需求调查。调查内容包括企业对电子商务产品销售及原材料供应信息的服务需求，对上下游企业信用信息的服务需求，对电子商务物流服务信息的需求等。

（3）临港制造业的电子商务信息服务需求特点分析。查阅大量文献资料，用文献研究法对外向型制造业的电子商务信息服务特点进行分析归纳；用统计分析方法，着重对宁波修造船、造纸、汽配等企业调查所获取的资料进行分析，找出其电子商务信息服务的核心需求。

2. 临港制造业电子商务交易信息服务模式研究

（1）电子商务信息服务的一般业务模式分析。对现有的各种电子商务信息检索服务、电子商务信息咨询服务、电子商务信息中介服务、电子商务信息内容集成服务的主要业务模式和盈利模式系统地进行梳理和分析，重点关注信息服务主要业务模式及其发展趋势。

（2）制造业基于 Web 2.0 的交易信息服务模式研究。针对浙江临港制造业的电子商务信息服务需求及其特点，在优化一般信息服务业务模式的基础上，探讨 Web 2.0 环境下适合浙江临港制造业的电子商务交易信息个性化推送服务等服务模式的实现方案。

3. 临港制造业的电子商务物流信息服务模式研究

（1）研究电子商务物流信息服务基本模式。分析电子商务环境下物流信息的主要内容和特征、基本类型，探讨电子商务物流信息服务业务模式和跨境贸易的物流信息服务对策。

(2)研究与 B2B 交易平台协同工作的物流信息协同服务模式。针对 B2B 电子商务国际市场的特点,探讨为在 B2B 交易平台达成外贸交易的买卖双方提供物流资源整合服务的物流协同信息服务系统的构建策略。

4. 针对临港制造业的电子商务信用信息服务模式研究

(1)电子商务信用信息服务现状分析。采用问卷调查法、文献分析法对我国电子商务信用信息服务的法律法规、信用信息服务体制、信用信息资源的构成等基本情况及宁波北仑区临港制造业基地、杭州湾新区中出口加工区及先进制造业集聚区的制造企业以及宁波、台州等地其他中小型制造企业电子商务信用信息服务现状进行调查与分析。

(2)临港制造业电子商务信用信息服务的组织管理模式研究。在系统地分析目前我国电子商务信用信息服务的组织体系和管理模式(主要有政府主导模式、市场主导模式)特点的基础上,提出具有较强可操作性、适合浙江省临港制造企业的电子商务信用信息服务的组织管理模式。

(3)临港制造业电子商务信用信息服务内容体系研究。分析目前我国电子商务信用信息的主要来源及其服务的主要业务内容,提出适合制造业的电子商务信用信息服务内容体系。

(4)临港制造业电子商务信用信息服务的运营模式研究。主要以提供信用信息管理的信用中介机构为例,探讨适合制造业电子商务信用信息服务的运营模式。

5. 临港制造企业网络化协同制造的信息服务模式研究

(1)分析制造企业在电子商务环境下的协同制造信息服务需求。以浙江省宁波北仑临港制造业基地中汽配和汽车整车生产产业链、钢铁和不锈钢及制品产业链、化工和能源生产利用产业链为主要取样对象展开调查分析,从关联业务单链协同和多链协同等方面具体分析相关制造企业在电子商务环境下的协同制造信息服务需求。

(2)设计制造业产业链关联业务单链协同信息服务平台的概念模型。针对制造业产业链中企业的业务关联需求,建立关联业务单链信息服务协同设计过程、外协生产制造过程的业务概念模型,并以此为基础进行信息服务平台的总体设计,同时探讨关联业务单链协同信息服务平台的服务模式和运行方法。

(3)开展制造协同信息服务网的构建研究。提出制造协同信息服务网的概念、主要服务内容、一般组织结构,探讨分别基于 Agent 和复杂网络的制造协同信息服务网建模的方法,并讨论构建制造协同信息服务网的部分关键技术。

6. 浙江临港制造业电子商务信息服务模式的综合应用策略研究

以浙江省各级政府部门对临港产业经济带的有关发展规划精神为指导,针对浙江临港产业带的特点,从打造浙江临港制造业基于 Web 2.0 的信息服务模式、建立制造业 B2B 交易平台与临港物流协同信息服务系统、完善浙江临港制造业电子商务信用信息服务体系、以汽车制造为例构建浙江临港制造协同信息服务系统平台等方面,提出浙江临港制造业电子商务信息服务模式的应用策略。

1.3.4 研究的重点难点分析

本书研究的重点:主要包括临港制造业基于 Web 1.0、Web 2.0 环境下的交易信息服务模式、临港制造业的电子商务平台交易信息与物流网络信息协同服务模式、临港制造业电子商务信用信息服务内容体系及运营模式、电子商务环境下临港制造企业的协同制造信息服务模式四个方面。

本书研究的难点:临港制造业的电子商务交易平台与物流网络的信息服务协同工作机制;电子商务环境下临港制造企业的制造协同信息服务实现方案。

1.4 研究的创新点与实践价值

1.4.1 研究的创新点

本书是在国家发展海洋经济的大背景下,通过运用现代信息技术、整合各类信息资源来研究制造业的电子商务信息服务模式,揭示其服务的具体内容和实现途径。与同类研究相比,本书有以下方面的创新:

(1)研究方法创新。本书充分考虑到 Web 2.0 环境以及大数据、云计算等新兴信息技术的应用对制造业和电子商务市场带来的冲击和影响,采用数据挖掘与现代信息技术相结合的方法,提出满足临港制造业企业用户电子商务信息服务个性化需求的策略。

（2）理论观点创新。本书采用系统论的观点，从电子商务信息技术和服务科学的角度揭示临港制造业电子商务信息服务模式的具体内容、实现途径或方案建议，特别是提出了电子商务信息中介服务平台与物流服务网络实现信息共享协同服务的工作机制，具有理论上的创新性，丰富和深化了电子商务信息服务理论。

1.4.2　研究成果的实践价值

临港制造业的信息服务模式属于国家发展海洋经济战略任务的组成部分，也是临港制造业实现转型升级的关键。因此，本书研究成果对于浙江海洋经济的发展和临港制造业向服务型转型升级，具有重要的促进和推动作用。

（1）针对临港制造业用户的电子商务信息需求给出了相应的信息服务模式。本书提出的基于临港制造业用户需求的电子商务信息服务模式，是实现临港制造业由单纯提供"产品"向提供"产品＋服务"的服务型制造转型的有效途经，能够助推信息化与工业化的深度融合，特别是关于制造业电子商务中介服务平台与物流服务网络实现信息共享协同工作的服务模式，可以推广应用于相关物流企业以及兼做物流服务的外贸企业或产品销售企业（批发商或零售商）等，为其提供具有较高参考价值的商业模式。

（2）所提出的电子商务信息服务模式能够辐射到制造业以外的相关企业推广应用。本书给出的制造业信息服务模式虽然主要是基于浙江省临港制造业需求提出的，但可以辐射应用到浙江省以外其他环境条件类似的临港制造企业及其他相关行业，为其更好地应用与发展电子商务、提升信息服务能力与水平，提供决策参考或实践指导。

1.5　本章小结

本章阐述了基于临港制造业的需求研究电子商务信息服务模式的背景和意义，分析了国内、外同类研究的状况及我国制造业信息服务研究与应用方面存在的主要问题，给出了研究的基本思路、主要内容及所用方法，并对研究的重点难点、创新点及研究成果的实践价值进行了总结，为下一步展开研究提供了基础。

参考文献

[1] 国家海洋局.中国海洋 21 世纪议程[M].北京:海洋出版社,1996.

[2] STORGA M，MARJANOVIC D. XML-Based Web service for collaborative Product Data Management[C]. Rome：ICE 2002-8th International Conference on Concurrent Enterprising，2002.

[3] SETRAG KHOSHAFIAN. Web Service and Virtual Enterprises [M]. Tect，Chicago，USA，2002.

[4] HUANG Ying，CHUNG Jen-yao. A Web services-based framework for business integration solutions[J]. Electronic Commerce Research and Applications，2003，2(1)：15-26.

[5] LAN Hong-bo，DING Yu-cheng，HONG Jun，et al. A web-based manufacturing service system for rapid product development[J]. Computers in Industry，2004，54(1):51-67.

[6] LIN，W，ALVAREZ，S A and RUIZ，C. Efficient adaptive-support association rule mining for recommender systems[J]. Data Mining and Knowledge Discovery,2002,6(1):83-105.

[7] CHO Y H，KIM J K，KIM S H. A Personalized Recommender System Based on Web Usage Mining and Decision Tree Induction [J]. Expert Systems With Applications,2002，23(3).

[8] CHO Y H，KIM J K. Application of Web Usage Mining and Product Taxonomy to Collaborative Recomrnendat ions in E-Commerce [J]. Expert Systems With Applications，2004，26(2).

[9] 章雪岩,陈宁.电子商务对制造业及其信息系统的冲击[J].计算机应用研究,2001(5):40-42.

[10] 鲁耀斌,张金隆,罗静.基于电子商务的汽车行业供应链管理模式研究[J].工业工程与管理,2002(4):16-19.

[11] 张征宇,丁玉成,洪军等.基于 Web Services 架构的制造业信息化模型研究[J].小型微型计算机系统,2003(12):2312-2315.

[12] 吴应良,吴炜.一种面向协同电子商务的企业应用集成系统体系结构[J].计算机工程与应用,2003(23):53-56.

[13] 李文立,黄丽华,孙海等.基于电子商务的制造业销售服务模型研究[J].计算机集成制造系统,2004(10):1278-1283.

[14] 王实,高文,李锦涛.基于分类方法的 Web 站点实时个性化推荐[J].计算机学报,2002(8):845-852.

[15] 鲍玉斌,王大玲,于戈.关联规则和聚类分析在个性化推荐中的应用[J].东北大学学报,2003(12):1149-1152.

[16] 岳训,苗良,巩君华.基于矩阵聚类的电子商务网站个性化推荐系统[J].小型微型计算机系统,2003(11):1922-1926.

[17] 宁方华,陈子辰.熊励等.电子商务中制造业的物流策略[J].制造业自动化,2004(5):49-52.

[18] 于永军,柯士涛.信息技术对组织间协调机制的影响[J].云南民族大学学报(哲学社会科学版),2005(7):71-75.

[19] 徐从才,乔均.生产性服务业是打造国际制造业基地的保障[J].中国流通经济,2006(2):17-20.

[20] 朱晓琴,朱启贵.e 制造在现代制造企业中的应用分析[J].制造业自动化,2006(11):86-87.

[21] 吴俊,万方.电子商务与供应链整合探讨——基于制造业分析[J].特区经济,2006(2):235-236.

[22] 谷文辉,韦俊仲.中国制造业电子商务应用研究[J].江苏商论,2007(1):44-45.

[23] 黄笛,钟子建.制约浙江省外贸企业应用电子商务的内外部环境因素分析[J].商场现代化,2007(7):161.

[24] 盛革.面向制造业企业的协同电子商务模式研究[J].改革与战略,2008(8):126-130.

[25] 戴江鹏,董永强,陈仇.基于 BPEL 的制造业电子商务服务系统[J].计算机工程,2009(1):277-279.

[26] 陈拥军,龙文.制造业公共电子商务服务平台的建设与开发[J].中国管理信息化,2009(4):88-90.

[27] 丁疆辉,宋周莺,刘卫东.企业信息技术应用与产业链空间变化——以中国服装纺织企业为例[J].地理研究,2009(7):883-892.

[28] 曾静,刘斌.区域化制造业产业集群电子商务平台构建研究[J].商业时代,2010(11):50-51.

[29] 杭建平.传统制造业企业开展电子商务的风险研究[J].工业技术经

济,2003(2):32-34.

[30] 张春玲,吕震宇,刘遵峰.制造业电子商务与 ERP 集成方案研究 [J].现代制造工程,2010(4):35-38,74.

[31] 姜晓,吕先竞.国内外"面向用户的信息服务体系"的发展研究述评 [J].图书情报知识,2004(2):25-28.

[32] 陈建龙.信息服务模式研究[J].北京大学学报(哲学社会科学版), 2003(5):124-132.

[33] 李家清.资源共享环境下的信息服务模式变革[J].图书情报知识, 2003(10):60-62.

[34] 温浩宇,张云涛,韩卫中.几种基于网络的信息服务模式比较研究 [J].情报杂志,2007(10):144-145,149.

[35] 舒明全.基于用户个性化需求的精品化信息服务模式[J].情报科 学,2004,22(6):743-751.

[36] 王斌.垂直门户及垂直门户信息服务模式可行性研究[J].图书情报 工作,2001(1):48-49,27.

[37] 张立功.知识经济时代科技情报信息服务模式的探讨[J].情报杂 志,2009,28(2):220-221,224.

[38] 佟泽华,刘玉照,乔振等.基于 SaaS 的企业信息服务模式与传统模 式探讨[J].情报杂志,2010,29(8):158-161.

[39] 郭亚军.个性化数字信息服务模式研究.情报理论与实践,2011,34 (7):56-59,48.

[40] 常永华,李春玲.电子政务信息服务模型研究——基于演化博弈的 分析[J].情报理论与实践,2011,34(9):73-77.

[41] 黄付艳,李红.基于用户需求层次分析的图书馆信息服务模式[J]. 现代情报,2010,30(7):31-33,38.

[42] 朱秀梅,陈凌.企业自主创新信息服务体系构建研究[J].情报资料 工作,2008(2):49-52.

[43] 郭亚军.基于用户信息需求的数字出版模式研究[J].档案学通讯, 2010(3):52-55.

[44] 祖峰.社区零售业电子商务服务模式研究祖峰[J].江苏商论,2009 (2):17-18.

[45] 王素丽.云计算环境下个性化信息服务的模式[J].图书馆学刊, 2010(8):82-84.

[46] 王仕雪.面向云计算的高校图书馆信息服务模式研究[J].兰台世界,2011(27):66-67.

[47] 李伯虎,张霖,王时龙等.云制造——面向服务的网络化制造新模式[J].计算机集成制造系统,2010,16(1):1-7,16.

[49] 顾新建,张栋,纪杨建等.制造业服务化和信息化融合技术[J].计算机集成制造系统,2010(11):2530-2536.

[49] 王伟军,夏立新,张园园.基于互联网的第三方信用信息服务[J].中国图书馆学报,2004(3):65-68.

[50] 毕强,齐志,白云峰.电子商务信用信息服务模式研究[J].情报科学,2007(11):1634-1639.

第 2 章

电子商务信息服务相关理论

电子商务绝不仅仅是购买和销售,它同时也是一种电子化的沟通、合作和信息传递。信息服务是一项传播信息、交流信息,实现信息增值的活动。电子商务与信息服务密不可分,在电子商务活动中,信息流是物流和资金流的基础,规定着物流和资金流的流动方向,电子商务通过信息流的综合服务,得以实现广泛快捷的信息交流和低成本高质量的商品与服务贸易;电子商务与信息服务二者的深度融合,又使信息服务产生许多新的内容与特征,形成新的信息服务模式。

2.1 电子商务内涵的再认识

随着电子商务实践在全球范围内日新月异地飞速发展,新的电子商务知识和商务模式在不断涌现,电子商务的概念内涵也在不断发生变化。因此,在讨论电子商务信息服务模式之前,有必要对电子商务的概念及其内涵进行诠释。

2.1.1 电子商务的内涵分析

关于电子商务的概念,学界和业界迄今都还没有一个统一、权威的定义。不同的人和组织,对电子商务的理解是不同的,人们根据各自不同的需要和对电子商务的参与程度,分别从各自不同的角度审视电子商务,给出了对电子商务定义的许多不同表述和理解。笔者综合各方观点,同时考虑到电子商务的最新实践成果和发展趋势,认为电子商务(e-business)是各类具有商业活动能力和需求的实体,利用现代信息技术,依托以互联网为主的各种电子网络所进行的能创造新价值的各类商务活动,包括有形或无形的货物贸易、服务贸易、知识产权贸易[1]。

在这个表述中,"具有商业活动能力和需求的实体""现代信息技术"与"电子网络"都具有丰富的内涵。对电子商务概念的理解,应该把握以下几个方面。

第一,具有商务活动能力的实体泛指交易当事人或参与者,包括个人消费者和经营者、各类企业、政府机构、社会团体、认证中心、网上银行、物流配送中心、中介服务机构等。

第二,现代信息技术包括计算机技术(含计算机硬件、智能软件技术等)、网络技术、现代通信技术等,强调电子商务是一种采用最先进信息技术的买卖方式。对电子商务的理解,应从"现代信息技术"和"商务"两个方面考虑。一方面,电子商务概念中所述的"现代信息技术",应涵盖各种以电子技术为基础的通讯方式;另一方面,对"商务"一词应作广义解释,即泛指能提供新价值,并促使企业内部提高效率,进行改革和创造新价值的各种商务活动。如果将"现代信息技术"看作一个子集,"商务"看作另外一个子集,电子商务所覆盖的范围应当是这两个子集的交集。

第三,电子网络既包括企业内联网(Intranet)、企业外联网(Extranet)、国际互联网(Internet)等各种不同形式的计算机网络,也包括移动网络(mobile web)、电信网络等电子通信网络。从发展的观点看,电子商务可以通过以包括媒体互联网、服务互联网、移动互联网、物联网、车联网、电子通信网络等为主干构成的泛在网络进行信息、产品和服务的贸易。

第四,电子商务不等同于简单的商务电子化。就电子商务的内容而言,电子商务绝不仅仅局限于利用国际互联网进行商业贸易,利用各类电子信息网络进行的广告、设计、开发、推销、采购、结算等全部贸易活动都可以纳入电子商务范畴。真正的电子商务也绝对不仅仅是企业前台的商务电子化,更重要的是包括后台在内的整个运作体系的全面信息化,以及企业整体经营流程的优化和重组。也就是说,建立在企业全面信息化基础上,通过电子手段对企业的生产、销售、库存、服务以及人力资源等环节实行全方位控制的电子商务才是真正意义上的电子商务。

2.1.2 电子商务的研究对象

电子商务的研究对象一般包括电子商务对象、电子商务媒体、电子商务事件以及物流、资金流、信息流、商流等基本要素。

1. 商务对象和商务媒体与商务事件

商务对象即本书关于电子商务概念表述中所称的"电子商务实体"，是指能够从事电子商务活动的各类客观对象，包括消费者、企业、网上银行或第三方支付平台、认证中心、政府机构、物流中心和信息服务中介机构等。

电子商务媒体，又称为电子交易市场(electronic market，简称EM)，是指电子商务对象从事商品和服务交换的场所，即虚拟电子市场，它由各种各样的商务活动参与者利用各种接入设备(计算机、个人数字助理等)和网络连成一个统一的整体。

商务事件又称交易事务，是指电子商务实体之间所从事的具体商务活动内容，如询价、报价、转账支付、广告宣传、商品运输等。

电子商务也可以认为是一定的商务对象在相应的电子交易媒体上所进行的商务事件。

2. 电子商务中的"四流"

一次完整的电子商务活动是信息流、商流、资金流、物流四要素的统一。

(1)物流。物流主要是指商品和服务的配送与传输渠道。据日本《物流手册》对物流的定义，物流是货物由供应者向需求者的物理性移动，是创造时间价值和场所价值的经济活动，包括包装、搬运、保管、库存管理、流通配送等活动领域。对于大多数商品和服务来说，物流可能仍然经由传统的经销渠道；然而对有些商品和服务来说，可以直接以网络传输的方式进行配送，如各种电子出版物、信息咨询服务、有价信息等。

(2)资金流。资金流主要是指资金的转移过程，包括付款、转账、兑换等过程。它始于消费者，终于商家账户，中间可能经过银行等金融机构或专门为电子商务提供支付服务的第三方支付平台。

(3)信息流。信息流是服务于商流、物流和资金流所进行的信息活动的总称，既包括商品信息、服务信息、技术支持信息、企业信用信息的提供与促销等内容，也包括诸如询价单、报价单、付款通知单、转账通知单等商业贸易单证信息以及交易参与方的支付能力与信誉等信息的传递过程。

(4)商流。商流是指商品在购、销双方之间进行交易和转移商品所有权的活动，其研究对象是商品交换的全过程。具体指商品从生产领域向消费领域转移过程中的一系列买卖交易活动，包括交易前的商品宣传、用户选择及双方的谈判磋商，交易中的规则确认及订货、发货过程，交易后的服务行为等，往往涉及商检、税务、海关、运输等各行业。在这一系列活动中，实现的是商品所有权由一个渠道成员向另一个渠道成员的转移。

3. 电子商务"四流"的相互关系

电子商务中的任何一笔交易都包含信息流、资金流、物流、商流这四要素，它们之间存在着相互联系、相互影响的关系。

（1）信息流是活动的依据。信息流是电子商务过程中资金流和物流活动的依据，影响和控制着商品流通各环节的运作效率。在商品价值形态的转移过程中，信息流是资金流和物流的描述和记录，反映资金流和物流的运动过程，决定着资金流、物流和商流的方向。

（2）商流是交易的核心。商流是电子商务的最终目的，商流的价值运动方向和规模决定着物流的使用价值的运动方向和规模。

（3）物流是基础。电子商务中物流是联系生产和消费的纽带，协调电子商务的市场目标；同时，物流是资金流的前提与条件，物流集成电子商务中的商流、信息流与资金流。

（4）资金流是桥梁。资金流是物流的价值担保，并为适应物流的变化不断进行调整。

此外，从流动方向看，信息流在买卖双方之间传递和交互，是双向的；而资金流和物流、商流的流向是单向的，并且资金流与物流、商流的流向相逆。

总之，在电子商务事件中，信息流处于中心地位，一般是通过资金流实现商品的价值，通过物流实现商品的使用价值，从而完成整个电子商务交易活动。

2.1.3 电子商务常见交易模式

在电子商务交易过程中，不同的交易模式，其对电子商务信息服务的需求以及实施信息服务的方式各有其特点。因此，系统地了解电子商务的常见交易模式及其特征，对于精准有效地提供用户所需的电子商务信息服务，具有重要意义。

1. 电子商务二维交易模式

电子商务二维交易模式是指从参与交易的买、卖双方两个维度进行的基本电子商务模式以及对其运营方式进行创新和延伸拓展所形成的二维衍生商业模式。二维基本电子商务模式主要指 B2B 模式、B2C 模式、C2C 模式，二维衍生商业模式目前代表性的主要有 C2B 模式、B2F 模式、B4C 模式、B2E 模式等。

1）B2B 电子商务模式

（1）B2B 电子商务的含义。B2B（即 business to business）电子商务广义上是指企业（business）与企业（business）之间通过因特网（Internet）、外联网（Extranet）、内联网（Intranet）或私有网络，以电子化方式进行的交易；狭义上仅指通过互联网在企业间进行产品、服务及信息交换的电子商务交易模式，现阶段主要指通过第三方 B2B 电子商务平台在企业间进行的交易。这里的企业可以指代任何组织，包括私人或者公共的、营利性的或者非营利性的。B2B电子商务将买方卖方以及为其服务的中间商（如金融机构）之间的信息交换和交易行为以电子运作方式集成到一起，B2B 交易可能是在企业及其供应链成员间进行，也可能是在企业与任何其他企业间进行。

（2）B2B 电子商务的特点。B2B 电子商务所涉及的信息技术应用范围很广，几乎包括了企业经营的方方面面，其最主要的特点是将交易过程自动化以改进该过程。具体来说，现阶段 B2B 电子商务的特点可以概括为以下几个方面：

其一，B2B 电子商务以企业对企业的经营环境为信息体系的框架。B2B电子商务一般要求企业建立包括产品信息、客户信息、供应商信息、产品生产程序信息、运输信息、库存信息、供应链战略联盟信息、竞争者信息、营销信息、供应链流程及其运行效率信息、客户的满意度信息等要素的信息体系。

其二，B2B 电子商务具有改善交易过程的优势。例如，改善供应链管理，通过减少传统广告、通信等方面的投入而降低交易成本和渠道成本。

其三，B2B 电子商务网络具有规模经济效应。与其他模式的电子商务相比，它的物流配送特点以少批次、大批量为特征，不仅能够节省大量的配送成本，并且能在一定程度上增加商业机会和开拓新的市场；能够改善工作方式和过程质量，改善信息管理和决策水平，最终提高利润率。

此外，B2B 电子商务交易信息要求标准化、无歧义性，在 B2B 电子商务交易过程中需严格地执行用户身份信息验证。

2）B2C 电子商务模式

（1）B2C 电子商务的含义。B2C（即 business to consumer）电子商务是指企业通过因特网向网络消费者直接销售产品和提供服务的电子商务经营模式。本书认为这里的网络消费者可以是个人消费者，也可以是社会团体、企业或政府的某个部门等，只要其购买的商品或服务是用于最终消费，而不是再次销售，都可以归纳为此类模式。这种模式的电子商务目前以网络零售业为主，一般借助于因特网开展在线销售活动。

参与 B2C 电子商务活动的商家与顾客之间一般借助购物网站进行互动，即企业通过互联网为消费者提供一个网上购物环境——网上商店或电子商城，消费者通过互联网络在线选购商品，并可在线支付。企业、商家可以充分利用网上商店或电子商城提供的网络基础设施、支付平台、安全平台、管理平台等共享资源，有效地、低成本地开展商业零售活动。B2C 这种模式能够使消费者方便地在线完成商品的选购与支付，不受时间和空间的限制，大大提高了交易效率。因此，B2C 电子商务也是电子商务应用最普遍、发展最快、最灵活的一种经营方式。

（2）B2C 电子商务模式类型。近年来我国 B2C 电子商务的发展非常迅猛，除京东商城、天猫商城、当当网等著名 B2C 交易平台外，一批产品制造商、传统零售商也纷纷进军 B2C 行业，带来了 B2C 在经营模式上的新变化。考虑到不同 B2C 电子商务网站的共性特征，可以将 B2C 电子商务经营模式大致归纳为电子商店、网上商城、信息中介等类型。

B2C 电子商店又可分为综合类电子商店、专门类电子商店、服务型网店三种。综合类电子商店类似于传统的百货店，销售多种类型的商品，代表性网站：美国亚马逊网络公司、线上沃尔玛，中国当当网、京东商城等；专门类电子商店则类似于传统的专卖店，仅售某个品牌或某个系列的商品，这类商店根据其经营商品的品种和经营风格又可分为轻型品牌店、垂直商店、复合品牌店等类型；服务型网店则主要借助计算机网络为客户提供一系列服务，服务型网店代表性网站：易美、亦得等。电子商店提供的产品有：传统的有形产品、数字化产品、服务等。

B2C 电子市场也称作综合电子商城，其主要服务对象是企业，也可以面向消费者。综合电子商城如同现实生活中的实体大商城一样，城中会有许多店铺，商城为其提供完备的销售配套服务，如天猫商城就是这种形式。B2C 电子市场在人气足够、产品丰富、物流便捷的情况下，其成本低廉、24 小时不间断运作、无区域限制、产品更丰富等优势，使得网上综合商城成为交易市场的一个极其重要的角色。

B2C 电子信息中介是在电子网络中为商品或服务提供商、消费者提供信息服务，促进双方交易的第三方组织，如网络导购、买方代理、旅游网站等信息中介。

（3）B2C 电子商务企业类型。从事 B2C 电子商务的企业主要有经营离线商店的零售商、纯粹的虚拟零售企业、商品制造商、网络交易服务提供商以及一些特殊服务提供商等。

经营离线商店的零售企业经营着传统模式的实体商店或商场，并不依靠网上零售生存。这类企业有美国的沃尔玛（Wal-mart）、西尔斯百货公司（sears.com）以及中国的新华书店、上海联华超市、北京西单商场等。

纯粹的虚拟零售企业又称虚拟电子零售商（Virtual e-tailers），是直接通过互联网向最终消费者销售商品的企业。这类企业是电子商务的产物，依靠网上的销售生存，网上零售是其唯一的销售方式，例如美国的亚马逊网络公司、中国的京东商城等。

商品制造企业采取网上直销的方式销售其产品，不仅给顾客带来价格的优势，而且减少了商品库存的压力。因为直销使制造商与消费者直接接触，有更多交互的机会，制造商能更多地了解市场；消费者直接与制造商接触，也可以获得更多相关产品信息。这类企业通常使用直销和按单制造相结合的销售策略，客户可以按个人需求订购公司产品，企业提供相应规格的产品，例如，美国的戴尔公司、中国的海尔公司等。

网络交易服务提供商也称网络中介公司，或网络集市。这类企业专门为多家商品销售企业开展网上售货服务，既不是买家，也不是卖家，仅提供一个交易服务平台。其按服务方式通常可分为两种类型：提供商业目录和服务共享购物中心。提供商业目录主要采用加盟销售方式，基本上是提供一个按商品类型组织的目录，通过网站上的商品分类列表或广告横幅为商品或商店做宣传，用户点击某一商品或商店时，就会转到相应销售商网站去完成购物，例如，美国的 hawaii.com、delamerz.com 等网站。服务共享购物中心则提供服务共享网站平台，消费者能够借此查找、订购和购买所需商品，同时选择送货方式。在服务共享购物中心经营的企业既有制造商，也有零售商，代表性企业如雅虎（yahoo.com）、Choice Mall（choice mall.com）等。

在 B2C 电子商务中，除上述企业所能提供的相关商业模式外，还有一些企业在经营着其他一些商务模式，如邮政服务、婚庆服务、礼品登记、电子就业市场等。网络邮政服务是电子商务早期应用之一，现在许多国家的各类网站都提供互联网邮政服务，例如我国邮政局使用在线服务的计算机为客户给销售商汇款或提供电子商务的支付服务，美国邮政公司提供集邮资计费、称重和打印于一体的在线服务等。婚庆服务是通过婚礼网站向新娘或新郎提供信息，帮助制定婚礼计划和选择婚礼用品销售商，还可以提供通过电话或网络订购婚礼用品的服务等。例如，美国 wedding channel.com 是第一家在线运营的婚礼服务网站。礼品登记服务通常要由礼品公司和百货公司共同配货，提供礼品登记服务的企业数据库必须对登记者保密，礼品登记单输入后会全部显示这些礼品购买者信息。当某礼品被选择,它会从登记清单中移走,后面其他任何人将不能再选择同一件礼品。同时,该数据库必须与销售公司的货物清单交互,订购礼品时向订购者和登记者发送信息,显示库存货物,尽可能使各方都对选择的礼品满意。在美国使用礼品登记的方式购买礼品已非常普遍。据估计,美国每年有300亿～500亿美元花在婚礼上,其中礼品登记部分估计约占170亿美元;其他如周年纪念日、生日、毕业典礼等,人们也使用礼品登记的方式购买礼品。

3)C2C 电子商务模式

(1)C2C 电子商务的含义。C2C(即 consumer to consumer)电子商务模式是指消费者与消费者之间进行的电子商务。C2C 电子商务能够实现家庭或个人的消费物资调配、个人脑力资源和专门技能的充分利用,从而最大限度地减少人类对物质资源和脑力资源的浪费。

(2)C2C 电子商务的特点。C2C 电子商务的主要特点是消费者与消费者通过网络(主要是因特网)讨价还价进行交易,实践中较常见的是依托某个商务网站进行网上个人拍卖。不用事先交付保证金,凭借拍卖网站独有的信用度评价系统,借助所有用户的监督力量来营造一个相对安全的交易环境,使买卖双方能找到可以信任的交易伙伴。从理论上来说,C2C 模式最能体现因特网的精神和优势。数量巨大、地域不同、时间不一的买方和卖方通过一个平台找到合适的对家进行交易,在传统领域要实现这样的大工程几乎是无法想象的。同传统二手市场相比,它不再受时间和空间限制,节约了大量的市场沟通成本。

4)其他电子商务模式

(1)C2B(即 consumer to business)电子商务模式。C2B 电子商务是一种消费者对企业的电子商务模式。真正的 C2B 模式应该先有消费者需求产生而后有企业生产,即首先由消费者提出需求,然后由生产企业按需求组织生产。通常情况为消费者根据自身需求定制产品和价格,或主动参与产品设计、生产和定价,产品、价格等彰显消费者的个性化需求,生产企业进行定制化生产。C2B 模式主要特点是以消费者为核心,帮助消费者和商家创造一个更加省时、省力、省钱的交易渠道。互联网技术为企业和消费者双方提供了低成本、快捷、双向的沟通手段,现代物流畅达,金融支付手段便捷,以模块化、延迟生产技术为代表的柔性生产技术日益成熟,使交易成本和柔性生产成本大幅下降,为发展 C2B 创造了条件。

(2)B2F(即 business to family)电子商务模式。B2F 电子商务即企业与

家庭之间的电子商务,是企业以家庭为中心所开展的一系列商业活动,包括各种商品及服务的零售。B2F电子商务在厂家和终端家庭用户之间架起了一座高效、快捷、便利的桥梁。B2F电子商务的实质是B2C模式的一种延伸拓展模式,与B2C同属一种销售类型,但是B2F所针对的主要是特定的顾客群体——家庭消费者,其经营理念与具体营销方式也与经典B2C有所不同。B2F电子商务是在国内以红孩子为代表的母婴网站转型发展而来。苏宁红孩子母婴商城的营销模式以目录+网络销售为主,主要借助于直接邮寄广告或直投广告(direct mail,简称DM)和因特网开展销售活动。这种销售模式通过商业机构的DM和互联网为消费者提供一个新型的购物环境,能最大限度地降低物流成本,提高竞争优势。目前国内采用"目录+网站"模式的公司主要有苏宁红孩子、爱婴网等,这种模式在国外已有成熟的盈利模式可借鉴,如全球最大的目录邮购公司欧图,采用的就是"目录+网站"运营模式。

(3)B2E(即business to employee)电子商务模式。B2E电子商务即企业与员工之间的电子商务,是指企业或组织将产品或服务交付给员工的内部商务活动。B2E既可用于增加员工生产率,也可为员工个人使用。许多企业(如思科公司、可口可乐公司、德尔塔航空公司等)建立了B2E系统,在这些系统中,员工就像B2C中的顾客。

(4)B4C(即business for consumer)电子商务模式。B4C电子商务是以服务为主的一种崭新的电子商务模式,倡导在线服务的提升,也是顺应电子商务直销的一种新模式。B4C电子商务可以看作是B2C模式的升华。随着近年来中国企业的电子商务应用水平不断提高,B2C市场越来越细分化,但大量的B2C网站都提供同质化的商品,不惜成本地打价格战却往往忽略了服务。由于B2C网站的服务本身就是客户体验的一部分,在库存、物流等成本问题随着IT技术和管理水平发展逐渐下降的同时,市场竞争也逐渐从商品价格竞争转为服务质量的竞争。为此,一个新的B4C的概念应运而生。如果说B2C的特征是企业的产品面对客户,那么B4C的特征就是企业的服务面向客户。

2. 电子商务三维交易模式

三维电子商务与二维电子商务的最大不同在于它已经不是单一的网站运营模式,也不是双方的互动协作模式,而是多方联营的复合型或混合型的电子商务模式,其中的"B"可以是单一的企业,也可以是企业群。目前,三维模式代表性的主要有O2O、B2B2C、C2B2B、BUC等电子商务类型,其在电子商务领域正扮演着越来越重要的角色。

1)O2O 电子商务模式

（1）O2O 电子商务的含义。O2O 从路径上可以分为两种，一种是 online to offline，一种是 offline to online，前者可称之为正向 O2O，后者称为反向 O2O。正向 O2O（即 online to offline）零售模式又称离线商务模式，是指线上营销线上购买带动线下经营和线下消费的一种商务服务模式，其应用主要表现为 online 聚合流量，引导客户前往 offline 消费。反向 O2O（即 offline to online）零售模式是将传统的线下交易拓展到线上，最核心的价值是沉淀数据，精准地获取客户数据，同时针对性地进行顾客忠诚度管理。

（2）O2O 零售模式的一般特点。对用户而言，O2O 零售模式可以使其获取更丰富、全面的商家服务信息；能够更加便捷地向商家在线咨询并进行预订；能够获得相比线下直接消费较为便宜的价格。对商家而言，O2O 零售模式使其能够获得更多的宣传、展示机会以吸引更多新客户到店消费；掌握用户数据，推广效果可查、每笔交易可跟踪，大大提升对老客户的维护与营销效果；通过与用户在线沟通、释疑更好地了解用户心理；通过在线有效预订等方式，降低线下实体店对黄金地段旺铺的依赖，大大减少租金支出，节约经营成本。对 O2O 平台本身而言，该模式与用户日常生活息息相关，能吸引大量高粘性用户，并能对商家进行有效的推广，可吸引大量线下生活服务商家加入；该模式还具有巨大的广告收入空间及形成规模后更多的盈利模式。

（3）正向 O2O 与反向 O2O 的比较。正向 O2O 模式一般通过打折、提供信息、服务预订等方式，把线下商店的信息推送给互联网用户，从而将其转换为线下客户，特别适合必须到店消费的商品和服务，比如餐饮、健身、看电影和演出、美容美发等。但由于正向 O2O 路径增加环节太多，客流严重衰减，Online 获取流量的成本越来越高，传统企业推进正向 O2O 存在较多的困难。反向 O2O 模式的最大价值是低成本获取客户的流量，充分利用了移动互联时代"去中心化，去平台化"的特点，在品牌商、合作伙伴、线下门店、导购、顾客的链条间，形成了有效、可持续的商业生态，因此消费品企业如果线下的门店资源越丰富，就越有利于实施。企业在推进 O2O 模式时，应注意切入方向的选择。

2)B2B2C 模式

B2B2C（即 business to business to consumer）是一种综合的网络销售方式。第一个 B 指广义的卖方（即成品、半成品、材料提供商等）；第二个 B 指交易平台，即提供卖方与买方的联系平台，同时提供优质的附加服务；C 即指买方。卖方不仅仅是公司，可以包括个人，即一种逻辑上的买卖关系中的卖方。平台绝非简单的中介，而是提供高附加值服务的渠道机构，拥有客户管理、信息反馈、数据库管理、决策支持等功能的服务平台。买方同样是逻辑上的关系,可以是内部也可以是外部的。B2B2C定义包括了现存的B2B和B2C平台的商业模式,更加综合化,可以提供更优质的服务。

B2B2C并不是一个新的概念,早在2004年8848网上超市就曾启用B2B2C模式;2007年香港新意网在"点点红"网启动B2B2C平台;2008年数百亿网也曾以B2B2C的模式起步试图打造中小企业电子商务;2009年阿里巴巴和淘宝提出了阿里巴巴的B2B和淘宝的C2C结合起来在一个大平台上运行,形成一种新的电子商务模式B2B2C。即连通B2B和C2C平台之后,先由淘宝卖家向中小企业大规模采购商品,再卖给国内消费者。

真正意义上的B2B2C模式,并不只是B2B与C2C模式或B2B与B2C模式的简单相加,B2B2C是B2B、B2C和C2C三种电子商务模式的整合。这种模式的思想是以B2C为基础、C2C为依托、B2B为重点,将三个商务流程衔接起来,从而形成一种新的电子商务模式。

3)C2B2B电子商务模式

C2B2B(即consumer to business to business)电子商务,是"消费者—电子商务企业—生产商"之间的电子商务,先由消费者提出需求,从事电子商务的企业根据该需求直接向生产商定制消费者所需要的高品位、高质量、高性价比的产品和服务,并通过整合消费者与生产商的信息有效地缩短销售链,从而让消费者获得价值更高的产品和服务,生产商亦能获得更多利润用于研发新产品、改良新技术。

C2B2B模式中的第一个B是电子商务企业,通过统一的经营管理对产品和服务、消费者终端同时进行整合,是生产商和消费者之间的桥梁,为生产商和消费者提供优质的服务;第二个B是生产商,包括品牌生产商、影视制作公司和图书出版商等,任何产品生产商或服务供应商都能可以成为第二个B;C表示消费者(consumer),是指在第一个B构建的统一电子商务平台购物的消费者。

4)BUC电子商务模式

BUC(business To university To consumer)是指发生于企业、大学和消费者之间的电子商务,即企业利用大学电子商务平台链接消费者的电子商务模式,它是在传统B2C电子商务模式中加入一个特殊的中间服务群体——大学生,实现产品或服务的销售,形成的全新BUC电子商务平台[2]。

BUC中的"B"是指平台的供应商,包括服务企业、生产企业、流通企业等。其中服务企业包括机票、火车票、电影票、景点门票、演出票等具备数字化、标准化、网上操作便捷特性的供应企业；生产企业主要为市场需求较大、适合平台销售的商品生产商家；流通企业包括配送、物流、第三方支付等企业。

BUC 中的"U"是指大学电子商务平台，即在大学环境下，教师、教学科研与大学生实习实践相结合构成的所有软硬件资源，它包括大学教师、大学实验室、大学生、大学院校组织机构。

BUC 中的"C"是指平台的消费者，包括大学校园中的大学生、大学生的家人和亲友、大学教师员工、大学生的同学校友，随着产品多样化和营销队伍的规模化，更多的校外客户也将作为平台的消费者。

BUC 平台作为一个电子商务平台，充分利用大学科研机构和大学生群体这两个要素，凭借大学生的社会认同感，通过大学生为消费者提供优质的个性化服务，吸引更多的消费者关注平台。BUC 电子商务模式的代表网站：目前主要有由西安交通大学师生和腾邦集团等企业合作搭建的 BUC 平台。

2.2 电子商务信息服务的概念

随着电子商务广泛地应用于社会经济、生活的各个领域各个行业，网络环境下存在着海量的电子商务信息。明确电子商务信息服务概念的内涵，有利于深入理解电子商务信息服务的特点和类型，有利于电子商务信息服务的开发利用，从而提供更具针对性的信息服务模式。

2.2.1 电子商务信息的定义

信息论的创始人香农（C. E. Shannon）曾给出了一个经典的信息定义：信息是不确定性的消除[3]。在商务活动中，信息通常指的是商业信息、情报、数据、密码、知识等。商务信息是对商务活动及其属性的客观描述，是商务活动中各种发展变化和特征的真实反映，是商务活动全部过程中所涉及的有用信息及其载体的统称。

电子商务信息（e-commerce information）是指在电子商务过程中产生的，可通过电子化和网络化等手段来进行搜集、存储、传递与利用，能够准确、及时地反映交易过程中各方面特征的信息的集合，是各种电子商务活动之间相互联系、相互作用的描述和反映。电子商务信息在网络空间的传递称为网络通信，在网络上停留时称为网络存储。电子商务信息传递的媒体和途径是各种电子网络；电子商务信息的范畴包括文本、数据、图表、影像、声音及内容能够被人或计算机察知的符号系统等,现阶段主要是通过互联网传递的商务信息。

电子商务信息是对电子商务活动的客观描述,其内容丰富、分布范围广泛,涉及电子商务活动的环境、主体、商品本身等各个方面,贯穿整个电子商务活动全过程,对保障电子商务的顺利进行起着重要的作用。

2.2.2 电子商务信息服务的含义

信息服务是用不同的方式向用户提供所需信息,通过传播信息、交流信息,实现信息增值的一项活动。信息服务活动一般通过研究用户、组织用户、组织服务,将有价值的信息传递给用户,最终帮助用户解决问题。

电子商务信息服务有狭义和广义之分。狭义说认为电子商务信息服务专指网络信息提供商通过互联网向网络用户有偿提供信息服务;广义说认为电子商务信息服务是指采集、组织、整理和加工信息,开发信息产品和服务,并利用电子商务为用户提供信息服务的一切商务活动[4]。电子商务信息服务既包括传统信息服务的网上应用,也包括 BBS、虚拟社区等新兴网络信息服务[5]。

电子商务信息服务是一个连续的动态过程,包括信息的开发、加工、组织、传递,存在着从信息源到用户的定向流动,信息的"源""流""用"构成了电子商务信息服务的基本环节和业务,其中信息流是电子商务信息实现其使用价值的前提,信息流的状况及其与信息源和用户的联系集中体现了信息服务业的发展,从宏观管理角度看,它决定了电子商务信息服务的发展机制与发展模式。

综合有关电子商务信息服务的定义,同时考虑电子商务信息和信息服务的特点,本书认为:电子商务信息服务(e-business information service)是商务对象或现代信息服务机构通过各种电子网络所进行的一切与商务信息有关的服务活动的总称,现阶段主要是指在互联网上从事有价值的信息获取、存储、处理、传递或提供、利用等服务工作,它既包括传统信息服务在互联网上的应用和拓展,也包括网络信息查询、搜索引擎、虚拟社区、网络调查、网络咨询、知识协作与服务等新兴的网络信息服务。

随着全球市场的扩大,电子商务环境下的信息服务正逐渐从初级服务向专业化服务转变,成为主流信息服务和企业生存的基本要素之一[6]。企业合理有效地采用电子商务信息服务,对其在激烈的市场竞争中立于不败之地具有非常重大的意义。

2.2.3　电子商务信息服务的构成要素

针对制造业各类企业用户的电子商务信息服务包括四个方面的要素：

（1）价值取向。电子商务信息服务的价值取向，要求在电子商务环境下，针对目标用户的信息服务需求，以最大限度地满足其目标用户需求为中心，为目标用户提供其真正需要的信息产品与服务。

（2）资源体系。可靠的电子商务信息资源体系是制造企业能够更好地传递自身的价值取向、最大限度地满足其目标用户电子商务信息服务需求的根本保证。

（3）服务内容。制造业电子商务信息服务内容以其独特的信息资源体系为基础，向用户传递自身价值取向，主要包括网络信息产品与服务。

（4）盈利模式。对应于制造业电子商务信息服务内容的收入模式，主要包括个性化信息与服务的出售、广告收入等。

2.3　电子商务信息服务的特点

一切商务活动都以信息为中介。传统商务活动的信息交换主要以纸质载体、磁质载体、光学载体、实物载体、通信设施、终端设备和交通工具等为信息载体，这些载体因在信息交换中要受到诸如时间、空间、地域、专业和人员等各种条件的限制而存在许多局限性；电子商务信息载体则以信息网络为主，不但避免了传统信息交换的种种限制，而且大大开拓了信息交换的渠道，可以实现信息的高效呈现和传送。

电子商务信息服务的优势在于充分利用信息网络的商业功能，进一步强化了信息的中介作用，使企业可以更快更精准地定位目标市场，更好地争取和维系客户关系，更有效地降低运营成本和提升管理水平，并最终达到提高企业商务活动效率和经济效益的目的。在电子商务时代，信息在商务活动中的价值比以往任何时候更加突出，因而电子商务信息服务也呈现出独有的特点。关于电子商务信息服务的特点，可以分别从其信息特性和服务特性两个不同的视角进行分析。

2.3.1　信息视角的特点

电子商务信息除了具有一般信息的传递性、共享性、时效性以及普通网络信息的海量性、广域性、直达性、高效性、开放性、交互性等共有特性[7]外,近年来随着电子商务技术及应用的进一步发展,其在数字交易性、技术集成性、业务协同性、系统控制性、经济增值性和消费引导性等方面也显示出自身明显的特征[8]。从信息视角分析,电子商务信息服务具有以下特点:

(1)数字交易性。电子商务信息服务的数字交易性是电子商务信息的一个基本特征。电子商务交易过程中,参与交易的各方通常互不谋面,交易中所需的单证信息都以电子单证的形式通过网络进行交互,电子数据交换(electronic data interchange,简称EDI)就是利用数字交易特性开展电子商务的初始应用。电子商务信息服务的数字交易特性使商品交易摆脱了时间、空间和地域的限制,使得商品生产商、销售商和消费者之间在交流、订货和交易中可以实现快速、准确的信息交互与响应,实现了交易由手写单据向电子单据(无纸化贸易)的转变和由交通传递向互联网络传递的转变,实现了利用电子货币进行交易的商业功能。

(2)技术集成性。从商业经营管理的角度分析,电子商务是一种以信息集成为依托的商业管理行为,它以集成的网络信息资源为基础实现商务上的信息互通、商品交易、资源开发、货物储运、商品配送、售后服务等功能,是以信息集成为特征的经济运作模式。从企业管理角度分析,电子商务是信息综合集成基础上的管理模式,将现代信息技术运用到企业的核心业务中,以信息集成为平台实现企业的管理流程重组,形成企业发展的强劲推动力。信息流的集成控制在以决策层、管理层和操作层为主流的现代企业管理组织结构中十分重要。首先是网络信息集成,在电子商务中信息的采集、传递和加工处理是以计算机和网络为基础来实现的。其次是职能信息集成,在管理层中集成了原始信息和分析、模拟、预测信息,为决策部门和职能部门提供服务。第三是信息采用计算机集中储存,统一加工处理,消除了部门与部门交接处的冗余加工处理。

从管理技术的角度分析,电子商务将现代企业先进的管理理念和管理技术统一集成到规范的信息资源平台上,实现信息技术集成应用环境。例如,利用企业资源计划(enterprise resource planning,简称ERP)在企业间的供应链管理(supply chain management,简称SCM)和客户关系管理(customer relationship management,简称CRM)流程中进行信息集成处理,是企业宏观管理信息系统的一个重要发展方向。

(3)业务协同性。电子商务信息服务的业务协同性也称功能性协同,表现为业务信息的同步发生与传递。传统商务活动信息处理存在重复加工处理和传递、信息不畅或信息不透明现象，而且由于各个业务环节的信息不对称性，信息传递往往失时、失真，决策层不能及时把握真实信息，也达不到有效控制和调节物流、资金流和商流的效果。电子商务信息摆脱了业务活动中信息采集与传递上的时空局限，实现了信息的同步处理，使得商务活动的控制有了可靠保障。

电子商务信息服务的业务协同性还表现为商务信息的并行处理与调节，或称描述性协同。商务信息是对商务活动中各种要素现实状态的描述和反映。例如电子商务活动中，物流信息表现为对物质实体流动过程的描述，物流的实际变化过程就是物流信息的产生、加工与传递过程。物流信息的描述和传递具有并行性特点，通过决策层和管理层的信息制导，使商务活动信息通畅快捷，可以达到实时有效控制和调节物流，提高商务活动效率的目的。

（4）系统控制性。电子商务信息服务的系统控制性分为信息主控控制和信息受控控制两类。主控控制是指电子商务信息可以通过信息反馈与决策控制调节物流、资金流及商流等动态商务要素，甚至可以影响和决定电子商务的决策过程，同时也可以控制和调节电子商务信息自身的动态过程。受控控制是指电子商务信息必须是有序的信息流，需要来自各方面的有效干预，才能使其发挥积极的作用。在某种程度上讲，受控控制是主控控制的先导，主控控制必须在信息安全、信息污染、信息不对称、知识产权等问题得到妥善解决的前提下进行，因此，电子商务信息的受控控制比主控控制更为重要。电子商务信息的受控控制是电子商务系统规划和建设中需要考虑的重要问题之一。

（5）经济增值性。电子商务信息服务的经济增值性表现为电子商务信息服务具有替代节省效用和附加价值效用两大增值效用。电子商务信息服务的替代节省效用是通过降低无效物流耗费而产生的增值效用，主要表现在电子商务信息自身的替代节省效用方面。一是避免了传统商务过程中信息流需要借助物流发生的费用，例如电子商务信息服务的业务协同性避免了实地考察付出的代价等；二是避免了传统商务过程中信息流不充分、不及时和信息缺失而发生的耗费，例如决策管理失误、物流配送不畅、交易合同纠纷、侵犯知识产权、物耗成本增加等造成的损失。电子商务信息服务的附加价值效用包括三方面：一是电子商务信息服务对生产效率的提高所产生的增值效用，诸如企业核心竞争力的提升、消费市场的拓展、品种的增加、效率的提高、生产消费的亲和力上升等；二是电子商务信息服务的定制服务所产生的效用，诸如产品定制服务、信息定制服务、网络直销服务等各种服务项目所产生的效用；三是电子商务信息服务附加效用，如增加网络社区服务、休闲娱乐服务和其他各种便利性服务等所产生的附加价值。

（6）消费引导性。信息网络增加了商务信息的广度和深度，无处不在的电子商务信息极大地影响了人们的消费心理，其至对社会文化与文明都产生了巨大的影响。电子商务信息服务的消费引导性包含了商务活动的规范性和消费活动的社会性，在信息的引导作用下，人们已经摆脱了商品买卖中的盲目心理和从众心理，逐渐向充分的信息沟通和自我评价偏移。电子商务信息服务的消费引导性从纯粹的商业活动延伸到了广泛的社会活动，对人们的工作、学习、生活均产生巨大的作用。电子商务信息服务的消费引导性是潜在的。

2.3.2 服务视角的特点

社会信息资源的开发和信息深层加工与处理的最终目的是提供使用，信息服务作为联系用户与信息源之间的"桥梁"，主要任务就是向用户提供其所需的各类有价值的信息，对分散在不同载体上的信息进行收集、评价、选择、组织、存贮，使之成为方便利用的有序形式，并沟通用户与外界联系，对用户及信息需求进行研究，为用户发布信息，确保应有的信息效益。信息服务的开展以信息工作人员付出一定的智力和体力劳动为前提，信息人员所付出的劳动最终在用户信息利用和主体活动中体现其价值。

电子商务信息服务是直接获取来自用户方面的反馈信息的"窗口"。通过服务，信息机构可以进一步掌握用户的基本情况、信息需求及其满足状况，可以检验信息工作的水准。电子商务信息服务具有以下特点：

（1）广泛性。电子商务信息服务必须在广泛开发信息源的基础上进行。只有广辟信息来源和信息渠道，才有可能保证向用户提供广泛信息并确保对外传递的信息无重大遗漏，因此在信息源开发和系统设计中应注重用户需求调查，并有计划地吸收用户参与工作。

（2）充分性。电子商务信息服务的充分性是指充分利用各种条件和一切可能的设备，组织用户服务工作，同时充分掌握用户需求、工作情况及基本的信息条件，以确保所提供和传播的信息范围适当、内容充分满足需求。

（3）及时性。电子商务信息服务的及时性包括两个方面的含义：一是接待用户和接受的服务课题要及时；二是提供或发布信息要及时，尽可能使用户以最快的速度得到其所需的信息服务。为了实现信息服务的及时性目标，必须保证有畅通的能与用户交互联系的信息渠道。

（4）精准性。电子商务信息服务要求向用户提供的或帮助用户向外传递的信息要精炼，要能解决问题，尤其是要向用户提供关键性信息。准确性是电子商务信息服务的最基本要求，不准确的信息对于用户不仅无益，反而有害，会导致用户决策失误造成重大损失。

（5）合理性。电子商务信息服务强调要具有一定的经济效益和用户效益，从用户角度看，支付服务费用应当确保其一定的投入产出效益。这就要求电子商务信息服务的管理具有科学性，同时注意信息服务的高智能特征，在国家政策指导下制定合理的收费标准。

2.4　电子商务信息服务模式类型

信息服务模式所要描述的是用户、服务者、服务内容和服务策略等要素及其相互关系[9]。传统信息服务模式包括信息服务的基本模式及其生成模式。其中，信息服务的基本模式是指对信息服务的组成要素及其基本关系的描述，可分为信息传递模式、信息使用模式、信息用户问题解决模式；信息服务生成模式是指信息服务基本模式所描述基本要素因具体情况的不同而生成的许多独特关系模式，如基于"信息用户—服务者—服务内容"关系链的交互增值模式，基于"信息用户—服务策略—服务内容"关系链的"平台—自助"模式等。

电子商务信息服务是在网络环境下的信息服务活动，信息服务的环境发生了重大的变化，这种变化对信息服务活动的影响集中体现在信息用户、服务提供者、服务内容和服务策略（包括服务方式、服务功能）的变化和调整等方面。因此，电子商务信息服务模式从不同角度可以划分出多种不同类型。下面分别从电子商务信息服务内容、服务方式、服务功能等角度进行讨论。

2.4.1　按电子商务信息服务内容分类

电子商务信息服务从内容上看，不仅包括经济信息、市场信息，还包括与电子商务相关的政策法规信息、科技信息、金融投资信息、文化与影视娱乐信息等方面的服务。对于制造业而言，根据电子商务活动过程及信息服务内容涉及的主要业务领域，可分为电子商务交易信息服务、电子商务物流信息服务、电子商务信用信息服务、网络化协同制造信息服务等信息服务类型。

1. 电子商务交易信息服务

交易信息（transactions information）是指交易过程中所需的各种商品供

求信息、客户信息、企业竞争信息、市场价格变化信息等。电子商务交易信息服务是指借助电子网络为电子商务交易商提供电子商务信息检索、信息咨询、信息中介和信息内容集成等服务形式的商业活动。

电子商务交易信息服务以现代信息技术和各种电子网络为基础，以促成各种电子商务交易的实现为目的。

2．电子商务物流信息服务

物流信息（logistics information）是物流企业在业务运行和实施中积累的各种业务数据，包括与物流活动（诸如商品包装、商品运输、商品储存、商品装卸等）有关的一切信息。电子商务物流信息服务是指以通信、互联网、数据库等技术为基础，提供物流信息的收集、整理、优化计算和供需查询等增值服务，以赚取会员费、佣金费或交易费、广告费为盈利模式的活动。现阶段电子商务物流信息服务综合应用 3G/4G 移动技术、智能移动终端、全球定位系统（GPS）、地理信息系统（GIS）、商业智能等技术，具有广阔的发展前景。

3．电子商务信用信息服务

信用信息（credit information）是指信用交易主体在交易活动中产生的、与信用行为有关的记录。电子商务信用信息服务是信用服务体系的重要组成部分，它借助独立的第三方信用中介机构，为从事信用交易的双方提供客观、公正的信用信息服务，具有知识密集和技术密集的特点。电子商务信用信息服务最主要目的是减少信用交易过程中交易双方信息不对称的状况，提高信用交易的成功率。

信用信息服务的提供者主要来自于专业的信用信息服务机构，如信用信息服务中介机构等。信用信息服务中介机构经营的主要手段是对各种数据进行加工、存储、管理，提供用户所需的各种信用评级或调查咨询报告，对信用行业从业人员的综合素质有着较高的要求。

信用的需求来源于信息的不对称性。互联网促进了信息的传播，也成为信用信息服务的有力工具，为信用信息服务创新提供了有力的技术支持。从信息资源服务的角度来看，互联网是一个能经济、便捷地进行信息传递和信息服务的技术平台和信息资源平台。因此，在以网络为基础的电子商务环境下，信用信息服务无论是在获得的技术支持，还是在服务模式创新上都面临着新的发展机遇。

4．网络化协同制造信息服务

网络化协同制造（networked collaborative manufacturing）是为应对知识

经济和制造全球化挑战而发起的，以快速响应市场需求和提高企业竞争力为主要目标的一种先进制造模式。网络化协同制造信息服务是在全球网络化协同制造的大环境下，企业实现协同环境因素、协同管理、协同设计、协同制造层面上需要采用的关键技术、战略方法等协同工作的总称。网络化协同制造服务借助先进的网络技术和生产管理技术，通过企业间的资源集成、信息内容集成、业务过程集成、功能集成和知识集成，有效地实现企业间的协同和各种资源的重组优化配置，使企业能够快速、高质量、低成本地提供市场所需的产品和服务，从而提高企业的市场快速响应和竞争能力。现阶段的网络化协同制造信息服务，实质上是电子商务环境下的协同制造信息服务。

设计协同、制造协同和供应链协同是未来制造业发展的基本策略。未来的企业如果不能将自身的业务有效地融入全球化网络制造体系中，不能在价值网、合作伙伴和客户之间建立一个透明的协同生产环境，就很难有所发展和提高。

2.4.2　按电子商务信息服务方式分类

信息服务一般遵循针对性原则、及时性原则、易用性原则、成本效益原则[①]。从信息服务的方式来说，电子商务信息服务模式主要有信息检索服务、信息咨询服务、电子商务交易信息中介服务、网络信息内容集成服务。

1. 电子商务信息检索服务

信息检索服务是信息服务机构为满足用户的信息查找需求，利用技术手段从各类不同的数据库或信息系统中对相关信息进行查找，迅速、准确地查出与用户需求相符的一切有价值的资料和数据，并提供给用户的服务。信息检索服务一般包括：①搜索引擎服务，例如百度、谷歌等提供的信息搜索服务；②商务查询服务，例如电子机票查询、网上酒店信息查询等。

2. 电子商务信息咨询服务

信息咨询服务是信息服务机构根据客户提出的要求，以专门的信息、知识、技能和经验，运用科学的方法和先进的手段，进行调查、研究、分析、预测，客观地提供最佳的或几种可供选择的方案或建议，帮助客户解决各种疑难问题的一种高级智能型信息服务。

---

① 成本效益原则：是指做出一项财务决策要以效益大于成本为原则，即某一项目的预期效益大于其所需成本时，在财务上可行；反之则应放弃。

信息服务机构依靠庞大的信息量和较强的数据挖掘能力,可针对不同客户的不同业务范围提供信息支持,还可以进行个案的深入研究。目前,信息咨询服务机构在互联网上能为企业提供一般的个案信息、市场预测信息以及重大的战略规划和决策支持信息等。除了为企业提供经营管理咨询的信息咨询机构之外,还有为企业和消费者提供法律咨询、金融咨询、投资咨询等服务的信息咨询机构。

3. 电子商务交易信息中介服务

电子商务交易信息中介服务是指信息服务机构接受客户或客户代理的请求为其处理相关信息发布事务,或者对搜集到的大量资料和信息进行整理、加工、评价、研究和选择之后,及时提供给用户以满足用户的某些信息需求。

电子商务交易信息中介机构是传统信息中介在互联网上开展代理撮合交易的一种业务方式[10],能在互联网上为交易主体提供方便的双向信息发布环境,使交易主体进行信息更新和信息查询的速度加快,实现成交的选择余地更大。

电子商务信息中介服务机构主要依靠向企业级用户收取年费(会员费)和交易撮合费获得收入,针对个体用户则采取免费的方式建立用户基础。例如,阿里巴巴网络公司是典型的 B2B 电子商务交易信息中介服务机构,一般企业在阿里巴巴的网站注册后,就可以在其提供的网络平台上发布企业的需求信息或产品销售信息。

4. 网络信息内容集成服务

信息集成服务是指以现代信息集成理论和技术为基础,通过对服务要素进行集成与动态整合并构建优势互补的集成化服务体系,使用户在最短的时间里通过最小的成本得到最需要的资源和服务的一种服务理念和模式[11]。

网络信息内容集成服务是指在网络环境下信息机构和行业利用计算机、通讯和网络等现代信息技术从事信息采集、处理、存贮、传递和提供利用等一切活动,能以最少的成本最大限度地满足用户的需求。网络信息内容集成服务不仅强调服务要素的集成,更强调服务内容与功能的集成和一站式服务目标的实现。

在电子商务环境下,用户需要的信息资源可能远远超出用户本身所在区域,那些单一的、零散的信息内容已经不能满足人们的需要。只有把分散的信息资源最大限度地深层次加工、整理,使之有序化、精细化、专业化,成为一个信息集合体,才能体现出信息的真正价值,才能真正满足信息用户的需求。

网络信息内容集成服务主要表现在三个方面。一是提供服务的网络化信息及时、全面，如中国经济信息网；二是能满足信息用户对信息类型多样化的需求，如新浪网；三是满足用户学术交流与科学研究的需要，如中国期刊网。

2.4.3　按电子商务信息服务功能分类

1. 信息提供与信息保障服务

信息提供服务是根据用户的某一客观信息需求，有选择地从信息源中搜集信息，经过一定的加工、处理程序，向用户提供一定范围内的信息及信息获取工具，以供用户选择、使用的一种基本的服务业务。信息提供服务旨在针对用户的特定需求为其提供可利用的各种信息及信息获取与查询工具（包括系统与网络工具）。信息提供服务往往是用户已掌握某些信息线索的情况下进行的，其关键在于以此出发获取有关信息，以满足其特定需求。

信息保障服务在信息提供基础上进行，它是一项系统化的信息提供服务，其要点是根据用户所从事的某一工作或业务活动的需求，跟踪其业务或活动环节，通过多种途径提供全方位的信息或信息获取、传递等专门化服务，以确保用户工作或业务活动的进行。

2. 信息发布、传递与交流服务

信息发布、传递与中介交流信息服务的要点包括两个方面：一是组织来自用户方的信息，通过筛选、加工，向该用户以外的个人、组织或外界发布与传播；二是沟通用户与交往对象的联系，建立有效的信息交流渠道，直到组织双向信息提供服务。

信息发布与传递服务来源于信息载体、传输技术和传递通道三者的结合。由于信息存在形式多种多样，传递和利用的要求各有不同，因而传递的方式也不同[12-13]。

信息发布与传递服务的方式，按信息发布与传递的集中程度，可分为连续式与集中式；按信息发布流向不同，可分为单向传递、双向发布与传递、多向信息传递服务；按信息传递的渠道，可分为正式的有组织的发布与传递、非正式的个人发布与传递。

连续式信息发布与传递即某一类型的信息以连续方式进行发布与传递；集中式信息发布与传递即在一定时间内，集中发布或传递一定数量的信息。单向传递即直接由信息的发布、传递者把信息传递给信息的需求者；双向发布与传递即信息发布与传递服务是在信息发布者与信息用户之间进行双向信息沟通服务;多向信息传递服务即由两个以上的信息提供者、信息用户以及相关的信息中介机构之间相互进行的信息发布与传递服务。正式的有组织发布与传递,例如利用经济信息网络传递经济动态信息等;非正式的个人发布与传递,例如通过个人博客、微信发布、传递有关产品信息等。

2.4.4　按电子商务信息服务特征分类

电子商务信息服务按面向的对象群体特征划分,可分为个性化信息服务和普适性信息服务。

1. 个性化信息服务

用户信息需求是信息服务的原动力,从理论上讲,有怎样的信息需求就应该有怎样的信息服务[14]。个性化信息服务是顺应用户个性化需求的产物,并随着用户需求的不断变化而不断发展。电子商务环境下,用户的信息服务需求呈现出多样化、个性化的特点,表现出用户对信息的新颖度、及时性的关注与渴求。

因此,电子商务环境下的个性化信息服务,必须以用户为中心,重视与用户交互,服务方式更加灵活,并且能够主动将用户所需信息传递给用户。此外,个性化信息服务系统还应根据用户的知识结构、心理倾向、信息需求和行为方式等来激励用户需求,支持用户行为习惯,促进用户充分挖掘和利用信息资源。

2. 普适性信息服务

普适性信息服务即面向大众提供无差别的信息服务,满足各方面用户的信息需求。通常传统的信息服务即是采用普适性信息服务方式,一般从社会需求出发,通过全方位资源配置与开发,为社会公众提供其所需的基本信息。

2.5　电子商务信息服务生态系统

电子商务信息生态问题是一项复杂的系统工程,它涉及企业、消费者、中介机构、政府等诸多信息主体以及信息技术、信息法律、信息社会等信息环境,这些信息主体和信息环境共同构成了相互联系与影响、共同演进的信息生态系统。

2.5.1 电子商务信息服务生态系统的含义

在生态学中，生态系统是指在一定空间中共同栖居的生物群落与环境之间由于不断地进行物质循环和能量流动而形成的统一整体[15]，其中各生物借助物质循环、能量流动、信息传递而相互联系、相互影响、相互依赖，形成具有自适应、自调节和自组织功能的复合体。

与自然生态系统类似，对于由信息人、信息内容和信息环境（信息技术、信息组织结构、信息服务基础设施、信息战略、文化及制度等）组成的这种信息主体与其信息生态环境之间相互作用、相互影响的系统，叫作信息生态系统（information ecosystem）。在一定区域内没有一个信息主体能够长期单独生存，每个信息主体都直接或间接地依靠别的信息主体存在，并形成一种有规律的组合[16]。在这个组合中，相对于每一个信息主体来说，生活在它周围的其他信息主体连同信息环境构成了其生态环境，信息主体与其生态环境通过物质、能量和信息的交换，构成一个相互作用、相互依赖、共同发展的整体[17]。

电子商务信息生态系统（e-commerce information ecosystem）是指在电子商务活动中，信息主体之间以及信息主体与信息环境之间不断进行信息交流和信息循环而形成的统一系统。电子商务信息生态系统涉及诸多信息主体和环境要素，其中信息主体包括信息生产者、信息加工与传递者、信息用户，如企业、消费者、中介机构、政府等；环境要素如信息技术、信息法律、信息社会等信息环境，所有的要素共同构成了相互联系、相互影响、共同演进的信息生态系统。

2.5.2 电子商务信息服务生态系统的特征

电子商务信息服务生态系统是为了适应信息生态环境而采取的新的研究范式。电子商务信息服务生态系统运行和管理的最终目标是寻求信息平衡和共同进化，即通过电子商务信息生态系统内部和外部的自我调节及相互作用，避免信息生态的失调，并保护信息生态的平衡，从而使信息服务活动能够持续进行。在这个过程中，系统中各信息主体通过相互间的协同作用实现系统演进，进而推动整个电子商务信息服务生态系统的进化。因此，电子商务信息服务生态系统在其深化过程中，通常表现出整体性、动态性、开放性与协同性等特征。

（1）整体性特征。电子商务信息生态系统是一个包含众多不同种类、不同层次要素的复杂系统,其中每一个信息要素都包含在一个更大的信息生态系统中,同时它又含有更小的信息生态系统,系统中任何一个信息要素所发生的变化,都将影响到整个系统的运行。

(2)动态性特征。电子商务信息生态系统的产生与发展是一个由简单到复杂的动态演化过程,系统中种类繁多的信息主体都会经历产生、发展、成熟、衰退这一生命周期,并且系统信息主体之间既相互联系、相互影响,同时又与外界环境不断进行着信息的交换,这就意味着电子商务信息生态系统具有内在动态变化的能力。

(3)开放性特征。电子商务信息生态系统与环境之间相互作用、相互影响。一方面,系统通过接纳和更新信息主体成员,保证系统各种功能的实现;另一方面,环境的复杂性也会造成电子商务信息生态系统的复杂性。电子商务信息系统中的任何环境因素的变化,都会导致信息主体不断地调整以适应环境变化,也就是优胜劣汰。随着信息主体的调整与改进,电子商务信息生态系统呈现阶梯式跃进,显示出系统对环境较强的适应能力和开放性特征。

(4)协同性特征。电子商务信息生态系统中的诸多要素,不能任意组合,必须满足特定的信息需求才能使信息循环正常进行。电子商务信息生态系统中的各要素在相互作用中功能互补,使信息循环正常进行,它们之间在协同互动中推动系统演化,从而获得系统整体功能大于部分之和的效果。

2.5.3 电子商务信息服务生态系统的构成

电子商务信息生态系统由若干能够满足信息需求的特定关系的子系统构成,包括信息场、信息生态链和信息生态圈等不同的功能子系统[18]。

1. 电子商务信息场

信息场是指信息存在及作用的基本场所。信息场中信息的存在通常可用信息的数量、质量和能量三指标表征,信息的作用则可由信息力的作用方向、作用时间和影响区域三要素衡量[19]。各信息场之间通过信息的相互作用和影响,调节自身结构以适应其生态环境。

电子商务信息场是指在电子商务活动中信息存在与应用的基本场所,它是构成电子商务信息生态链和电子商务信息生态圈的基础。不同电子商务活动信息存在不同的信息场,而不同电子商务信息场中的信息数量、信息质量和信息能量都存在差别。因此,电子商务生态系统需要从信息生态平衡的角度,根据信息生产者、信息传递者、信息消费者和信息分解者的不同特点[20-21],建立相应的各类电子商务信息的分布模式与采集机制。

2. 电子商务信息生态链

信息生态链是指通过信息的流动使无数的信息场连接起来而形成的链条，它是信息生态系统的信息通道[22]。它不仅是联系信源、信道和信宿的纽带，也是信息沟通的基本方式。

电子商务信息生态链是存在于特定电子商务信息生态环境中的，由多种要素构成的信息共享系统。电子商务信息生态链包括主干链和支撑链，其中主干链由各信息主体构成，支撑链由信息环境构成。

（1）主干链。在电子商务信息生态链中，往往包含着功能和需求不同的多种信息主体。电子商务信息生态系统中的信息主体主要包括信息生产者、信息加工与传递者、信息消费者，这些信息主体具有相互寄生、共生和转化的特点。信息生产者是电子商务信息生态链的起点，是电子商务中提供信息的个人或组织，包括电子商务的供应商、企业或商家等；信息传递者是电子商务信息生态链的中间环节，是电子商务中传输信息的组织或信息通道，包括电子商务交易平台、物流公司、信用机构、网络搜索引擎、金融支付机构等参与电子商务活动的第三方服务机构；信息消费者是电子商务信息生态链的终点，是电子商务中搜索和利用信息的个人或群体，例如顾客和买家等；信息分解者是电子商务中整理信息和剔除无用信息的个人或组织，如政府、科研机构、教育组织等。构成电子商务信息生态系统的各信息主体，在电子商务事件中通过信息流有序地组织在一起，相互作用、相互关联，进而构成了电子商务信息生态的主干链。

（2）支撑链。电子商务信息生态支撑链主要是由构成系统的信息环境组成的链条，包括生态系统的内部信息环境和外部信息环境。内部信息环境主要指参与电子商务活动的企业内部信息环境，包括信息资源、信息技术、信息文化等；外部信息环境包括经济、社会、法律、信用、物流等环境信息。电子商务系统内部与外部环境信息之间通过相互影响、相互作用、相互适应、相互协调，构成了电子商务信息生态系统的支撑链。

在信息流的作用下，主干链和支撑链共同组成了电子商务信息生态链（参见图2-1）。

在电子商务信息生态系统中，信息生态链实质上是一条信息流转链。信息的流转包括信息流动和信息转化两种方式。信息在不同的信息主体之间主要表现为信息流动，而在信息生态链的节点上，主要是信息的转化[23]。例如，在"供应商—电子商务交易平台—第三方支撑服务机构—顾客"构成的信息生

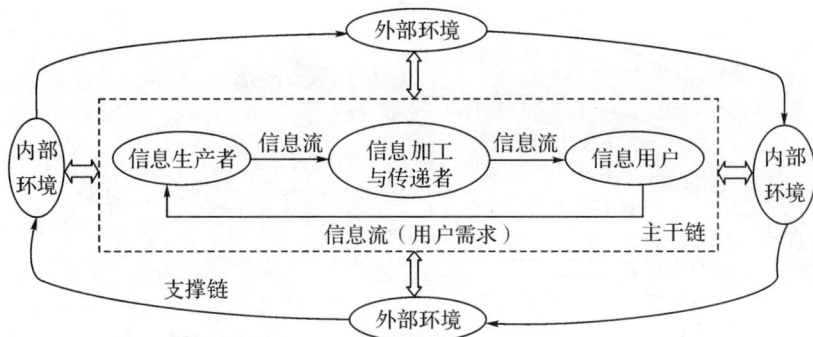

图 2-1　电子商务信息生态链

态链上,每一个节点都是一个信息主体,可以是信息生产者、信息传递者或信息加工者、信息消费者,信息生态链为这些信息主体提供了信息流动的平台。持续的信息流实现了信息生态链上信息主体间的信息共享、协同进化,同时信息主体与信息环境之间动态相互适应,也保护了信息生态的平衡。

3. 电子商务信息生态圈

信息生态圈是指相互关联、纵横交错的信息生态链构成的信息空间[24],它是由信息主体、信息内容、信息环境彼此之间相互作用而形成的一种均衡运动状态,是信息主体与信息环境之间以信息为纽带,以满足用户信息需求为目标而形成的一种互动关系。

电子商务信息生态圈可分为核心层、扩展层、相关层三个层次[25],各层次分别由电子商务中涉及的各类组织构成(如图 2-2 所示)。

核心层主要包括电子商务交易平台、买家和卖家,它们是电子商务交易的主体。

扩展层主要包括与电子商务交易相关的金融支付机构、物流公司、信用机构、软件服务商、广告公司、搜索引擎等,它们为电子商务交易提供支撑服务,对于促进电子商务交易的顺利完成发挥着重要作用。

相关层主要包括经济、社会、法律、信用、物流等大环境,它们对电子商务信息生态系统的运作及发展产生重要的影响。

电子商务信息生态圈具有实现和完善电子商务信息流动和循环的功能。每个层次可视为一个子信息生态系统,其中包含各具特色的信息;每个子信息生态系统之间相互影响、制约、融合,共同构成大的信息生态圈。

电子商务信息服务相关理论

第 2 章

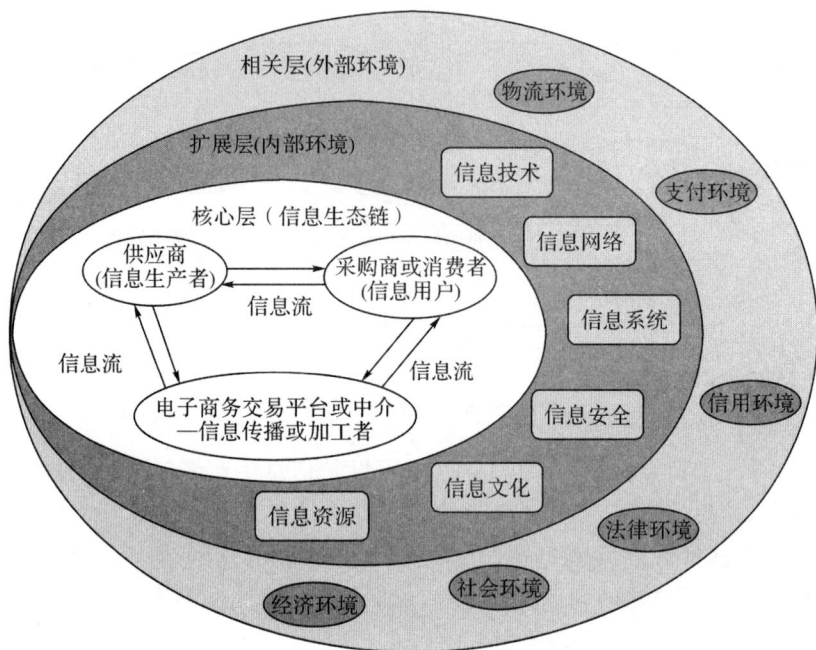

图 2-2　电子商务信息生态圈的构成

　　电子商务信息生态系统中不同类型的生态要素在电子商务事件的驱动下相互作用、取长补短，以此促成整个系统的协调运转；同时，各个要素之间通过相互协同，在互动过程当中共同推动整个系统的演化，从而达到系统整体功能优于部分功能之和的效果。融入信息生态圈是今后网络信息服务及电子商务企业的必然选择。

　　对于临港制造业而言，通过电子商务信息生态模型可以帮助相关企业更清晰地认识自身所处的内外环境及其所存在的问题，以更好地提高企业的核心竞争力。建立共生的信息生态圈，提供高价值和高质量的信息服务是制造业电子商务发展的必然趋势。

2.6　电子商务信息服务的作用与"柠檬问题"

2.6.1　电子商务信息服务的作用

电子商务信息服务主要包括企业内部及企业间共享的信息服务、企业和其他组织机构对外发布的公开信息服务、信息中介机构提供的增值服务等,信息服务在电子商务中具有重要作用。

1. 消除信息壁垒并促进理想市场环境的形成

电子商务是互联网经济对传统经济所发起的一场挑战,对消除信息壁垒,营造理想竞争环境有着前所未有的贡献。在理想的市场环境中,消费者拥有其想购买的商品的全部相关信息(主要是价格信息和品质信息),知晓市场上有哪些商品,它们以什么价格出售以及在哪里出售,从而做出理想的选择,购买到品质适宜而相应价格最低的商品。

在网络购物环境中,电子商务网站能够为买方提供内容详尽的商品或产品目录及其价目表,推荐最新产品信息,预测行业发展动向,提供产业新闻、相关法规信息、市场分析等。物理环境中难以克服的空间距离,在网络世界中转化为不同商业网站之间的链接,顾客可以迅速连接到多个网上供应商的站点,大大节约了商品信息的搜寻时间,降低了搜寻成本,保证了消费者有更大的选择空间。例如,在制造业采购原材料过程中,若要求最少向三家供应商询价和选择商品,采用传统的信息搜寻方式一般要 2～3 天左右,而在网上寻找同类商品信息,很快就可以完成从而消除了信息壁垒。

2. 开展以顾客为中心的个性化服务

电子商务平台通过构建客户信息数据库,记录下顾客每次消费的产品及其数量信息,并分析出其消费习惯、消费倾向,据此向消费者提供个性化的服务。电子商务环境下用户的每一次网络访问都会被记录下来,用以分析其使用需求和访问习惯,以便于定制个性化的产品;企业不同部门的人对用户的拜访也被记录下来,用以了解用户全面的需求和心理;企业也可以通过电子商务平台主动去了解用户对企业的需求和对产品的满意度,并有针对性地推荐相关产品,从而大大提高企业的客户满意度。例如,amazon. com 网站会经常公布最新的书籍排行榜以及名家的书评,并推荐最近新书信息。对于已经购买了某类型书的用户,当有同类新书或相关书籍到货时,会将相关信息以电子邮件的形式发送给用户,以便于客户选择。

3. 促进商业流程透明化

电子商务交易过程中,顾客订单的流向和企业对订单的处理及反馈信息,在网上都可跟踪得到。信息服务使商业流程透明,从而使顾客在购物过程中做到心中有数,促进企业采购效率的提高和资源的有效配置。

2.6.2 电子商务信息服务中的"柠檬问题"

1. 电子商务信息不对称现象

信息不对称(asymmetric information)是指在市场交易中,产品的卖方和买方对产品的质量、性能等所拥有的信息是不相等的,通常产品的卖方对自己所生产或提供的产品拥有更多的信息,而产品的买方对所要购买的产品拥有更少的信息。例如,汽车市场上,销售方掌握的汽车性能、质量等方面的信息比购买方要全面、详细得多。在电子商务的网络购物环境中,固定的物质设备化为网上虚拟空间,消费者对网上购物的信赖度仍由现实世界中的物质信号来激励。在网络销售模式中,就表现为网络销售商与实际品牌厂商的联合经营,或是经营品牌电子产品的企业集团扩张到电子商务领域,如康柏、甲骨文、戴尔等。在购买高科技产品时,由于大多数消费者属于非专家购买,商家与消费者之间存在着严重的信息不对称现象。商家对产品的成本、技术指标、耐用程度有着相当明晰的了解,而顾客对商品品质的判断只能根据价格、外观、商家的信誉来进行。

信息的不对称性可能会造成市场调节机制的失灵,即在同一价格标准上低质量产品排挤高质量产品,减少高质量产品的消费甚至将高质量产品排挤出市场,这在经济学中被称为"柠檬问题"[①]。信息的不对称性会导致市场交易双方的利益失衡,影响社会的公平、公正原则以及市场配置资源的效率,甚至会导致市场的自动调节机制失灵,最终将导致社会的进步变慢,整个社会的福利水平也会相应降低。最著名的实例就是二手车市场,由于信息不对称,最终可能出现质量好的车被质量差的车挤出市场的现象。

---

① "柠檬问题"是美国经济学家乔治·阿克洛夫提出并引入信息经济学的,主要是研究产品质量的不确定性所带来的信息不对称性及其对市场效率的影响。

2．电子商务信息不对称的原因

随着人类社会从工业社会向信息社会的变迁,电子商务正逐渐成为信息化过程中最重要的推动力和新的经济增长点,电子商务信息不对称现象必须引起足够的重视。电子商务信息不对称问题的产生,其原因主要有以下几种：

（1）电子商务市场交易的虚拟性导致信息不对称。在传统市场上,消费者可以通过一些统计数据来判断产品质量,而在电子商务市场上,由于网络交易虚拟性的特点,使得消费者对网络产品质量的判断要比传统市场更为困难。在网络购物环境中比特流能传送色彩信息、音效信息,但触觉、试用的感觉是无法传递的,电子商务的消费模式在此时便加大了买方与卖方之间的信息不对称现象。

（2）数字产品的易复制性导致买卖双方的信息不对称。在电子商务市场中进行交易的产品有数字产品和非数字产品,而数字产品比非数字产品更容易被复制,这些特点导致了电子商务市场上买卖双方的信息不对称。同时,电子商务市场数字产品的虚拟性和低进入壁垒又使得单个交易中的一方（主要是卖方）更有动力和条件降低"信号发送"的完全性,隐瞒对自己不利的信息,从而使信息不对称性加深。

（3）时空隔离导致买卖双方身份确认困难引发信息不对称性。在电子商务市场中,网络是买卖双方快速、全天候传递交易产品信息的媒介,产品实物和销售网站相分离,产品订购和实物配送相分离,虽然交易范围和交易对象扩大了,但时空隔离导致交易双方的身份确认比传统市场困难,容易产生买方所购买的产品质量与卖方网站上的说明不相符,甚至出现以劣质产品冒充的欺骗行为。

美国经济学家迈克尔·斯彭斯在阿克洛夫模型基础上提出了解决信息不对称性的"信号发送"理论,即拥有信息的一方可以向无信息的一方发送信息。阿克洛夫模型是信息经济学中的一个经典模型,它描述的是在非对称信息环境下的"不利选择"问题,揭示了在某种特定情况下,市场如何变得低效率的过程。在传统市场上,卖方可以通过树立品牌、提供质量保证、强化售后服务等方式来向消费者提供产品质量的信息。而在电子商务市场上,卖方不论规模大小都可以在网上建立自己的"店面",对质量不同的产品也可以向顾客发出没有什么区别的信号,这使买方难以辨别各个产品和服务质量的好坏,加深了信息不对称程度。

总之,网络使人们摆脱了时空的限制,同时也造就了网络交易的虚拟性,导致了电子商务信息的非对称性,并引发电子商务市场中的"柠檬问题",已成为制约电子商务发展的瓶颈之一。

2.7　本章小结

　　本章介绍了电子商务概念的内涵和常见交易模式，阐述了电子商务信息服务的含义、构成要素和特点，分别从服务内容、服务方式、服务功能三个不同的角度对电子商务信息服务模式的类型进行了划分，讨论了电子商务信息服务生态系统的含义、特征和构成，并对电子商务信息服务的作用和存在的"柠檬问题"进行了分析。

参考文献

[1] 陈晴光.电子商务基础与应用[M].2版.北京：清华大学出版社，2015.

[2] 彭丽芳，李琪.电子商务新模式BUC研究[C]//李琪，陈德人，梁春晓.第九届全国高校电子商务教育与学术研讨会暨第三届网商及电子商务生态学术研讨会论文集.杭州：浙江大学出版社，2010.

[3] 陈运.信息论与编码[M].2版.北京：电子工业出版社，2012.

[4] 中华人民共和国国务院.互联网信息服务管理办法[EB/OL].(2000-09-25)[2008-8-1].http://www.cnnic.net.cn/html/Dir/2000/09/25/0652.htm.

[5] 程结晶，胡海金，赵晓红.论网络环境下信息服务功能的障碍与优化[J].南昌大学学报(人文社会科学版)，2005(4)：29-33.

[6] LEE，BRIDGET S. Florida certified minority business enterprise a-doption and utilization of electronic commerce[D].Tallahassee：The Florida State University，2011.

[7] 王学东，易明，邓卫华.企业电子商务信息流管理系统研究[J].科技进步与对策，2002(9)：159-162.

[8] 刘永.电子商务的信息特性与控制方法研究[J].图书·情报·知识，2007(1)：91-94.

[9] 陈建龙.信息服务模式研究[J].北京大学学报(哲学社会科学版)，

2003,40(3):127-132.

[10] 舒文芳.网络信息服务者的角色定位[J].情报科学,2003(11):
1223-1225.

[11] 周永红.信息集成服务的含义、发展与主要类型[J].情报理论与实
践,2007,34(5):601-603.

[12] 程霞.基于小世界网络的电子商务信息传递优化研究[J].图书情报
工作,2010,54(4)140-143,148.

[13] 李玉海,侯德林.流媒体技术在电子商务信息发布中的应用[J].情
报科学,2005,23(6):896-899

[14] 胡昌平,柯平,王翠萍.信息服务与用户研究[M].北京:科学技术文
献出版社,2005.

[15] 孙儒泳.动物生态学原理[M].3版.北京:北京师范大学出版
社,2002.

[16] 梁嘉骅,范建平,李常洪,等.企业生态与企业发展:企业竞争对策
[M].北京:科学出版社,2005.

[17] 史波.完善中小企业信息生态系统的对策[J].经济纵横,2008(8):
113-115.

[18] 谢立虹.网络空间中的信息生态问题[J].图书馆,2000(2):11-13.

[19] 张向先,张旭,郑絮.电子商务信息生态系统的构建研究[J].图书情
报工作,2010,54(10):20-24.

[20] 陈曙.信息生态研究[J].图书与情报,1996(2):12-19.

[21] 马捷,闫明,靖继鹏.信息生态视角下电子商务网站信息分类优化研
究[J].情报科学,2012,30(3):360-363,407.

[22] 王晰巍,靖继鹏,刘明彦,等.电子商务中的信息生态模型构建实证
研究[J].图书情报工作,2009,53(22):128-132.

[23] 娄策群,周承聪.信息生态链中的信息流转[J].情报理论与实践,
2007(6):725-727.

[24] 程鹏.信息生态循环圈——关于"信息人"生存的学问[J].科技创业
月刊,2007(8):9-10.

[25] 杨克岩.电子商务信息生态系统的构建研究[J].情报科学,2014,32
(3):37-41.

电子商务信息服务相关理论

第2章

第 3 章

临港制造业电子商务信息服务需求

临港制造业用户作为电子商务信息服务的一个重要用户群体,其信息服务需求在制造领域具有很强的代表性。临港制造业包括临港产业经济带内的各类制造生产企业和制造服务企业,由于不同制造企业应用电子商务的程度和层次不同,其对信息服务的需求和目的也不尽相同,呈现多样性特征。

本书所述信息服务需求,主要是指信息主体对信息客体的需求,包括获取与利用信息的需求以及向外发布和传递信息的需求。客体是相对于主体而言的,简单来说就是主体所接触的但不属于自身的实体。处于主体的事物,在进行客体层面分析与其他事物的联系时,会在显示层面上表现为客体的形态。信息服务需求的基点是实现对外信息沟通与交流,以达到社会职业活动和社会生活中的某种目标[1]。在电子商务活动中,信息服务需求存在于不同交易模式交易过程的各个环节以及各种层面上,有的信息服务需要在获取信息的同时又向外发布信息[2]。

3.1　临港制造业用户电子商务信息服务需求调查

为了解临港制造业用户对电子商务信息服务的认识及需求情况,课题组通过实名问卷调查的形式,对浙江省杭州湾新区以及甬、台、温沿海临港制造企业的电子商务信息服务需求和信息利用情况进行调查,其范围涉及家电、汽车、修造船及石化加工等行业,重点关注困扰制造业电子商务发展的配套信息服务环境,包括电子商务的交易信息服务、物流配送信息服务、信用信息服务环境等。

3.1.1 用户需求调查的内容与调查方法

问卷调查着重针对以下企业展开：浙江宁波北仑区临港制造业基地中以造纸和修造船为主体的青峙工业园区、以汽车配件生产为主体的汽配工业园区、以台塑为主体的石化区中的制造企业，杭州湾新区中出口加工区和先进制造业集聚区的外向型制造企业，以及温州、台州等地中小外向型制造企业。

1. 调查内容

制造业电子商务信息的用户除了从事产品生产制造的企业用户之外，还包括产业链上游的原材料供应商和下游的商品经销商或零售商等用户。但是，直接从事产品生产的制造企业群体处于产业链的核心地位，相比较而言具有明显特性，诸如使用电子商务信息服务的特征比较统一且有代表性等，因此调查中将抽样主体对象定为产品生产及装备制造企业。

问卷调查的目的，主要是了解临港制造业用户电子商务的使用情况以及对电子商务信息服务的认识和期望，进而分析用户的电子商务信息服务需求及特点。调查问卷内容包含企业基本情况、企业信息化总体状况、企业电子商务应用情况、企业电子商务管理情况、企业物流服务需求以及其他相关信息服务情况六个部分，调查重点包括企业对电子商务产品销售及原材料供应信息的服务需求，对上下游企业信用信息的服务需求，对电子商务物流服务信息的需求等。

2. 调查方法

关于制造企业电子商务信息服务的用户需求调查，信息采集对象包括企业厂长、相关部门经理、车间主任、一般业务人员等。课题组在 2013 年 1 月至12 月，历时近一年的时间，对调查对象发放调查问卷，主要以当面递交的方式将自制调查问卷《制造企业电子商务应用及信息服务需求调查问卷》发放到被调查者手中；其后在本书写作过程中，于 2014—2016 年间分别对以上受访企业相关人员就一些时效较敏感的问题进行了补充调查。所有调查采用实名方式，通过实地和网络两种方式发放调查问卷，在发放问卷前先明确被调查人的身份，再进行调查问卷的填写。对于实地发放的调查问卷，待被调查者填写完毕并加盖企业公章后当场回收，这样也就确保了问卷的真实性。

3.1.2 调查样本的信度和效度分析

进行问卷式调查研究的统计分析前，应考评问卷的信度和效度，以确保研究结果的可靠性和准确性。

1. 问卷信度和效度分析的统计学方法

信度（reliability）：主要评价量表的精确性、稳定性和一致性，即测量过程中随机误差造成的测定值的变异程度的大小。常用的信度指标有重测信度、复本信度、折半信度和评价者间信度等。

重测信度（test-retest reliability）：是指同一被试者、同一个测验在不同的时间测量两次所得结果的相关系数，反映测验跨越时间的稳定性和一致性，相关程度高，表示前后测量一致性高，稳定性好。一般而言，重测信度系数能达到 0.70 以上即可。

复本信度（parallel-forms reliability）：是以两个内容等值但题目不同的测验（复本）来测量同一群体所求得的被试者在两个测验上得分的相关系数。复本信度的高低取决于测验的内容取样问题，其高低反映了两个互为复本的测验等价程度，能够避免由于重测带来的记忆效应和练习效应，而且可用于长期追踪研究前后测量，减少了作弊的可能性。

折半信度（split-half reliability）：属于内在一致性系数，是测量内部一致性最简单的方法。量表中的项目被分成两半并计算测量结果的相关系数，这两半相关系数高，则说明量表内部一致性高。量表的项目可按序号的奇、偶性分为两半，也可以随机地组合。

如果采用一个问卷由不同的评价者在同一群体中进行测量，从而计算不同评价者间的一致性，则称为评价者间信度，误差主要来源于调查员对问卷理解的差异及其对研究对象的影响，如果量表是自评而不是他评，则不需要计算评价者间的一致性。

课题组采用 EpiData 3.0 建立临港制造业用户问卷的数据库，并进行数据核对和录入，数据录入计算机后导入 SPSS 17.0 软件后进行统计分析。资料分析前先对问卷涉及的各个维度进行赋分，以中位数作为集中趋势指标，计算 Cronbach's α 系数考评问卷各维度的内在信度；以 Spearman 相关系数计算前后两次测量间的相关性，分析问卷的重测信度；采用探索性因子分析，分析问卷的结构效度；采用 Pearson 相关和 Spearman 相关分析，研究问卷 10 个维度评分与总评分之间的相关性，判定标准关联效度。

2. 问卷的信度分析

内在信度的数据来源于所有调查对象的结果，主要计算 Cronbach's α 系数。重测信度的考评是在预调查的浙江杭州湾新区、宁波北仑区以及温州、台州等地随机抽取50家制造企业,对其在1个月后通过海商网等电子商务平台进行同一份问卷的第2次调查。为了保证两次调查的个体配对,均采取了实名调查。

计算Cronbach's α系数判断问卷的内在信度,取值范围是0.504～0.804。50份问卷经过配对重复测量,主要测量指标的Spearman相关系数均＞0.7,表明两次测量的相关性良好(表3-1)。

表3-1 临港制造业用户信息服务需求调查问卷的内在信度和重测信度评价

维度	条目数	中位数	Cronbach's α 系数	重测 Spearman 相关系数
您所在企业最需要的信息	2	0	0.512	0.721
您所在企业目前采用的信息系统	2	2	0.768	0.705
您所在企业支持跨企业的商务合作	5	16	0.675	0.867
在线与供应商共享不断更新的计划信息	2	4	0.804	0.786
企业面向供应商并支持在线采购活动	4	9	0.662	0.789
在线与代理商共享订购产品的库存量	2	2	0.504	0.712
通过哪些途径获得物流服务商的信息	9	10	0.593	0.752
您所在企业通常需要用到哪些企业的物流服务	2	3	0.594	0.749
您所在企业最需要的物流服务信息是	5	10	0.714	0.750
您所在的企业采用的CA认证来自于哪家公司	4	8	0.612	0.723

3. 问卷的效度分析

效度分析分为内容效度、结构效度和标准关联效度,其中内容效度的评价主要通过专家主观评价的方法;问卷的结构效度应用探索性因子分析;标准关联效度通过相关法测量量表与效标之间的相关性。效度分析的数据也来源于所有调查对象的结果。

(1)内容效度考核。调查问卷采用自制的"制造企业电子商务应用及信息服务需求调查问卷",内容效度的考评已在研究设计阶段进行并顺利完成。课题组通过多次讨论,对问卷的题量设置、题项数量、类型和项目领域、内容划分的科学性与合理性进行完善,并用通俗易懂的语言来表达整个问卷。

(2)结构效度考核。将问卷中信度考核中涉及倾向因素、强化因素和促成因素的37个条目进行探索性因子分析,计算结果显示KMO(Kaiser-Meyer-Olkin)检验统计量的值为0.812,Bartlett's球形检验P＜0.001,因子分析显示可行。因子分析中获得 10 个公因子,特征根均大于 1,与问卷中设定的 10 个维度基本符合,解释了问卷结构总变异的 81.17%。10 个维度进一步提取公因子后,获得 4 个因子负荷:①倾向因子,包括您所在企业最需要的信息、您所在企业目前采用的信息系统、您所在企业支持跨企业的商务合作和您所在的企业采用的 CA 认证来自于哪家公司;②强化因子,包括企业面向供应商并支持在线采购活动、在线与代理商共享订购产品的库存量和企业最需要的物流服务信息;③促成因子,包括在线与供应商共享不断更新的计划信息和企业通常需要用到哪些企业的物流服务;④媒体因子,为独立的通过哪些途径获得物流服务商的信息因素。以上结果基本符合预先构建的倾向因素、强化因素和促成因素理论模型;媒体暴露因素原属于促成因素的一部分,而此次研究通过结构效度的评价发现,该因子独立于预先设定的促成因素(如表 3-2 所示)。

表 3-2　临港制造业用户信息服务需求调查问卷的结构效度评价

维度	倾向因素 (F1)	强化因素 (F2)	促成因素 (F3)	媒体因素 (F4)
您所在企业最需要的信息	0.690	0.346	0.020	−0.240
您所在企业目前采用的信息系统	0.770	0.265	0.011	−0.237
您所在企业支持跨企业的商务合作	0.459	0.259	−0.225	−0.012
在线与供应商共享不断更新的计划信息	0.364	0.284	0.697	0.087
企业面向供应商并支持在线采购活动	−0.350	0.437	0.068	−0.197
在线与代理商共享订购产品的库存量	0.224	0.808	0.016	−0.170
通过哪些途径获得物流服务商的信息	0.045	0.029	0.279	0.801
您所在企业通常需要用到哪些企业的物流服务	0.335	−0.205	0.659	0.160
企业最需要的物流服务信息	−0.135	0.665	0.316	0.312
您所在的企业采用的 CA 认证来自于哪家公司	0.503	−0.365	−0.385	0.079

3.1.3　临港制造业用户需求状况统计分析

电子商务信息作为一个相对特殊的信息服务类型,拥有特定的用户群体。对于制造业用户而言,不同制造领域的企业应用电子商务的程度不同,其信息服务需求和目的也各不相同。因此,为了能够更有效地满足各类制造业用户在电子商务活动中的信息服务需求,有必要针对不同行业类型的用户分别展开调查分析。

实际调查中主要针对浙江临港汽摩配及整车生产、紧固件生产、纺织品及鞋业生产、船舶修造、石化加工、家电生产等制造企业,从企业背景、信息化建设现状、企业电子商务信息需求、企业电子商务信息行为四个方面进行了数据采集。调查共发放问卷 500 份,回收调查问卷 466 份,经整理之后有效问卷共417 份,有效问卷占发放问卷的 83.4%。有效问卷包括汽摩配及整车生产企业 58 份,临港紧固件生产企业 105 份,临港纺织品及鞋业生产企业 53 份,船舶修造企业 55 份,临港石油石化产品生产加工企业 51 份,临港家电生产企业 49 份,其他各类制造企业 46 份。

调查问卷中所收集的资料在经过初步分析、整理、编码之后,用 SPSS 17.0进行基本的统计分析,主要利用了频次基本描述和交互列联表等分析方法,对制造业用户的电子商务信息服务状况及需求特点进行了描述性统计分析。

1. 临港制造企业信息化服务基础分析

(1)临港制造企业信息化组织建设情况。在 417 个有效接受调查的临港制造企业中,专门设置有信息职能部门的占 71.4%,制订了信息化规划的为50.5%,企业信息化的资金来源以自筹为主的占 84.7%;已建立并应用内联网(Intranet)的企业占 67.6%,已建立并应用外网网站的占 64.8%;外网接入方式中采用光纤为主的占 49.5%,ADSL 为主的占 43.8%,光纤的应用略多于 ADSL。调查显示,53.3% 的企业信息主管为部门经理兼任,设置有 CIO岗位或由企业副总兼管的占 19.1%,约 21.9% 的企业(一般是小型企业)无信息主管;信息化相关的管理制度基础大多是在一般和比较完善这两个档次;进行了业务流程重组(BPR)或类似变革的企业约 14.3%;在信息系统建设与应用中实现比率最高的是财务管理系统为 47.6%,这是绝大多数企业投入最大也最为关心的系统。

(2)临港制造企业信息系统应用情况。调查显示,临港制造企业在信息系统选型和确定合作伙伴时所考虑的主要因素中,性价比和厂商服务能力两个因素同等重要,各占 25%;稳定性其次,占 22.2%。在信息化项目实施过程中,27.8% 的企业感觉最困难的问题是技术力量不够,27.8% 的企业最希望政府所做的事情是提供资金援助。系统应用为中级水平的占 19.4%,以防病毒软件为主已经建立了信息安全管理体系的企业占 41.7%。关于信息系统应用的关键成功因素调查,按很重要与重要两个程度层次分别进行统计,认为领导重视与服务方式很重要的占 30.6%,认为政府资金引导和全员参与很重要的分别占 25%,认为 IT 部门的支持和信息化规划重要的各占 33.3%,认为基础信息管理水平和软件商技术保证重要的各占 30.6%,有 27.8% 的被调查者认为核心员工的信息化素质很重要，认为信息化专家咨询服务和第三方咨询机构参与重要的各占 25%，认为第三方监理的参与重要的占 22.2%。关于信息系统应用效果评价情况，调查数据显示：企业运用财务系统后，认为财务预测决策水平改善（比如误差减少）30%～50% 的占 25%；报表时间缩短 1～2 倍的占 22.2%；财务数据出错率降低 50%～100% 的占 19.4%；采购周期缩短 10%～30% 的占 19.4%，认为供货周期改善（缩短）情况不明显的占 75%，有 25% 的企业认为近期迫切需要信息技术升级的是财务管理系统。关于电子商务应用情况，显示企业基本是通过网络开展贸易活动，其中借助行业电子商务平台的占 47.8%，已经建立独立网站并涉及电子商务的占 45%，已经建立网站未涉及电子商务具体业务的不到 5%。在线交易或电子商务模式采用 E-mail、即时信息工具（如 QQ、微信）为主与客户联系的占 90.6%，自认为开展电子商务后总营业额的变化不大（在 10% 以下）的占 20.6%，认为本企业应用电子商务模式的前景有作用，但需改善的占 41.7%。

（3）临港制造企业信息化建设投资情况。调查显示，受调查企业总投资预算数额为 50 万～100 万的占 16.6%，信息化资金的投入比例以软件平台为主的占 29.4%，计划未来 3 年内将电子商务系统建设作为重点的占 51.1%。从问卷反映的情况来看，在网络建设与互联方面，接受调查的大部分企业已基本具备了电子商务运作的基础硬件设施资源，为后续的升级改造提供了便利条件。但是，多数企业也同时面临在信息化及电子商务应用中融资途径过于单一，来自外部的帮助太少等问题。

2. 临港汽摩配及整车生产企业用户对电子商务信息服务的需求状况

浙江省甬、台、温临港产业带内以汽车摩托车配件生产及整车生产为主的一些工业园区内的制造企业用户是本次调查的主体对象。调查问卷中关于信息需求的问题主要包括信息需求存在的形式、影响信息需求的原因和信息需求的内容三个方面；关于信息行为的调查问题主要有目的实现程度、信息来源、经常访问的网站和利用方式等。

对于回收的与该领域相关的 58 份有效问卷，调查者分别针对不同问题进行了统计分析。例如，被调查者对问题"您所在企业最需要的信息"的回答（最多可选 5 项）进行统计，结果发现：对行业综合信息的需求出现的频率最高（53 次），其他选项依次是对最新技术或产品信息的需求（46 次）、市场供求信息（38 次）、合作伙伴信用信息（35 次）、物流服务信息（31 次），此外，用户提到的信息服务需求还包括行业人才信息传递交流服务（10 次）等。

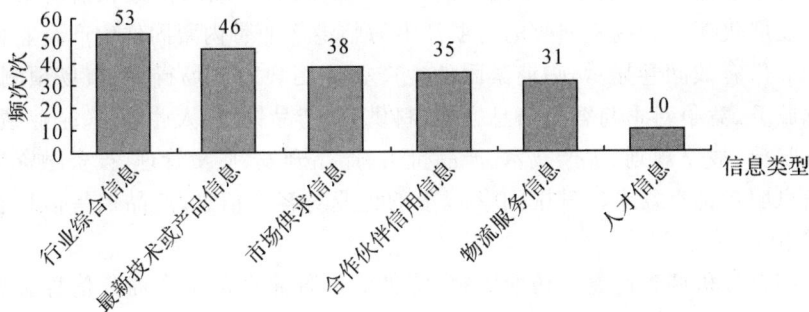

图 3-1 临港汽摩配及整车生产企业用户最关心的信息类型

此外,课题组进一步分析了 58 份有效问卷,认为下述几个方面值得注意:①汽摩配及整车生产企业用户需要可靠、权威、综合和系统的行业信息与服务,信息需求形式以获取信息为主,而信息发布、信息交流、信息咨询的需求相对较少;②汽车整车生产企业用户对信息的价值要求较高,需要来自专家或顾问的推荐和建议,同时对信息的易用性、经济性、准确性和新颖性也有一定的要求;③汽摩配及整车生产企业用户的信息需求多样化,希望能够提供更加专业化的数据库,而不仅仅是信息类的信息;④希望搜索引擎具有更加专业化的功能以方便地获取信息;⑤需要汽车、摩托车配件以及整车生产企业信用信息数据库。

用户信息需求存在着"马太效应",并且符合"布拉德福文献分散定律",所以企业的信息化程度越高,对电子商务信息服务的需求越强烈,并且对电子商务信息服务的需求比较集中。例如,被称为"汽摩配之都"的温州,零部件门类繁多,几乎覆盖整车所有零部件,汽摩配企业对国内和出口售后市场的相关信息关注度极高,而对定牌生产(original equipment manufacturing,简称OEM)的信息则关注不多;地处浙江东南黄金海岸的台州市玉环县是国内著名的规模型汽车零部件产业基地,大大小小的汽车零部件企业就有 2000 多家,逐渐形成了汽车零部件产业链,汽车零部件产品远销国际市场,企业对汽车售后市场信息(特别是发动机和底盘等零部件的需求信息)、智能化协同生产等信息服务的需求十分迫切。

3. 临港紧固件生产企业用户对电子商务信息服务的需求状况

紧固件被称作"工业之米",在国民经济乃至世界经济发展中占有不可缺少的重要位置。随着经济全球一体化进程的不断加快,世界制造业生产力布局正在发生深刻变化,中国紧固件制造业也面临着严峻的挑战和前所未有的重大发展机遇[3]。调查回收的与浙江沿海临港产业带内紧固件生产企业相关的 105 份有效问卷显示,临港紧固件生产企业用户对市场行情、市场预测、个性化服务、竞争对手与客户信息、原材料供应、产品销售、人才信息、企业绩效、财务状况、战略规划、生产技术、产品价格、产品开发、质量管理、投资融资等方面信息服务都有需求。其中 80% 以上的企业对客户信息、产品销售信息有强烈需求。

综合分析调查问卷与访谈资料,临港紧固件企业的电子商务信息服务主要存在以下突出性需求:①需要紧固件行业电子商务信息服务的总体发展规划。目前临港紧固件正朝产业集群化方向发展,但还没有形成一个能凝聚众多中小型紧固件企业优质资源、面向区域内整个紧固件行业的电子商务信息服务改造升级的详细规划。②需要健全社会化电子商务信息服务体系。随着传统产业信息化改造和电子商务应用的深入,越来越多的企业进入电子网络世界,需要有相应的现代信息中介服务配套。虽然已初步建起了行业中介信息平台,能为一些会员企业用户提供基本信息服务,但信息中介机构所占比重还相对较小,信息咨询服务的规模和技术手段离国际先进水平还有较大差距,远远不能满足市场需求,从业人员的整体素质和服务水平也亟待改善。③需要建设完善的企业电子商务信息服务基础设施。临港紧固件行业目前的信息化基础设施总体来看还很薄弱,在很大程度上制约着电子商务的发展。生产管理流程和信息技术装备落后,公共服务平台建设总体滞后,大部分中小型紧固件企业间信息交流缺乏互动平台。④紧固件企业需要尽量避免因缺乏目标市场信息而导致在国际市场中无序竞争。据有关资料显示,越来越多的跨国公司正凭借自身技术优势在中国的紧固件市场上抢占了越来越多的市场份额,这使得国内紧固件企业面临的竞争压力越来越大[4]。在国际市场,中国紧固件企业出口的产品大多属于科技含量较低的低档产品,主要依靠低价格竞争优势进入国际市场,在缺乏目标出口市场信息的前提下,一些企业盲目出口使产品集中在少数市场上,为抢占市场份额国内企业之间相互杀价。这种做法一方面使国内企业内耗或两败俱伤,另一方面又引起当地市场的反倾销调查和起诉。中国紧固件企业在出口过程中出现的无序性,致使近年来涉及中国紧固件企业反倾销的案例时有发生,而企业一旦败诉,具有歧视性的、极高的反倾销税率将使中国产品的成本价格优势丧失。

海外的反倾销行为,造成了中国紧固件出口增速的大幅下降,转型和升级是中国紧固件企业必然要面临的选择,临港紧固件企业迫切需要建立企业电子商务综合信息服务数据库,包括海内外相关企业的信用信息数据库及市场供求信息数据库等。同时,临港紧固件企业在品牌建设、提升企业的核心竞争力等方面的改造中也期望得到相应的信息服务支持。值得关注的是,"机器换人"成为浙江紧固件企业电子商务信息服务模式转型升级的新亮点。

4. 临港纺织品与鞋业生产企业用户对电子商务信息服务的需求状况

临港纺织与鞋业生产企业对电子商务信息查询服务方式显示出较高的关注度,许多企业通常采用免费搜索引擎服务,以查询信息或提高企业搜索排名为目的。在接受调查的 53 家临港纺织与鞋业生产企业用户中,采用免费搜索引擎服务的企业占比 66%,通常在一些网站免费填写企业基本信息以提高企业信息排名;采用实名搜索服务的企业占比 26%,一般在搜索界面录入企业全称,即可搜索到企业相关信息,包括公司简介、产品展示、在线订购、联系方式等;此外,采用设计关键词排名服务的企业占比 8%,费用较高且对技术也有一定要求;对使用信息战略咨询有需求的占 12%,对使用信息技术咨询有需求的占 18%,对使用网络营销咨询有需求的占 25%,对使用电子商务综合信息咨询服务有需求的占 82%。

5. 船舶修造企业用户对电子商务信息服务的需求状况

大型船舶修造企业由于其在行业的垄断地位,与固定的供应商之间已建立长期的合作关系,大多缺少网上采购的迫切需求,其一般需求通常用传真和电话也可以很快解决。网上采购不太适合船舶修造企业大宗材料订购,但特殊材料的应急订单或少量的现货需求,比较适合在网上购买,以增强灵活性。调查显示,接受调查的 55 家船舶修造企业用户,所需要的信息首先是科技信息,占 72.9%;其次是市场经济信息,占 42.3%;再次是项目设备和政策新闻信息,分别占 31.8% 和 30.5%。

调查结果还显示,尽管许多船舶修造企业用户是中外合资企业,但其对中文信息的需求仍然较大,这是因为外文信息在阅读、理解和利用方面给用户造成了障碍,即使是外文水平较高的用户还是习惯于检索和获取自己所熟悉语言的信息,这是由用户信息需求的易用性原则所决定的。

国际船舶网(www.eworldship.com)是中国船舶行业影响力较大的行业门户网站。作为船舶行业的信息服务商,国际船舶网借助现有的网络平台,可以为航运企业、船厂和设备生产企业、船级社、研发部门、政府部门等用户快捷地提供政策、市场、价格、项目、设备和技术等信息服务。

6. 临港石油石化产品生产加工企业用户对电子商务信息服务的需求状况

石油石化产品生产加工行业中电子商务的应用发展相对而言比较缓慢，各集团公司下属分公司或控股子公司在产品生产上的关联度大，缺少来自外部的竞争，是造成发展电子商务相对缓慢的主要原因。成品油的销售渠道和销售价格处于行业垄断地位，以现有的采购和销售方式为主，缺少发展电子商务的压力。因此，临港石化企业对电子商务信息服务需求总体表现不旺，但这种情况近年来在逐渐改变。

据了解，国家将在资源丰富和市场需求旺盛的地区建设若干个千万吨级炼油企业和百万吨级乙烯的炼化一体化基地，形成环渤海湾、环杭州湾、珠江三角洲等具有国际竞争力的炼化企业群，继建设宁波镇海、浙江舟山、山东青岛和辽宁大连等国家级石油储备基地后，逐步形成 20 个左右的千万吨级原油加工基地。国内石油石化产品需求保持稳步增长的同时，对石油石化产品的质量、品种等也将提出更多和更高的要求。2016 年 6 月中国石油化工产品电商平台建成，是炼化企业融入"互联网＋"、创新现有化工产品营销模式、进一步与市场深度融合的结果。借助这个新平台，各化工销售企业不仅能开拓新用户，挖掘用户新需求，而且能实现产品的价格发现功能、渠道补充、信息融合和阳光营销等。综合以上情况，可以预计在整个石油石化产品生产加工行业，对电子商务信息服务的整体需求将会与日俱增。

7. 临港家电生产企业用户对电子商务信息服务的需求状况

家电行业电子商务的发展程度相对较高，调查显示，80％以上的企业用户最想获取的是市场预测和产品价格信息，其次是客户信息和原材料供应信息，分别约占 58％和 43％；此外，约 61％的用户认为在网上获取专业信息有困难，甚至难以获取，仅有约 35％的用户认为比较容易。课题组还以主观题的形式对认为在网上获取专业信息有困难的原因进行了调查，大部分用户认为网上有价值的行业信息或针对性强的信息比较难找，网上信息数量大，且大多庞杂无序、良莠不齐，增加了用户获取专业信息的困难。

调查还发现，临港家电生产企业小批量产品容易开展网上交易，但大宗原材料如钢铁等在网上采购过程中有很多细节工作还必须线下进行。网上采购虽然成为发展趋势，但许多企业目前还不能从供应、生产、销售出发，根据整个供应链的管理需求来开展电子商务，缺少发展电子商务的总体规划，网上交易作为上下游企业之间的另一种通道，仍然只是其传统交易的一种补充。临港家电生产企业用户对电子商务信息服务还有较大的市场空间需要开拓。

8. 其他各类制造企业对电子商务信息服务的需求状况

调查回收的有效问卷中,还包括 46 家位于临港产业带内的印刷、包装、家具、纸品生产等制造企业。这些企业用户对市场行情、市场预测、个性化服务、竞争对手、客户信息、原材料供应、产品销售渠道、人才信息、产品价格等方面信息服务都有不同程度的需求,其中以产品销售渠道、客户信息的需求频次最高,具体情况参见图 3-2。

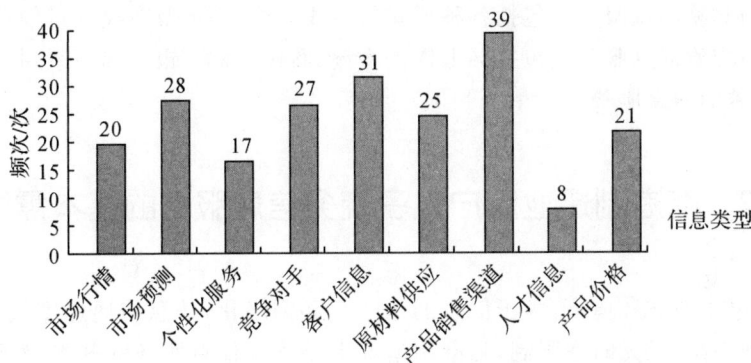

图 3-2　临港印刷、包装、家具、纸品生产等制造企业用户关心的信息类型

调查结果还显示,互联网吸引大多数业界用户的最主要原因在于它信息资源丰富、信息传递速度快和便于使用,然而信息的可靠性与权威性仍然是企业用户普遍担心的问题。

3.1.4　临港制造业用户信息需求类型

根据临港制造业用户电子商务信息服务需求情况的调查分析可以看出,各个行业开展电子商务均具有其各自的特点,从不同角度可以划分为多种需求类型。

1. 按信息服务的内容特点分类

按信息服务的内容特点,临港制造业用户电子商务信息服务需求可分为基本信息服务需求和个性化信息服务需求两种类型。

(1)基本信息服务需求。包括产品生产和销售方面的信息服务需求、业务流程重组与优化中的信息服务需求等。

(2)个性化信息服务需求。主要包括电子商务信息定制服务、信息推送服务、信息智能代理服务、信息垂直门户服务、信息帮助检索服务、数据挖掘服务以及电子商务协同制造信息服务等。

2. 按信息服务方式特点分类

按信息服务方式特点，临港制造业用户电子商务信息服务需求可分为四种类型。

（1）单向信息服务。包括企业、产品和行业信息的发布。

（2）交互信息服务。包括产品及供求信息的发布及搜索。

（3）交易信息服务。包括各种形式的在线洽谈、订单及在线支付信息。

（4）增值信息服务。包括网上提供物流、商检、海关、银行等一系列与电子商务相关的信息服务。

3.2 临港制造业用户电子商务信息服务的基本需求

在电子商务环境下，由于信息的电子化和网络化，信息传递速度快、数量大、准确率高，且无时空限制，临港制造业电子商务信息服务的基本需求因而也呈现出新特点，主要表现为对产品的生产、销售方面的个性化信息需求以及企业业务流程的重组与优化方面的基本信息需求。

3.2.1 产品生产和销售方面的信息服务需求

伴随电子商务应用的普及，信息处理速度的加快，顾客对购买产品的要求也越来越高，因而对产品生产和销售方面的信息服务需求也越来越精细化。具体表现为：在使用功能上要求产品具有个性化特征，能符合消费者的个人嗜好；在交易时要求得到更多的相关产品的质量、功能及价格方面的信息，以便尽量减少信息不对称的状况；在产品的使用过程中，需要得到进一步的技术支持信息等。与此同时，生产厂家在这一过程中也需要获得顾客更多的信息，如对产品的偏好、功能的要求及产品的改进建议等信息。

3.2.2 业务流程重组与优化中的信息服务需求

制造业的业务流程重组尽管在应用电子商务之前就已经存在，但随着电子商务的进一步普及发展，旧的业务流程已经不能适应新的形势，特别是近来出现的 O2O、C2B 等电子商务零售业务模式以及 B2B2C 等复合电子商务业务模式,对商品的生产和销售业务流程都产生了重大的影响,使得制造企业的业务流程重组和优化变得非常迫切。英国企业流程研究学者乔·佩帕德和菲利普·罗兰按流程的规模与范围将企业流程划分为三类[5]:①战略流程,包括战略规划、产品或服务研发、新流程开发等;②经营流程,包括满足顾客、顾客支持、收付款等;③保障流程,包括人力资源管理、会计统计、财务管理等。这个分类在电子商务环境下仍然适用,这三类流程既可分开重组也可统一规划,无论如何重组优化,其基础是信息技术,业务核心是顾客满意。

制造企业重组后的业务流程有两个重要特征:一是要面向顾客,包括原材料供应商和产品的经销商和最终消费者;二是要跨越各个职能部门的边界。在每个流程的两个端点,都包含着信息需求,而这些需求的实现,一方面依靠信息服务技术的支持,另一方面依靠流程的优化设计。

同时也应注意电子商务信息需求与传统业务流程中的信息需求有着明显的不同。传统的业务往往是面向单个部门的,在电子商务环境下,信息服务不仅仅是单个部门信息的传递与接受,它将企业的各个部门看作一个整体,要求更快、更准以及更加智能化地使用信息。因此,电子商务信息服务业务应该面向业务流程,使企业的各环节能及时获取真实的反馈意见与新的需求信息,准确预测市场变化,及时调整经营决策,提高顾客的满意度。例如,浙江吉利汽车控股有限公司在对采购业务的流程重组中,采用数据库技术将订单收货资料(品种、数量、供应商代码)由计算机进行电子数据匹配,匹配正确后自动按时付款,消除了传统模式下信息传递的中间环节、协调及控制所带来的成本与风险,降低了人为因素的影响,除节约 75% 的人力资源外,还简化了物料管理工作,客户也更加满意。

总之,在电子商务环境下,制造企业的业务流程重组会导致组织结构、管理决策等多方面的变革,组织结构形式由以前的金字塔形逐渐向扁平化演变。新的组织结构和管理决策又将引发新的信息服务需求,它改变了企业内各种岗位的权力授予与制衡关系,也改变了组织内、外的信息需求格局。

3.3　临港制造业用户个性化信息服务需求

随着电子商务应用的普及和信息技术的快速发展和完善,个性化信息服务迅速在各行各业兴起。目前学术界对个性化信息服务尚未给予统一、公认的定义,尽管各种概念表述不尽一致,其核心内容都以强调用户体验为主,要求在了解用户需求的基础上主动提供有针对性的服务。这种信息服务不仅能够主动地把个性化信息推送给用户，同时还能引导用户挖掘自身的个性化需求。

3.3.1　电子商务信息定制服务

信息定制是现代信息服务的新模式，在电子商务领域有着重要的作用。在网络信息庞杂、用户对信息服务要求不断提高的环境下，个性化信息定制服务已经成为电子商务信息服务发展的必然趋势。国内外很多电子商务网站建设者已经开展个性化信息定制服务的尝试与探索，改变以往分散、多元信息资源对所有用户千篇一律的呈现形式，以更加系统、更有重点的方式展现在用户面前，使用户能够更加迅速、高效地获取所需信息。目前，电子商务个性化信息定制服务主要有网站个性化界面定制服务、个性化信息检索定制服务、个性化内容定制服务三种模式。

1. 网站个性化界面定制服务

网站个性化界面定制是指用户可根据自身需求、偏好对网站界面的颜色、显示内容、布局、信息排列方式进行个性化设置。这种界面定制对用户操作而言比较简单，通常只需在网站系统提供的定制向导中，点击鼠标轻松完成。例如，由百度公司提供的个性化主页，其将标签划分为新闻、财经、娱乐、生活等多个类别，用户可以根据自身的兴趣分类查找添加其喜欢的内容到个性化主页中，同时还可以根据自身喜好，选择界面显示风格、布局方式等。这种定制服务操作简单，通常只需要几十秒钟就可以设置完成，但是功能比较强大，基本可以满足各类人士的不同需求，营造出更加生动活泼的网络空间。

2. 个性化信息检索定制服务

这种个性化信息服务模式多用于数字文献信息检索。由于用户的检索习惯以及所掌握的检索知识不同，对于同一专业概念，不同用户也可能会选择不同的关键词来表达，因此，检索定制充分支持用户在检索策略、检索方法和检索结果处理上的个性化，包括个人检索模板定制、检索工具定制、检索内容表示方式定制、个人词表定制、检索结果处理定制、检索历史分析定制等。

在个性化信息检索定制服务中，词表导航服务的适用范围较为广泛，这是一种信息辅助检索服务。信息检索是一个不精确的动态过程，用户在检索过程中往往不能清晰地表达其信息需求或者发现这种信息需求难以转换成准确的检索词。词表导航服务能够辅助用户选择检索用词，即根据在线用户输入的检索词,系统自动地显示与输入检索词相关的词,诸如上位词、下位词、同位词等,并按出现词频的高低排序,从而为用户提供更为高效、准确的信息服务。

3. 个性化内容定制服务

这是一种可以让用户根据自身兴趣和需求定制信息内容的服务,可供定制的信息资源包括网站的各个内容版块、频道栏目。RSS 订阅是当前的一种主流模式,主要有三种类型:

(1)网站信息分类订阅。网站信息发布者根据信息资源按照不同学科、主体类别聚合,形成 RSS 文档。用户进入网站 RSS 服务页面后,可以按照新闻、体育、娱乐、视频等类别进行快速、高效的阅读。

(2)关键词订阅。网站信息发布者按照信息的关键词进行聚合,生成 RSS 文档,为用户提供关键词的途径进行搜索,从而实现信息资源的查找和阅读。

(3)专题信息订阅。网站信息发布者按照某一主题来组织信息资源,形成比较有深度和广度的专题信息并生成 RSS 文档,当用户进入网站 RSS 服务页面后,这一专题的最新内容就会源源不断地呈现到用户面前,从而满足用户只了解网站某一专题最新信息的需求。

网站的 RSS 订阅通常是上述三种类型的结合,同时由于当前提供 RSS 功能的软件很多,很多网站也支持多种形式的 RSS 订阅。例如网易 RSS 订阅中心,可以提供十余个频道、近百种信息类别,支持有道等十余种形式的订阅。

3.3.2 电子商务信息推送服务

信息推送服务是利用推送技术(push technology)自动搜索网络上用户感兴趣的信息,并主动推送到用户面前的服务,也称为基于"推"模式的网络信息服务[6]。按照用户的需求将有关信息传送给用户就是个性化的信息推送服务,是一种深层次的、主动性的服务方式,同时还能通过分析用户的特征、兴趣,主动地向用户推荐其可能需要的信息,带有一定的引导性。这种信息推送服务目前在电子商务网站中的应用十分广泛。

通常用户在电子商务网站注册以后,网站会通过电子邮件、手机等多种途径,定期将用户所感兴趣的产品情况发送过去,同时在用户进行网上产品浏览和购买时,会主动推荐用户可能感兴趣的同类产品或者互补产品。

按照信息推送所采取的方式分类,信息推送服务主要包括如下几种类型:

（1）网页推送服务。即网站信息发布者将一类或者多类信息组合起来，形成网页推送到用户面前。例如，腾讯公司就在 QQ 聊天软件上捆绑了这种网页推送服务，一种是以 QQ 迷你首页形式进行信息推送，用户可以在新闻、财经、娱乐等几个频道中进行切换，阅读感兴趣的内容；另一种是实时信息推送，将国内外最新发生的重大新闻资讯以弹跳网页的形式推送至用户面前。

（2）电子邮件推送服务。主要利用电子邮件群发功能，将用户预订或者可能感兴趣的信息内容推送给用户组群。电子邮件推送方式操作简单，能够定时发送，支持脱机浏览，但是在信息更新速度和交互性方面弱于网页推送服务。

（3）专用式推送服务。采取专门的信息收发软件来实现信息推送，这种软件一般是由特定的信息机构提供。例如，Pointcast 公司的专用推送软件 Pointcast Network，用户利用客户端软件即可接收被推送的信息内容；网络软件"资讯天使"也具有信息推送功能。这类信息推送方式优点在于安全性和保密性，但是不具有普适性。

（4）移动通信推送服务。由于通信技术的迅猛发展，利用手机、平板电脑等无线通信设备进行信息推送服务成为应用比较广泛的一种方式。新浪、搜狐等网站都推出了手机短信订阅服务，用户可以选择一些栏目或主题进行短信订阅。当网站上的这些栏目有新信息发布时，这些信息也会被自动推送到用户手机上。这种信息推送服务优势非常明显，能够服务于数量庞大的用户群，用户可以便捷地随时随地进行阅读。

3.3.3　电子商务信息智能代理服务

智能代理技术是一种能够完成委托任务的智能计算机系统，能模拟人的行为执行一定的任务，不需要或很少需要用户的干预和指导[7]。广义的智能代理包括人类、物理世界中的移动机器人和信息世界中软件机器人；而狭义的智能代理则专指信息世界中的软件机器人，它是代表用户或其他程序以主动服务方式完成一组操作的机动计算实体，主动服务包括主动适应和主动代理。总之，智能代理是指收集信息或提供其他相关服务的程序，它不需要人的即时干预即可定时完成所需功能。

智能代理可以看作是利用传感器感知环境，并使用效应器作用于环境的任何实体。智能代理是一套辅助人和代表人的软件，人们可以借助于智能代理进行网上交易。一般智能代理有以下 4 个特征：代理性、智能性、机动性和个性化。

（1）代理性。代理性主要是指智能代理的自主与协调工作能力,表现为智能代理从事行为的自动化程度,即操作行为可以离开人或代理程序的干预。但代理在系统中必须通过操作行为加以控制,当其他代理提出请求时,只有其自身才能决定是接受还是拒绝这种请求。

（2）智能性。智能性是指代理的推理和学习能力,它描述了智能代理接受用户目标指令并代表用户完成任务的能力,如理解用户用自然语言表达的对信息资源和计算资源的需求,帮助用户在一定程度上克服信息内容的语言障碍,捕捉用户的偏好和兴趣,推测用户的用途并为其代劳等。

（3）机动性。机动性是指智能代理在网络之间的迁移能力。操作任务和处理能从一台计算机运行到另一台计算机上。在必要时,智能代理能够同其他代理和人进行交流,并且都可以从事自己的操作以及帮助其他代理和人。

（4）个性化。个性化是指智能代理拥有个性化渲染和个性化设置等功能。通过智能代理的个性化渲染和个性化设置,用户就会在浏览商品的过程中,逐步提高购买欲。

智能代理持续地执行3项任务:感知环境中的动态条件;执行动作影响环境;进行推理以解释感知信息,求解问题,产生推理和决定动作[8]。智能代理通过跟踪用户在信息空间中的活动,自动捕捉用户的兴趣爱好,主动搜索可能引起用户兴趣的信息并提供给用户,具有个性化信息管理、信息自动通知、浏览导航与智能搜索等功能。

3.3.4　电子商务信息垂直门户网站服务

垂直门户(vertical portal)网站是和综合性门户网站及水平门户网站相对应的概念,它的任务是汇聚网络上某一特定专题的信息资源并对其进行挖掘及加工,以满足用户基于专业深度的信息需求。例如,中国化工网、中国医药信息网、中国工程技术信息网等。

电子商务信息垂直门户网站服务的特点在于它对网上专题信息资源进行收集、鉴别、筛选、过滤、组织、描述与评论,组织目录式索引提供源站点地址,并带有专业搜索引擎,力求信息内容在特定领域的全面和专深。

垂直门户网站信息服务立足于提供某一领域的精品服务,更能满足用户的特定信息需求,从而提供个性化、高质量的信息服务。

3.3.5　电子商务信息帮助检索服务

电子商务信息帮助检索服务通过向用户提供满足各种个性化需求的服

务,帮助用户进行高效的信息搜索。

电子商务信息帮助检索服务主要通过研究用户检索信息的行为特点,设计相应的智能检索帮助软件来提供此类服务。例如,一般通过分析用户的需求偏好、使用习惯等具体细节,在交互过程中形成相关判断,据此准确地把握信息用户的个性化需求,进而及时地调整信息服务的角度和反馈内容。

3.3.6　电子商务数据挖掘服务

数据挖掘是利用计算机学习技术,从海量数据中自动分析并提取知识的方法。它是一类深层次的数据分析方法,通常是在没有明确假设的前提下去挖掘信息、发现知识,所得到的信息具有先前未知、有效和可实用三个特征。数据挖掘的技术基础是人工智能,但问题的复杂性和难度比人工智能降低了许多。

现阶段电子商务用户访问的信息主要有 XML、HTML、关系数据等类型,为方便对这类数据信息进行深层次的挖掘分析,笔者曾研究设计了一个基于 Web 访问信息挖掘的应用模型[9]。Web 访问信息挖掘,就是利用数据挖掘的原则和思想,对用户访问 Web 时在服务器留下的访问记录数据进行深层次的分析处理,以获取有关网站用户访问行为的有价值的潜在信息。

3.3.7　电子商务协同制造信息服务

电子商务协同制造信息服务的目的,是对制造企业中的各个生产环节的信息服务体系进行协调,以产生整体系统的全局一致性,实现整体系统在不同生产阶段的预期目标。为了实现电子商务协同制造信息服务,首先必须选择正确的协同机制,该机制应具有如下特点:①适合于实现全局一致性;②反映企业整体生产中各生产环节之间本质存在的相互作用,实现全局一致性或较为满意地接近全局一致性。

电子商务协同制造信息服务系统通过在电子商务各种信息资源及电子商务信息相关主客体之间建立良好的协同机制,整合相关制造企业的生产资源和信息资源,提供企业协同制造和电子商务交易所需的专业化信息服务,实现电子商务信息资源的开放共享。

3.4 临港制造业用户电子商务信息服务需求特征分析

分析电子商务环境下临港制造业用户信息需求的特点与需求规律,挖掘用户潜在的信息需求,识别用户尚未被满足的需求或服务不完善的需求,既有利于寻求电子商务信息服务的市场机遇和竞争突破口,又有利于针对用户的信息与服务需求更好地组织所拥有的各种资源优势,采用合适的电子商务信息服务模式,为用户提供高效便捷的信息产品与服务。

3.4.1 制造业用户电子商务信息服务基本需求的特点

在电子商务环境下,由于信息的电子化和网络化,信息传递速度快、数量大、准确率高,且无时空限制,制造业电子商务信息服务需求呈现出新特点。

调查显示,临港制造业用户对不同类型的信息服务基本需求存在如下共性特征:通常对所获取信息的准确性与权威性要求较高,比较重视其所在生产领域专业信息的系统性、新颖性与时效性;用户在选择专业信息源时,通常大量使用行业网站与搜索引擎,将搜索引擎和企业网站作为最主要的信息获取渠道;对于是否接受网络信息有偿服务,大部分用户首先根据信息的价值而定,其次是所需信息的需求程度,这说明临港制造业用户对确实能满足其需求的高质量信息资源愿意付出相应成本的代价。

此外,临港制造业用户的信息服务基本需求在结构、内容等方面也有其特点。

1. 用户电子商务信息服务基本需求的结构特点

临港制造企业在开展电子商务活动时,其基本信息需求通常呈现出阶段性或层次性的结构特征。大多数临港制造企业的信息需求呈现"三层信息结构"模式(如图 3-3 所示),即需求信息可分为三类:最里层是企业决策信息,主要是企业战略决策方面的核心信息,由企业内决策层少数人员掌握;其次是生产信息,涉及新开发产品信息、中间产品质量要求、生产计划等信息,可与战略供应商、分销商共享;最外层是市场信息,包括产品信息、市场需求信息及合同执行信息等,主要服务对象是顾客及潜在的商业伙伴。这种三层信息结构模式可构成一个多层次、全方位的信息处理系统,一方面能加强与供应商、分销商及其他组织的战略伙伴关系,避开在线交易、物流配送的风险,另一方面又

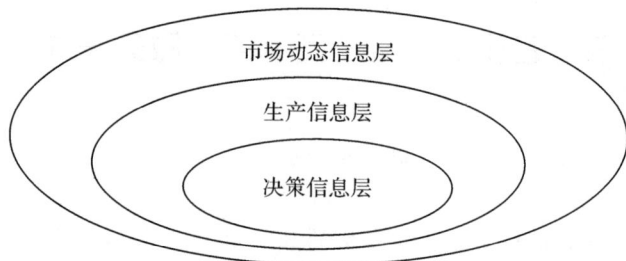

图 3-3　制造业用户电子商务信息服务基本需求的三层信息结构

可与外界取得广泛的联系，扩大企业的知名度，寻找潜在的贸易伙伴。

电子商务信息服务需求的层次化结构特点，要求临港制造企业的网站建设和网页制作在内容的设置上一定要体现企业内部的层次化信息需求，使之便于共享，对业务流程进行必要的优化重组，适当调整组织结构，完成产品供应链管理的自动化和网络化，全面集成企业信息，实现战略伙伴间的信息共享。

2. 临港制造业用户信息服务基本需求的内容特点

电子商务环境下网络信息的数字化及虚拟化特点，完全改变了人们的传统思维模式和习惯，也改变了信息需求的内容和信息服务的方式，快速高效及信息共享成为临港制造业用户电子商务信息服务的基本要求，同时在信息需求的内容上也表现出重要特征。

（1）个性化。随着网络信息资源的不断丰富，临港制造业用户要求信息服务内容更具有针对性、个性化，逐渐从数量需求向质量需求、精品信息需求转变。

（2）多样化。由于临港制造业用户自身组织结构及所处的客观信息环境等因素各不相同，其对网络信息的需求内容也呈现出多样化的特点。

（3）新颖性。网络信息传播速度的快捷性使网络信息的时效性远远超过其他媒介信息，因而用户总是希望通过网络获得最新颖的信息。

3. 临港制造业有用信息作为经济资源的稀缺性特点

稀缺性是经济物品显著的特征之一。有用的信息作为经济资源的稀缺性有两层含义：首先，市场信息不是免费物品，而是商品，经济主体必须付出相应的信息获取成本；其次，由于信息污染、数字鸿沟等信息问题的存在，经济主体必须付出日益增加的信息搜寻成本，临港制造业用户所需的信息也不例外。因此，对于临港制造业用户特定的信息需求,有用的信息总是稀缺的、不完全的。

3.4.2 制造业用户电子商务信息服务的个性化需求特征

电子商务个性化信息服务是一种以用户为中心的新型信息服务模式,即以方便用户获取、满足用户需求为前提,针对不同用户主动提供不同的信息服务策略和服务内容。

传统以互联网为中心的信息服务模式是将所能够得到的内容信息分门别类地堆放在网站上,再由用户根据需求去查阅浏览。这种服务模式过多地考虑了网站拥有多少信息而忽略了不同用户对不同信息的需要,也忽略了如何使用户最方便快捷地得到所需信息。相较于以互联网为中心的服务方式,以用户为中心的个性化信息服务模式具有以下特点:

(1)针对性。个性化信息服务可以针对用户的特定信息需求为用户量身定制,包括信息的检索、加工和传送,以及企业网站浏览界面的颜色、布局等,完全满足用户的个人偏好。

(2)主动性。个性化信息服务不需要用户的请求而主动将数据信息传送给用户,完全不同于与以网络为中心的被动服务方式。

(3)交互性。个性化信息服务重视与用户的交互性,由于用户的兴趣不是一成不变的,是一个动态变化的过程,个性化信息服务能够提供友好界面,方便用户描述自身需求,同时还能够通过分析用户的搜索行为、访问记录等数据及时调整信息服务方向,以实现由"人找信息"到"信息找人"的转变。

(4)高效性。个性化信息服务能够为用户搜索、组织、选择、推荐更具针对性的信息服务,使用户面对互联网海量信息资源时,可以更加快捷地获取所需信息。

临港制造业电子商务个性化信息服务通常借助企业网站来实现。个性化信息服务包含两个方面的内容:第一,网站根据用户提出的明确要求提供信息服务,也就是用户需求什么,网站提供什么;第二,根据用户的兴趣、习惯、访问记录等数据,通过分析,主动向用户提供其可能需要的信息服务,并进一步引导用户发现自身的信息需求,这是一种主动型和引导型相结合的服务模式。

3.4.3 制造业用户电子商务信息服务需求的满足状况分析

虽然目前网络信息资源极其丰富,但电子商务信息用户是否能在网上顺利找到所需信息,信息的质量与数量是否能满足用户的需求,信息需求满足程度如何等，都是需要深入探讨的话题。

1. 用户信息需求满足度的概念

关于用户信息需求满足度目前还没有统一权威的定义，不同研究者分别从不同的角度给出了各自的理解和定义。初景利认为，用户信息需求的满足指的是用户对信息产品或服务达到或超过某一标准程度的内心感受和主观评价，建立在用户知觉和期望的基础上，而知觉是用户接受信息产品或服务的实际感受，知觉和期望之间的差距就是满意度[10]；柴雅凌等认为，信息用户满意度指用户接受信息产品和服务的实际感受与事先期望比较的程度[11]；郑德俊指出用户信息需求的满足度应该包含两层含义：一是指用户得到了想要的信息，二是指得到的信息能够真正为用户所用[12]；董小英认为用户对网络信息的满意度主要由信息的质量与时效性两个因素决定[13]。

综合上述各方观点，简单地讲，用户信息需求满足度就是用户用能够获取的信息解决所要解决问题的满意程度。用户信息需求满足度由信息的准确性、权威性、时效性等因素决定，应该从用户实际使用的感受中，从用户需求与期望中判断选择测评因素。

为了满足用户的信息需求，不仅要保证用户得到及时、准确、可靠的信息，还应该保证信息能够被用户理解。为此，焦玉英等从用户满意度出发，在借鉴有关的 e-服务质量评价模型的基础上，建立基于用户满意度的网络信息服务质量评价指标体系[14]。用户只有在确认信息可信并且理解的基础之上才能真正接受、吸收信息内容，进而正确判断是否可以利用它解决问题。

2. 临港制造业用户电子商务信息服务需求的满足状况

综合分析与调查数据显示，临港制造业用户最不能满足的是对行业科技信息的需求，而且越是信息化程度高的企业用户，对高质量、深层次和准确、权威、系统的专业科技信息与服务的需求越迫切，并且更需要与相关专家进行非正式交流或者提供有针对性的信息咨询服务。

互联网虽然具有公认的信息丰富、信息传递速度快、使用方便等优点，但是其信息的可靠性、权威性和系统性仍让临港制造业用户感到担忧。随着互联网信息的"爆炸性"增长，再加上缺乏相应的控制和管理，一些有价值的信息被淹没在大量无用信息之中，多数用户表示要花费大量的时间才能找出其想要的信息。搜索引擎虽然能够为用户提供查找信息的快捷途径，但是它也存在着以下几个方面的问题：①检索结果多而乱，且重复的条目较多；②经常出现死链；③结果的相关度排序功能差；④不能进行基于内容的检索；⑤查全率与查准率不够高;⑥知识分类不够科学。

据相关材料显示,临港制造业用户目前最急需的并且也是最容易盈利的是大型的行业数据库。武汉大学胡昌平教授认为:科学技术的积分化与微分化趋势迅速改变着各类用户的信息需求,使他们所需信息的内容日益综合化与专门化[15]。这一规律在临港制造业用户的信息需求上表现得尤为突出。

因此,进行信息产品开发与信息服务时,要充分利用行业自身独特的资源优势,从用户最不能得到满足的制造行业科技信息与服务需求入手,特别是从专业性科技产品信息与服务的需求入手,加快制造行业的专业性精品数据库建设,并提供信息资源标引质量较高、权威性与可靠性及系统性强、组织与分类科学、检索效果好、支持信息咨询功能的信息服务。

3. 临港制造业用户电子商务信息服务存在的主要问题

(1)信息不对称。信息不对称是指在市场交易中,当市场的一方无法观测和监督另一方的行为,无法获知另一方行动的完全信息,或观测和监督成本高昂时,交易双方掌握的信息所处的不均衡状态。有些市场活动的参与者比另一些参与者拥有更多的信息而处于信息优势,另一方则处于信息劣势。由于双方经济利益的对立,信息优势主体往往可以利用其优势地位获得不法利益使信息劣势主体受到损害。信息劣势主体为了做出理性决策,就要想方设法去搜索和获取信息,减少信息的不对称,这不仅需要花费时间和精力,还要借助各种手段而花费财力。所以在信息不对称情况下,市场交易双方为了获取或传递信息都要付出一定的成本。信息不对称现象在各种市场活动中普遍存在。在临港制造行业,随着信息技术的发展和电子商务应用的普及,社会劳动分工细化和专业化趋势的进一步加强,信息数量急剧增长,信息不对称表现更为突出。

(2)企业网站信息分类体系不合理。我国大多数电子商务网站信息的分类体系是以事物、主题为中心来划分的,这种方法体现了网络信息分类的实用性,网络用户习惯于以事物的主题、属性等自然语言去搜索信息。调查发现,临港制造企业网站信息分类主要存在以下突出问题:①分类体系设置单一,层次不合理。受访的企业网站均采用了以功能、主题为中心的分类体系,虽然能提高检准率,但分类体系的类型过于单一,类目的层次不均衡,有的类目只有2~3层,而有些类目却多达10层。②类目划分和归属不尽合理,类名有时不能确切概括类目的内涵。例如,在某制造网中,"产能资源"下只设有不锈钢、合金、磁性材料,"消费电子"中设有"饮水机",显然它应该归属在家电类更为准确。③类名表达的概念不清晰,表示形式不规范。首先,存在类名不够规范的现象，不同的网站中对相同的事物的命名不尽相同，例如"手机""手提电话"同属一种事物却有不同的命名；其次，某些类名的概念不清，用户难以根据类名的内涵和外延确定该产品的属性。

许多临港制造企业网站中的信息分类尚处于低水平实用性的层次上，如何满足实用性、系统性、科学性的要求，同时尽可能降低信息不对称程度，为用户提供更加明晰、便捷的信息服务呢？我们可以从信息生态的角度加以考量，在信息分类方面要坚持用户导向原则，以方便用户为出发点，尽可能节省用户查找所需信息的时间，从而提高用户的信息检索效率。

3.5　本章小结

本章以浙江东南沿海临港产业带内制造企业为主要调研对象，重点针对临港汽摩配及整车生产企业、紧固件生产企业、纺织品及鞋业生产企业、船舶修造企业、石油石化产品生产加工企业以及家电生产企业，客观地分析了我国临港制造业现阶段应用发展电子商务的信息服务需求类型、需求特征以及面临的主要问题。

参考文献

[1] 沈媛芬，林万莲.信息服务及其利用[M].武汉：华中师范大学出版社，1996.

[2] 李枫林.电子商务活动中的信息需求与信息服务[J].图书情报知识，2002(1)：61-63.

[3] 陈晴光，李劲东. The solutions to upgrade the IT in fastener manufacturing companies with government's guidance-Ningbo case. The 2nd international conference on e-business and e-government. 2011.

[4] 成明.让紧固件行业在挑战中起跑[J].中国对外贸易，2008(2)：60-62.

[5] J.佩帕德，P.罗兰.业务流程再造.高俊山，译.2版.北京：中信出版社，2003.

[6] 焦玉英，索传军.基于"推"模式的网络信息服务及其相关技术研究

[J].情报学报,2001(4):193-199.

[7] 邓发云,杨忠,吕先竞.信息检索与利用［M］.北京:科学出版社,2010.

[8] 李伟超,牛改芳.智能代理技术分析及应用[J].情报杂志,2003(06):29-30,33.

[9] 陈晴光.基于 Web 访问信息挖掘的商业智能发现研究[J].计算机工程与设计,2008(6):1413-1416.

[10] 初景利.用户满意论[J].情报资料工作,1999(4):10-12.

[11] 柴雅凌,李学堃.信息用户满意研究—信息用户满意度指标与测评[J].情报科学,2004(1):22-24,28.

[12] 郑德俊.网络环境下信息用户斋求满足分析.情报杂志,2004(8):124-125.

[13] 董小英,张本波,陶锦,等.中国学术界用户对互联网信息的利用及其评价[J].图书情报工作,2002,46(10):29-40.

[14] 焦玉英,雷雪.基于用户满意度的网络信息服务质量评价模型及调查分析[J].图书情报工作,2008,52(2):81-84.

[15] 胡昌平,胡吉明.网络服务环境下用户关系演化规律研究[J].中国图书馆学报,2011(3):4-10.

临港制造业电子商务信息服务需求

第 3 章

第 4 章

电子商务交易信息服务

电子商务交易信息是指商务对象在电子商务交易过程中所需的市场供求信息、客户信息、企业竞争信息、市场价格变化信息等。电子商务交易信息服务模式包括四个方面的要素：一是电子商务环境下针对目标用户的信息服务价值取向；二是可靠的电子商务信息资源体系；三是独特的网络信息服务内容；四是与电子商务信息服务内容相对应的盈利模式。其中，电子商务信息服务的价值取向要以最大限度地满足其目标用户需求为中心，为目标用户提供其真正需要的信息产品与服务；可靠的信息资源体系是制造业电子商务交易信息服务能够更好地传递自身的价值取向、最大限度地满足其目标用户信息与服务需求的根本保证；独特的网络信息服务内容，是指制造业电子商务信息服务以其自身独特的信息资源体系为基础，向用户传递自身价值取向时的信息服务产品与服务提供方式；制造业电子商务交易信息服务的盈利模式包括个性化信息与服务的出售、广告收入等。

基于制造业用户需求的电子商务交易信息服务内容主要包括：各种电子商务交易信息检索服务、电子商务交易信息咨询服务、电子商务交易信息中介服务和电子商务交易信息内容集成服务等。

4.1 电子商务交易信息检索服务

信息检索(information retrieval)是指将信息按一定的方式组织起来，并根据信息用户的需要找出相关信息的过程和技术。电子商务交易信息检索服务是指信息服务提供商通过一定的技术手段或工具帮助用户获取进行电子商务交易所需信息的一种有偿或无偿的活动[1]，它是为方便用户在海量信息中迅速准确地获取有价值信息,解决互联网环境下"信息爆炸,知识贫乏"问题而出现的信息服务形式。临港制造业用户对电子商务交易信息检索服务的需求主要体现在采购生产所需原材料、销售产品时对相关供需信息的检索。

4.1.1　信息检索服务的主要业务模式

随着互联网应用的普及,整个网络上逐渐积累了海量的信息,成为一个超大规模的信息库。如何从 Web 上的海量数据中快速有效地找到电子商务交易所需要的各类信息,是业界迫切需要解决的问题,于是基于企业开展电子商务需求的各种信息检索平台应运而生。目前,电子商务交易信息检索服务一般包括搜索引擎服务、信息门户网站服务、智能检索服务、社会化检索服务和跨库跨平台搜索服务等业务模式。

1. 搜索引擎服务

搜索引擎是一个信息处理系统,一般根据一定的策略,运用特定的计算机程序从互联网上搜集信息,在对信息进行组织和处理后,将用户检索的相关信息展示给用户。搜索引擎包括全文索引、目录索引、元搜索引擎、垂直搜索引擎、集合式搜索引擎、门户搜索引擎与免费链接列表等类型。百度和谷歌等是搜索引擎的典型代表。

搜索引擎服务(search engine services,简称 SES)是指整合目前与搜索引擎相关的项目,为实现在搜索引擎上的特定展示效果而围绕搜索引擎所开展的专业化、系统化并能给客户带来更多核心价值的服务体系。搜索引擎服务依其所用信息搜集方法和服务提供方式的不同,可以分为关键词检索服务、目录索引服务、元搜索引擎服务、垂直搜索引擎服务、全文搜索引擎服务五种主要类型。

1)关键词检索服务

关键词(keywords)在这里是特指单个媒体在制作使用索引时所用到的词汇。关键词搜索是搜索引擎索引服务的主要方法之一,通常是访问者希望了解的产品、服务和公司等的具体名称用语。

2)目录索引服务

目录索引(search index/directory)也称为分类检索,顾名思义就是通过搜集和整理因特网的资源,根据搜索到的网页内容,将其网址分门别类地分配到相关分类主题目录的不同层次的类目之下,形成分类树形结构索引。用户在查询信息时,如果按分层目录查找,某一目录中网站的排名通常是由标题字母的先后顺序决定(也有例外)。

目录索引服务是因特网上最早提供资源查询的服务形式之一,用户不必输入任何文字,只要根据网站提供的主题分类目录,层层点击进入,便可查到所需的网络信息资源。目录索引类搜索引擎中最具代表性的有 Yahoo 和新浪分类目录搜索。在默认搜索模式下,一些目录类搜索引擎首先返回的是其目录中匹配的网站,如搜狐、新浪、网易等;而另外一些默认的则是网页搜索,如 Yahoo。

目录索引服务虽然有搜索功能,但严格意义上还不能称为真正的搜索引擎,它只是按目录分类的网站链接列表而已。主要理由如下:首先,搜索引擎属于自动网站检索,目录索引则完全依赖手工操作。用户提交网站后,目录编辑人员会浏览该网站并根据一套自定的评判标准或主观印象,决定是否接纳该网站。其次,搜索引擎收录网站时,只要网站本身没有违反有关的规则,一般都能登录成功。而目录索引对网站的要求则高得多,有时即使登录多次也不一定成功。再次,在登录搜索引擎时,一般不用考虑网站的分类问题,而登录目录索引时则必须将网站放在一个最合适的目录。最后,搜索引擎中各网站的有关信息都是从用户网页中自动提取的,所以从用户角度看拥有更多的自主权;而目录索引则要求必须手工另外填写网站信息,而且还有各种各样的限制,如果工作人员认为所提交网站的目录、网站信息不合适,可以随时对其进行调整。

3)元搜索引擎服务

元搜索引擎(meta search engine)接受用户查询请求后,同时在多个搜索引擎上搜索,并将结果返馈给用户。著名的元搜索引擎有 InfoSpace、Dogpile、Vivisimo 等,中文元搜索引擎中具代表性的是"搜星"搜索引擎。在搜索结果排列方面,有的直接按来源排列搜索结果,如 Dogpile;有的则按自定的规则将结果重新排列组合,如 Vivisimo 等。

4)垂直搜索引擎服务

垂直搜索引擎(vertical search engine)不同于通用的网页搜索引擎,垂直搜索主要专注于特定的搜索领域和搜索需求(例如机票搜索、旅游搜索、生活搜索、小说搜索、视频搜索等),在其特定的搜索领域有更好的用户体验。相比通用搜索动辄数千台检索服务器,垂直搜索服务具有硬件成本低、用户需求特定、查询方式多样等特点。

5)全文搜索引擎服务

全文搜索引擎(full text search engine)是从互联网上提取各个网站的信

息(以网页文字为主),建立起数据库,并能检索与用户查询条件相匹配的记录,按一定排列顺序返回结果,向用户提供检索服务。在美国,搜索引擎通常就是指这类基于因特网的全文搜索引擎,这种引擎收集因特网上几千万到几亿个网页数量不等,并且每一个网页上的每一个词都被搜索引擎所收录,也就是所谓全文检索。国外典型全文搜索引擎包括谷歌、Altavista、Inktomi、Infoseek 等,国内有百度等。

全文搜索引擎的自动信息搜集功能一般通过定期搜索和提交网站搜索这两种方式实现。

(1)定期搜索。即每隔一段时间(比如谷歌一般是 28 天),搜索引擎定期主动派出"蜘蛛"程序,对一定 IP 地址范围内的网站进行检索,一旦发现更新或新的网站,它会自动提取网站的信息和网址加入自己的数据库。当用户使用搜索服务时,搜索引擎在数据库中搜寻用户输入的关键词,如果找到与用户要求内容相符的网站,便采用特殊的算法计算出各网页的信息关联程度,诸如网页中关键词的匹配程度、出现的位置或频率等,然后根据关联程度高低,按顺序将这些网页链接制成索引返回给用户。

(2)提交网站搜索。即由网站所有者主动向搜索引擎提交网址,然后搜索引擎在一定时间内(2 天到数月不等)专门向该网站派出"蜘蛛"程序,扫描并将有关信息存入数据库,以备用户查询。当用户以关键词查找信息时,搜索引擎会在数据库中进行搜寻,如果找到与用户要求内容相符的网站,便采用特殊的算法,通常根据网页中关键词的匹配程度、出现的位置或频次、链接质量等,计算出各网页的相关度及排名等级,然后根据关联度高低,按顺序将这些网页链接返回给用户。

需要说明的是,由于近年来搜索引擎索引规则发生了很大变化,主动提交网址并不一定能保证网站可以进入搜索引擎数据库,因此目前最好的办法是多获得一些外部链接,让搜索引擎有更多机会找到指定网站并自动将其收录。

6)搜索引擎优化(SEO)服务

搜索引擎优化分为站外 SEO 和站内 SEO 两种,通常不需要网站主动登录搜索引擎,而是让搜索引擎自动发现目标网站。搜索引擎优化方式包括搜索引擎定位(search engine positioning)和搜索引擎排名(search engine ranking),其主要目的是改善网站对搜索引擎的友好性[①],即通过增加特定关键词的曝光率以增加网站的能见度,进而增加销售机会。

---

① 网站对搜索引擎的友好性,是指网站容易被搜索引擎收录并且获得好的检索效果。

2. 信息门户网站服务

门户网站（portal），是指通向某类综合性互联网信息资源并提供有关信息服务的应用系统。门户网站最初提供搜索服务、目录服务，后来由于市场竞争日益激烈，门户网站不得不快速地拓展各种新的业务类型，通过门类众多的业务来吸引和留住互联网用户。目前就信息门户网站而言，主要可分为综合信息门户网站和专业信息门户网站两大类。其中综合信息门户网站主要是指一些综合了用户多方面的信息需求，能提供行业推荐、信息发布、通信助理等服务，能满足用户现实和潜在的各类信息检索需求的综合信息服务平台，如中国电信的"号码百事通"。与制造业电子商务交易信息检索服务业务紧密相关的是专业信息门户网站服务模式。

（1）专业信息门户网站的含义。专业信息门户网站是指主要提供某方面的专业信息，满足用户对信息"专""精""深"需求的信息服务平台。专业信息门户网站一般是垂直门户网站，专业特色显著，提供某专业领域"一站式"的信息产品与服务。为制造业电子商务交易提供信息查询服务的专业信息门户网站，例如国际船舶网（www.eworldship.com），是目前中国船舶行业影响力最大的行业门户网站之一，提供船舶行业的信息服务。

（2）专业信息门户网站服务特点。专业信息门户网站提供的信息服务通常具有以下特点：①专业信息门户网站中大多数资源是经过专家对某一专业领域的信息资源进行严格的人工筛选的，符合其质量选择与控制标准；②有详细的元数据（或目录）记录数据库，这些记录对网上资源进行描述并提供指向资源的链接，指引用户获取所需信息；③用户可以利用关键词对数据库进行搜索，也可以通过主题分类浏览数据库；④提供信息增值服务，如信息推送服务、定题跟踪服务、信息咨询服务、个性化信息服务等。

与制造业相关的典型专业信息门户网站主要有中国钢铁网、中国纺织网、中国化工网、国际船舶网等。

3. 智能检索服务

智能检索以文献和检索词的相关度为基础，综合考查文献的重要性等指标，对检索结果进行排序，以提供更高的检索效率。智能检索的结果排序同时考虑重要性和相关性，重要性指通过对文献来源权威性分析和引用关系分析等实现对文献质量的评价，这样的排序结果更能将与用户愿望最相关的文献排到最前面，从而提高检索效率。相关性分析则采用各字段加权混合索引使分析更准确。

例如,百度公司研发的"跨领域推荐"搜索技术,可更智能精准地感知用户需求,并为其主动提供个性化信息服务。所谓跨领域推荐搜索技术,就是能够智能性地感知和理解不同用户对于信息的需求,并跨越产品、平台的局限,调用全网资源去努力满足这些不同类型的需求。通过这种新搜索技术,用户不用烦琐地查询或者订阅邮件,就能及时获得所需信息。在移动互联网时代,由于终端局限性,网民们不搜即得的需求变得更加迫切。例如,当上千个 APP 挤在狭小的手机屏幕里而用户无从取舍时,跨领域推荐技术则可根据每个用户的不同兴趣、习惯来为用户推荐最适合的 APP,也有可能针对用户的位置、时间等信息所反映的生活场景变化,进行实时的个性化推荐。

4. 社会化检索服务

社会化检索服务就是通过社会化搜索引擎形成一个有共同爱好的人际圈子,又通过搜索每个人的爱好和收藏为用户提供更为准确的信息。社会化搜索引擎通常都具备元搜索、收藏、圈子等功能,来满足用户需求并最终达到全社会知识共享的目标。

社会化检索服务的主要宗旨是向用户提供更好的搜索体验和服务,让用户能够快速地找到所需信息。社会化检索一般不涉及最底层的搜索技术,主要是利用传统搜索引擎的搜索结果进行处理,并根据用户的喜好提供给用户。国外的 dogpile 等元搜索引擎能够得到发展和壮大,主要得益于国外传统搜索较多,并且企业实现共赢的理念普遍为企业主所接受;在中国要实现企业资源社会化共享还有相当长的路要走,现阶段主要是需要改变搜索行业及电子商务平台企业对相关资源垄断控制的局面。

社会化检索服务依托社会化媒体环境。目前的社会化媒体主要是 Web 2.0 下的一些工具,如博客、微博、即时信息、社交网站(如脸书、开心网、人人网)等。

随着推特、脸书、微博、微信等强势社交产品的诞生,"人人都是自媒体"成为可能。原有的内容生产方式发生了变化,互联网的话语权开始由媒体转入公众,每个人都可以发声,而且发声的内容也越来越多,甚至渐渐成了互联网信息海洋的大多数。据有关报告显示,脸书通过大量用户获得了海量自发性分享的数据,每天上传超过 3 亿张图片和超过 1250 亿个好友关系;而根据 IDC(互联网数据中心)的数据,全球网民创建及分享的数字信息,包括文档、图片和推特信息,在过去 5 年中增长了 9 倍。

未来的搜索引擎需要满足两个基本点:一是把人作为搜索业务中的头等目标,搜索结果必须要与用户的社交关系结合;二是搜索引擎呈现的结果必须要尽可能完善,将人们的数据尽可能地涵盖在内。

5. 跨库跨平台搜索服务

(1)跨库检索。跨库检索是指以同一检索条件同时检索多个同构或异构的数据库。通常在数据库列表中选择要检索的数据库之后,再进行跨库检索,且一次选择跨库检索的数据库一般不超过 8 个。跨库检索功能主要通过两个页面体现,一是在检索首页,二是在跨库检索页。检索首页提供数据库选择、跨库快速检索两项功能,而跨库检索页通常设有跨库初级检索、高级检索、专业检索、查看检索历史页面等。

(2)跨平台搜索服务。以云搜索引擎 Cloud Magic 为代表,提供跨平台信息服务解决方案,实现当前所有云服务的兼容性。这项服务在 2010 年上线,最初是作为提升 Gmail 搜索速度的浏览器插件,后来扩大至 iOS 和安卓平台,增加了对 Google Docs、Google Contacts、Google Calendar、Microsoft Exchange 和 Twitter 等服务的支持。此外,KiteDesk、Otixio、Primadesk 等类似服务也在进行这方面的尝试。这项服务虽然颇具前瞻性,不过相比主流消费群体,它对云服务用户的帮助往往更大一些。新版 CloudMagic 支持 iPhone、Android、Kindle Fire 和 iPad 等终端,尽管搜索速度不错,且实用性很强,但移动版 Cloud Magic 在用户当中的普及程度十分有限。

4.1.2　信息检索服务的主要盈利模式

盈利模式通俗地讲,是指能够在一段较长时间内稳定维持的利润来源[2]。电子商务交易信息查询服务常见的盈利模式主要包括竞价排名、付费分类目录登录、购买关键词广告、网页内容定位广告、付费搜索引擎广告等。

1. 竞价排名

竞价排名是按照付费最高者排名靠前的原则,对购买了同一关键词的网站进行排名的一种方式。竞价排名信息服务,是由用户为其网页购买关键词排名,按点击计费的一种信息服务方式。用户可以通过调整每次点击的付费价格,控制其在特定关键词搜索结果中的排名,并可以通过设定不同的关键词捕捉到不同类型的目标访问者。目前最流行的点击付费搜索引擎主要有百度等。由于竞价排名一般采取按点击收费的方式,因此,通过对用户的点击情况进行统计分析,还可以方便地了解相关市场信息。

2. 付费分类目录登录

付费分类目录登录主要取决于费用,网站信息需缴纳费用之后才可以获得被搜索引擎收录的资格和由搜索引擎提供的固定排名服务。随着搜索引擎收录网站和网页数量的增加,用户通过分类目录检索信息的难度也在加大。同时,由于大量的信息没有登录到搜索引擎,也使得一些有价值的信息无法被检索到,即使付费登录也避免不了这种状况。

3. 购买关键词广告

关键词广告也称为"关键词检索",是在搜索引擎的搜索结果中发布广告的一种方式,与一般网络广告的不同之处仅仅在于,关键词广告出现的位置不是固定在某些页面,而是当有用户检索到所购买的关键词时,才会出现在搜索结果页面的显著位置。购买关键词广告,即在搜索结果页面显示广告内容,实现高级定位投放,用户可以根据需要更换关键词,相当于在不同页面轮换投放广告。

不同的搜索引擎有不同的关键词广告显示位置,有的将付费关键词检索结果显示在搜索结果列表最前面,也有的显示出现在搜索结果页面的专用位置。关键词广告具有较高的定位程度,可以随时修改有关信息,收费模式相对而言比较合理。

4. 网页内容定位广告

基于网页内容定位的网络广告载体不仅仅是搜索引擎的搜索结果网页,也延伸到其信息服务的合作伙伴的网页。尽管目前国内基于网页内容定位的搜索引擎信息服务还没有进入实用阶段,但在国外这种盈利模式的应用已十分广泛。

5. 付费搜索引擎广告

付费搜索引擎广告有多种计费方式,目前常用的主要有每千人成本(CPM)、每点击成本(CPC)、每行动成本(CPA)、每回应成本(CPR)、每购买成本(CPP)、按业绩付费(PFP)、来电付费广告(TMTW)等。

每千人成本(CPM,即 cost per mille,或者 cost per thousand,或者 cost per impressions)指的是广告投放过程中,听到或者看到某广告的人平均每千人分担到多少广告成本。每点击成本(cost per click,简称 CPC)是指以每点击一次计费。每行动成本(cost per action,简称 CPA)是指广告主为每个行动所付出的成本,也称按效果付费成本。这里的"效果"是指广告投放实际效果,即按回应的有效问卷或订单来计费。每回应成本(cost per response,简称 CPR)是指以浏览者的每一个回应计费。每购买成本(cost per purchase,简称 CPP)是指广告主为规避广告费用风险,只有在网络用户点击广告并进行在线交易后，才按销售笔数付给广告站点费用。按业绩付费（pay-for-performance，简称PFP）的基准有点击次数、销售业绩、导航情况等，这种计价模式将得到广泛的采用。来电付费广告，即展示不收费，点击不收费，只有接到客户有效电话才收费。

4.2 电子商务交易信息咨询服务

电子商务咨询服务是基于互联网、应用电子商务模式开展的信息咨询服务。临港制造业电子商务交易信息咨询服务主要针对临港制造企业电子商务交易过程中所需要的相关信息所展开的信息咨询服务，如企业电子商务运营咨询服务、企业电子商务战略规划咨询等。

电子商务交易信息咨询服务机构既可以是信息服务提供商，也可以是信息产品开发商，他们为临港制造企业或其他用户提供针对新产品研发的动态信息、融入了信息咨询人员隐性知识的增值信息产品等咨询服务，具有多种业务模式。

4.2.1 电子商务交易信息咨询服务的业务模式

电子商务交易信息咨询服务不受时空地域限制。临港制造业在开展电子商务交易过程中，信息咨询服务机构可以采取"专注重点，兼顾一般"的服务策略，针对制造领域开展多层次、全方位的服务，保证所提供的专业信息咨询的权威性、可靠性、准确性，保留与不断吸引该专业领域的用户。电子商务交易信息咨询服务提供商既要提供针对一般层次水平的免费服务，以此增强用户体验和吸引更多的用户来访问企业网站；同时又要专注于"核心客户"和"核心业务"，善于将有针对性的市场调查报告、高价值的预测报告的摘要、成功案例的概况在网站主页加以展示，不断激发有高层次服务需求的用户的购买欲，以便为其提供有偿的信息咨询增值服务，以高水平的服务质量来实现其咨询服务的价值。

根据信息咨询服务的内容特点，临港制造业电子商务交易的信息咨询可以采取如下多层次的信息服务方式。

1. 指引型咨询服务

这类咨询通常属于免费服务范围，主要是对用户提出的一般知识性问题，通过查阅工具书及有关书刊资料等各种信息载体直接给予答复;或者指引用户自己查阅有关的工具书及其他书刊资料以求得问题的解决。提供指引型咨询服务可通过常见问题解答(FAQ)服务、电子邮件及 Web 表单等方式来实现。

(1)FAQ 服务。电子商务交易信息咨询服务提供商根据长期的信息咨询服务实践经验和对用户的调查,将用户最可能问到或实际咨询最多的问题和答案编辑成网页,并在电子商务交易信息咨询服务网站主页的显要位置建立链接,以便用户查询。这种方式有利于节省用户和咨询业务员的时间,降低咨询服务成本。

(2)利用电子邮件及 Web 表单开展信息咨询服务。这是国内外电子商务交易信息咨询服务提供商最早开展的一项网上咨询服务方式,也是目前网络参考咨询服务的主要方式之一。利用电子邮件及 Web 表单开展信息咨询服务包括三种形式,一是简单的电子邮件问答服务,这种形式很普遍;二是在普通的虚拟咨询台上设置 Web 表单,用户通过填写 Web 表单来提问;三是将简单的电子邮件服务与 Web 表单服务结合起来提供网络咨询服务。例如,上海图书馆的联合知识导航服务系统采用的就是第三种服务方式,用户碰到问题时先填写 Web 表单,然后根据咨询系统对各位咨询人员的介绍选定适合回答该问题的咨询业务员,提交 Web 表单时将经过系统自动将其转换为电子邮件的方式转送给指定的咨询业务员,咨询业务员被允许在一周内以最快的速度以电子邮件的方式回答用户的提问,用户最终以电子邮件的方式获取问题的答案。

2. 市场研究咨询服务

市场发展形势的专业化分析与咨询是电子商务交易信息咨询服务的重要内容之一。市场经济是以市场作为资源配置的方式和手段的一种经济体系,其本质特点是根据市场的供求关系决定产品的生产,并以对市场需求的调查作为决策的主要依据。在竞争激烈的市场环境中,谁占有准确的有关市场发展前景的信息,谁就有可能立于不败之地。因此,电子商务交易信息咨询服务机构可以为制造企业的生产与经营项目提供专业化的市场分析报告。

3. 竞争情报服务

竞争情报(competitive intelligence)是关于竞争环境、竞争对手和竞争策略的相关信息和研究活动,其宗旨是提高企业竞争力,主要功能是辅助企业决策或提供危机预警。美国哈佛商学院学者认为竞争情报是关系企业生死存亡的第四种因素[3]。竞争情报系统就像是企业对竞争环境和竞争态势的监视器，可以实时监视国内外竞争环境的变化和竞争对手的动态。

竞争情报服务，就是利用竞争情报系统跟踪各种媒体和网站上发布的信息，并根据用户的要求，按月、按周或按日提供专业的监测和媒体分析报告。对于临港制造业用户而言，监测分析报告可以让其及时了解所属行业的主要新闻综述、政策法规信息、市场动态资讯，审视自身和竞争对手的媒体覆盖范围、客户与其竞争对手的见报率以及报道中所采取的态度等分析结果，为制造企业的经营决策提供帮助。

总之，电子商务交易信息咨询服务机构可以针对临港制造业用户某专业领域的信息服务需求，充分利用自身独特的信息资源、资金、技术、专业人才等优势，凭借其众多的媒体专家和覆盖全国的媒体监测网络平台、广泛的社会关系，通过快速、全面、准确、立体化的媒体监测和分析服务，为企业提供全面的市场信息（包括企业竞争对手的信息）和相关专业领域的竞争情报服务。

4. 高层次科技信息咨询服务

借助具有一定资质和提供增值信息服务能力的信息咨询服务机构，可以为制造业科研团体和个人提供产品研发所需的系统全面的原始信息和数据，或领域科研发展动态以及预测的科学报告，或跟踪整个科研进程为立项、实施、成果鉴定和评审等阶段提供不同的专题动态信息，为企业用户提供高层次的科技信息咨询服务。

科技查新方面的信息咨询服务是临港制造企业高层次科技信息咨询的一个重要内容，是为科研人员的科研选题和科技成果鉴定提供信息服务的。科研选题是科学研究的起点，是科学研究工作能否顺利开展的关键。选题是否准确，关系到课题本身的成败、水平的高低，对学科本身的发展起着决定性的作用。选题查新须包括对课题的历史、现状及发展趋势、前人成功的经验或失败的教训以及目前的国内外水平等文献资料进行全面分析与对比，以便选中那些具有生命力、创造性与竞争性的课题。此外，科技查新对科技成果是否具有独创性的鉴定也具有十分重要的意义。

5. 企业信息战略咨询服务

战略咨询业是咨询产业中的最高层次。信息战略作为企业战略的一个有机组成部分，服从并服务于企业总体战略及长远发展目标，必须根据企业发展目标、经营策略和外部环境以及企业的管理制度方法，从企业发展全局出发对企业信息化进行系统、科学的规划，为企业整体战略实施提供最大限度的信息保障。

信息战略咨询服务是根据企业自身的信息化状况和信息服务需求,在对企业信息化建设进行全局性观察和分析的基础上,提供包括企业信息战略的内容和发展阶段、企业信息战略与企业总体战略的关系、企业信息战略的环境分析、信息资源分析、企业信息战略设计与实施等内容的信息咨询服务。

对于临港制造企业而言,电子商务信息战略咨询服务是通过对企业的 IT 基础架构进行全面的调查了解,在弄清企业电子商务使用情况、存在问题、未来需求的基础上,为企业电子商务应用与信息服务提出纲要性的目标和指导,设计出企业真正需要的电子商务信息服务支持系统,并保障企业信息战略的实施,使得电子商务信息服务体系与制造生产、经营业务结合得更充分,针对性和科学性更强。

4.2.2 电子商务交易信息咨询服务的盈利模式

电子商务信息咨询服务机构可以通过提供信息产品和服务给有需要的用户而获利,其常见的盈利模式有:

(1)客户信息服务解决方案有偿服务。客户信息服务解决方案有偿服务模式是以客户为中心,通过整合信息资源,追求最大化满足客户的信息咨询需求和偏好,实现客户价值。通常情况下,临港制造企业客户电子商务信息服务解决方案主要有顾问式服务、定制化解决方案等,可以帮助企业提升企业网站的用户体验及黏性,提升媒体影响力及广告收入,提供正确的网上销售产品的方案策略等。

(2)研究报告销售。电子商务信息咨询服务机构还有一项重要工作,就是不懈地致力于互联网经济领域的基础性行业信息调研、产品的创新研发信息收集及电子商务数据挖掘,在此基础上形成各种专业信息研究报告。电子商务信息咨询服务机构可以通过销售此类研究报告给有需要的用户而获利。例如,艾瑞咨询网就提供互联网各行业的研究报告,包括手机支付、移动电子商务、网络广告、网络游戏、网上购物等市场调研报告,其报告分免费的简版和收费版,收费报告一般收取几千元到几万元不等。

(3)专业评估服务。对于临港制造企业而言,借助专业评估服务在正确认识自身的基础上,选择适合其发展的战略和方法是不可或缺的。电子商务信息咨询服务机构可以通过提供此类评估报告给有需要的用户而获利。常见的专业评估服务有网络营销分析服务、电子商务用户分析服务等,通过对电子商务用户行为进行连续性的数据追踪以及专业化、系统化分析,实时监测用户的访问趋势，深度挖掘用户喜好及行为特点，帮助企业准确掌握生产经营活动效果。

（4）在线信息咨询服务。即通过提供在线信息以及咨询服务取得收入。例如，提供科技查新方面的信息咨询服务，可以通过信息流量费、人工协助检索费、高质量的专题科研报告交易费来实现其经济效益。

（5）广告与业务受理服务。即通过信息服务咨询网站的促销广告、代理保险和其他交流形式赚取广告费；通过受理相关信息服务业务获得佣金收入，以及为买卖双方交易提供便利信息而从交易总额中抽取一部分提成。

4.3　电子商务交易信息中介服务

Sarker，Bulter 和 Steinfield 将中介定义为"支持生产者和消费者之间的市场交换，通过集成交易，创造规模经济和范围经济而提高交换过程效率的组织"[4]。从广义上说，所有便于潜在交易者进行交易的中间对象都可以视为中介，如交易市场、银行等。

网络的迅速发展，使其能为人们提供越来越多的涉及社会经济生活方方面面的海量信息，人们的精力大量花费在筛选匹配信息的工作上，而不再是获得信息上。这就使人们产生对信息中介的需求，期望信息中介能辅助其收集整理信息，提高筛选信息的效率。实践中能满足人们这类需求的很多信息中介均得到了迅猛的发展。

本书所述的电子商务交易信息中介，是指针对买方和卖方的交易信息通过网站平台进行协调的中介组织，只考虑电子商务活动中信息流（信息交换服务）这一部分工作，并不涉及电子商务交易中的物流以及资金的流动。电子商务交易信息中介服务可以有效地降低交易双方的信息不对称性程度。

4.3.1　电子商务交易信息中介服务的业务模式

电子商务市场因其一些固有特性，迫切需要与其发展相配套的中介服务模式的支持。现阶段市场上存在的主流电子商务信息中介服务模式大致可以分为三类：交易信息平台服务模式、面向众包的服务模式、交易信息集市化信息服务模式。

1. 交易信息平台服务模式

交易信息平台服务模式是指为买卖双方提供交易信息和一定信用保障的

中介平台,通过对买方或卖方收取一定的费用从而盈利。这类信息中介不直接参与产品的供给和需求,主要依靠数据库对双方的交易信息进行管理,其提供的服务主要是为买方和卖方提供一个能达成交易的信息平台,辅助双方进行网络交易,在提供交易信息的同时还起一定的监管作用。制造业用户可以通过这类信息中介服务网站了解其感兴趣的信息,以减少用户进行在线交易时的信息不对称性。为此,商家必须通过电子商务信息系统把其所提供产品和服务的相关有效信息发布给用户,让用户最大化地了解其所需产品的信息和企业形象,从而提高用户的购买欲和商品的在线成交量,达到增强商家竞争能力的目的。

在因特网环境下,电子商务活动中的信息发布具有发布范围广、内容多样、提供 24 小时的全天候信息服务等特点。基于交易信息中介平台适用于制造业电子商务活动中供需信息发布的方式主要有:文本方式、图片方式、动态图像和声音方式。

(1)文本方式。基于 Web 的静态文本信息的发布是电子商务网站最基本的功能。随着动态网页技术的发展,在 BPS 模式的电子商务信息系统中,利用服务器端的 Web 容器对脚本语言的支持,与数据库进行链接并及时动态地显示信息。服务器响应用户的 HTTP 或 HTTPS 请求,传送到客户浏览器端的信息以 HTML 或 XML 方式表示出来,HTML 和 XML 是 Web 中各种元素的组织语言,对文本文字、图片和影音元素的链接信息等进行组织。HT-ML(Hypertext Markup Language)即超文本标记语言,是一种用来制作超文本文档的简单标记语言,它能独立于各种操作系统平台(如 UNIX,WIN-DOWS 等),自 1990 年以来 HTML 就一直被用作 Web 的信息表示语言。XML(Extensible Markup Language)即可扩展标记语言,它包含一组基本规则,利用这组规则任何人都可以创造出符合自己特定应用领域需要的标记语言,而这样创造出的标记语言所描述的不再是信息的显示方式,而是信息本身的某种属性。XML 也和 HTML 一样使用一组元素作为标记,但和 HTML 不同的是,XML 不再是一种单纯的标记语言,而是一种定义语言。XML 能以显式术语和嵌套结构在文件中给信息内容本身加上某种属性的标记,而且这种标记可以由用户随意定义。也就是说,利用 XML 可以设定自己的标记语言,从而突破 HTML 只有一种固定标记集合的约束,即利用 XML 可以定义无穷多的标记来描述 Web 中的任何信息属性。

(2)图片方式。图片资料是网络传播信息的重要组成部分,图片具有表达信息内容的优势,可以增强信息的感染力,使发布的信息丰富多彩。用作

Web 信息发布的图片格式有很多种，其中常用的是 JPEG 格式和 GIF 格式。

（3）动态图像和声音方式。动态图像和声音方式对信息的表达是全方位的，也是较充分传播信息的方式之一，Flash 动画和视音频文件就是属于此类信息表达方式。Flash 动画是流媒体形式的一种应用，在因特网上以流的形式传输，具有极强的交互性，配上声音时具有生动的表现力。Flash 动画是基于矢量的图形系统，各元素都是矢量的，占用的存储空间很小，很适合在网络上传输与使用。目前，商务网站中基于 Flash 动画的广告宣传短片的应用也非常之多。视音频文件表达的影像和声音信息十分丰富，其在网络上传输的方式主要有下载和流式传输两种形式。由于网络带宽的限制，视音频文件下载常常要花较长的时间，不适宜电子商务信息发布速度的要求，而流式传输则正好解决了下载形式所遇到的这种问题。在因特网上商家常将视音频文件以流式方式及时传输给用户端以增强信息发布的强大性。

现阶段为制造业用户提供信息中介服务的平台主要有中国制造网（made-in-china.com）、中国制造交易网（www.c-c.com）、阿里巴巴（1688.com）、环球资源（globalsources.com）等。

2. 面向众包的信息服务模式

众包（crowdsourcing）概念最初由美国《连线》杂志的记者杰夫·豪提出，指的是企事业单位、机构乃至个人把过去由员工执行的工作任务，以自由自愿的形式外包给非特定的社会大众群体解决或承担的做法[5]。

面向众包的信息服务模式是一种描述源于用户信息需求发布活动并以问题解决为中心，服务主动与利用自助相结合的集成式信息服务模式[6]。这里"源于用户信息需求发布活动"是指众包信息服务模式基于企业或个人将其信息需求通过中介网站发布，寻求解决者这一行为方式。"以问题解决为中心"是指此模式的核心目标是解决已发布的信息需求，从征集所得一项或多项解决方案中寻求最优。"服务主动与利用自助相结合"是指解决者通过网站信息发布等方式主动发现问题或需求并自行决定是否提供服务与提供何种质量的服务。"集成式"是指对具有信息的差异性、资源的分布性以及管理的自治性的网络信息资源及其服务进行集成并实现对分散系统的有效控制。

面向众包的信息服务模式包括发包方（信息需求发布者）、接包方（需求信息提供者）和信息服务中介平台这三个角色，其业务流程如图 4-1 所示。

在面向众包的信息服务模式中，信息需求既是服务的起点也是终点。有意成为接包方的用户在进行任务寻找时身份是信息需求者，此时的发包方是信息的提供者；当有意成为接包方的用户接受了某一项或多项确定任务之后，

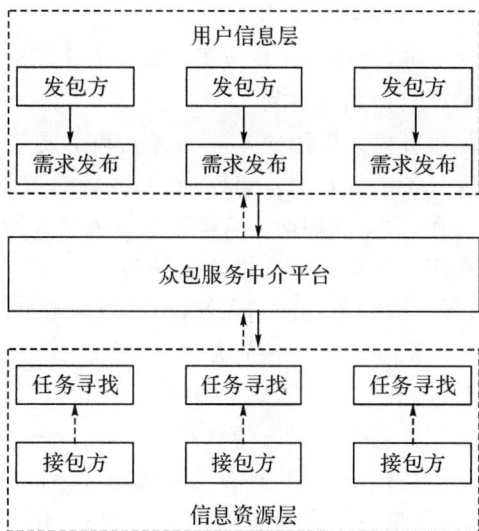

图 4-1　面向众包的信息服务模式

其身份即转变为需求信息提供者，所接受任务的发布者即成为信息需求一方。因此，面向众包的信息服务模式是把信息需求发布和提供看成一种过程，对信息的搜集、整理、存储、开发都具有需方和供方的双向性。

面向众包的信息服务模式，要求信息需求发布者和需求信息提供者都具有很强的主观能动性，同时要求信息服务中介平台具有强大的信息集成能力。面向众包的信息服务模式可以实现的基本功能主要包括信息集成服务、垂直信息服务、智能知识服务、信息交易服务等。信息集成服务功能是指对具有信息的差异性、资源的分布性以及管理的自治性的网络信息资源及其服务进行集成并实现对分散系统的有效控制[7]，面向众包的信息服务模式实际上是一种通过资源共享和集成服务形成集聚效应的信息服务模式；垂直信息服务功能是通过提供富于个性化、专业性和创造性的精品信息服务，最大限度地满足用户的信息需求；智能知识服务功能是指面向众包的信息服务模式能通过人工有序地进行信息生产整合、知识积累沉淀而转化成智力产品，从而极大地释放和利用大众群体的智力资源；信息交易服务功能是指面向众包的信息服务模式，从商务角度看，实质上就是一种将人的知识、智慧、经验、技能通过互联网转换成实际收益的新型信息交易模式。

3. 交易信息集市化服务模式

交易信息集市化服务，是指通过集成买方或卖方来简化交易步骤，并向买方或卖方收取一定的项目费用以盈利。

交易信息集市化服务模式以用户参与为理念和主要信息来源，通过网络用户的参与打造强大且不断丰富的信息库，在形成影响力的基础上挖掘相关网站的商业价值。例如，大众点评网为这类信息服务模式的典型代表，它一方面利用口碑的力量在用户与企业之间搭建起消费平台，按消费金额向企业收取一定比例的佣金；另一方面依托网站人气，在不影响用户体验的前提下引入关键词和精准广告。该商业模式的核心是人气，能否恪守独立和客观的社区氛围是营造人气的关键，其消费群体既是信息的发布者，也是信息的消费者。

交易信息集市化服务与平台服务的区别在于，它是一个促进买卖双方进行交易的辅助工具，并没有真正让双方在网上进行交易。如果说平台是传统商品超市的信息化，这类信息中介则是信息商品的集市化。

4.3.2 电子商务交易信息中介服务的盈利模式

盈利模式是商业模式的核心，任何商业模式的优劣评判，最终都需要通过盈利状况来验证。电子商务交易信息中介服务商为买卖双方提供交易撮合的中间平台，主要依靠会员费、广告、交易佣金以及竞价排名等增值服务方式盈利。以阿里巴巴网络公司为代表的电子商务信息服务中介公司能有如此的发展，说明这个行业有着较大的盈利空间。

调查资料显示，现阶段电子商务交易信息中介服务网站的主要收入来源是会员费和广告费，选择这两项为主要收入来源的受调查者分别为 56.5% 和 69.5%；约有 30.4% 的受调查者表示交易佣金已成为其网站收入的主要来源之一；其他收入来源还包括为卖家提供融资贷款(13.0%)，收取信息交易费以及物流、仓储、认证等增值服务费(13.0%)等。

1. 会员费

企业通过第三方电子商务平台参与电子商务交易，必须注册为此类 B2B 网站的会员，每年要交纳一定的会员费，才能享受网站提供的各种服务，目前会员费已成为我国 B2B 网站最主要的收入来源。例如，阿里巴巴网站收取中国供应商、诚信通两种会员费，中国供应商会员费分为每年 4 万元和 6 万元两种，诚信通的会员费为每年 2300 元；中国化工网每个会员第一年的费用为 12000 元，以后每年综合服务费用为 6000 元；五金商·中国的金视通会员费为 1580 元/年。

2．广告费

网络广告是门户网站的主要盈利来源，同时也是 B2B 电子商务网站的主要收入来源。阿里巴巴网站的广告根据其在网页中显示的位置及广告类型来收费。中国化工网有弹出广告、漂浮广告、banner 广告、文字广告等多种表现形式可供用户选择。

3．交易佣金

位居行业领先地位的网商均采取这类"年费＋交易佣金"的模式。平台使用费其实就是网上的"通道费"，而交易佣金则是网上的"销售扣点"。例如，目前国内典型的大宗商品 B2B 交易信息中介服务型平台金银岛、生意社等交易佣金为其核心业务收入；再如，QQ 商城的收费则采取"平台使用服务费＋交易佣金"模式，其中平台使用服务费收费标准为单店铺每年计费，交易佣金采取"销售额×类目费率"方式计算，类目费率在 0.5% 至 5% 之间浮动，可能涉及的收费服务项目包括信息发布费、技术服务费、积分推广活动服务费、空间使用费、二级域名服务费、其他商业推广或技术服务费用等。

4．竞价排名

企业为了促进产品的销售，都希望能在交易网站的信息搜索中排名靠前，而信息中介服务网站则在确保信息准确的基础上，根据会员交费的不同对排名顺序作相应的调整。例如，阿里巴巴网络公司的竞价排名是诚信通会员专享的搜索排名服务，当买家在阿里巴巴搜索供应信息时，竞价企业的信息将排在搜索结果的靠前位置，以便被买家第一时间找到；中国化工网的化工搜索是建立在网站 chemnet.com 上的化工专业搜索平台，能对全球近 20 万个化工及相关网站进行搜索，同时采用搜索竞价排名方式，确定企业排名顺序。

5．信息交易服务费

信息交易服务费可以采用会员费等形式直接由信息中介机构一方收取，或者根据信息中介服务机构不同，采用佣金模式、下游用户付费模式、上游企业和商家付费模式等。例如，在面向众多的信息服务模式中，信息需求提供者可以在多项任务成果中选择采用一项最优方案并支付报酬，中介机构提取报酬的固定百分比作为其服务所得的佣金。

此外，一些电子商务交易信息中介服务平台还推出了"关键词竞价排名""黄金展位""品牌告位服务"等收费服务，以较小的固定资本运转了极其庞大的资金流，从而获得大量利润。

4.4　电子商务交易信息内容集成服务

信息集成(integrated information)是针对某一特定领域某一特定用户的需求，以信息为对象，信息资源为本体，服务为动力，网络技术为手段，协同作业为方法，把信息资源诸要素有机融合并使之优化的动态体系重构过程。集成的核心是以资源作为大系统，采取技术手段进行整合，实现要素优化、资源共享。随着电子商务应用的普及和发展，制造企业网站积累了海量异构的半结构化或非结构化数据，如何从 Web 异构数据源中抽取、集成所需的数据信息，以便对电子商务系统中的客户信息能够进行更深层次的分析利用，是众多企业面临的重要问题[8]。

4.4.1　信息内容集成服务的实现技术

1. Web 上半结构化数据抽取技术

对于电子商务系统积累的不同来源、不同组织结构的海量数据信息要进行集成并进一步实施数据挖掘等深层次分析，首先必须屏蔽 Web 数据源的异构性，其次需要有较完善的半结构化模式抽取与数据集成技术支持。

(1)定义半结构化的数据模型。要屏蔽 Web 数据的异构性，解决异构数据的集成与查询问题，必须要有一个统一的数据模型来清晰地描述 Web 上半结构化数据源，屏蔽它们的平台、系统环境、内部数据结构等方面的异构性，对它们进行无缝连接，实现统一使用。因此，针对 Web 上数据半结构化的特点，定义一个半结构化的数据模型是实施 Web 海量信息集成及进一步挖掘分析的重要步骤。

(2)半结构化模式抽取。电子商务系统数据库的数据源多且复杂，既有网站自身积累的半结构化数据，也有对异构数据源集成处理所得的大量半结构化数据。由于半结构化数据缺乏独立于数据的模式，在对这样的数据进行操作(如查询)之前，除了要定义一个半结构化数据模型之外，还需要一项技术能够自动地从半结构化数据中将这个模型抽取出来，这就是所谓的模式抽取。模式抽取是对半结构化数据进行数据挖掘分析的基础。

2. 基于 XML 的 Web 异构数据集成转换技术

现阶段电子商务系统平台上的文件主要为 XML、HTML 和关系数据等类型。从信息集成角度来看,关系数据模型过于严谨,无法有效地表示半结构化和非结构化数据;HTML 对文档的要求也过于完整,且不能定义数据的层次,没有提供编程接口解析它所携带的数据,无法真正实现各种应用程序、数据库及操作系统间的数据交互。XML 与关系数据模型和 HTML 相比,可以表示更多样化的数据格式,能够使不同来源的结构化、非结构化数据很容易地进行合并。因此,在 Web 挖掘的数据预处理阶段,用 XML 作为异构数据源集成应用的中间数据模型来屏蔽 Web 数据源的异构性,可以较好地解决电子商务数据挖掘中的技术难题。

（1）HTML-XML 转换模型的技术实现

为了实现 HTML 文档向 XML 文档转换,可以利用斯坦福大学 Papakonstantinou 等人提出的 OEM 数据模型,首先将 Web 上的 HTML 文档加工为树型结构的形式[9],然后用相关算法映射成 XML 文档。转换的主要过程是:先抽取 HTML 文档所表达的包含许多对象的模式信息;再对 HTML 文本内容进一步分析以确定对象属性及对象间的语义关系,形成一个完整的数据模式;最后确定结果 XML 的所有文档标记,明确待转换的 HTML 文档信息与结果 XML 文档信息的映射关系,并根据这些映射关系,扫描 HTML 文档,输出结果 XML 文档。

应用下列算法 1、算法 2 可将树型结构数据映射生成 XML 文档。

算法 1　将树型结构数据映射生成 XML 文档

输入:树型结构数据

输出:XML 文档

①树型结构数据,该结构只有一个根节点;

②用广度优先搜索法搜索树型结构,记录所有节点的层次;

③建立一个空 XML 文档,写入路径信息和根元素的开始标记;

④for 根节点的子节点

　do〔应用算法 2 生成 XML 数据;〕

⑤写入根元素的结束标记;

算法 2　通过深度优先搜索树型结构生成 XML

输入:树型结构的节点 N

输出:XML 数据

①if 节点 N 是原子节点 then〔

　Label＝连接节点 N 与其父节点的边的权值;

　IdVafue＝节点 N 的标识符;

String="<"+Label+"ID="+IdValue+">";

向 XML 文档写入 String;}

②if 节点 N 是复杂节点 then{

Label=节点 N 与其父节点的边的权值;

IdVafue=节点 N 的标识符;

String="<"+Label+"ID="+IdValue+">";

向 XML 文档写入 String;}

③for 节点 N 的所有子节点 do{

递归调用算法 2 生成 XML 数据;}

④String="</"+Label+">";

⑤向 XML 文档写入 String;

可以采用 Visual C++ 6.0 编程实现上述算法,也可采用 Java 语言编程实现,封装成 HTML-XML 转换器,并与处理 XML 的 Java 应用编程接口(Java API for XML processing)等模块集成,实现在电子商务系统中用 Java 语言操作 XML 数据。

(2)XML-RDB 转换模型的技术实现

传统的面向关系型数据的挖掘方法如 Apriori 算法等不能直接应用到 XML 文档挖掘上,必须将 XML 的模式(DTD 或 XML Schema)映射到关系数据库模式。由于 RDBMS(关系数据管理系统)注重的是数据而非格式,以往的映射方法一般只是在数据层面实现信息的保留,XML 文档的部分物理结构(CDATA、实体等)和一部分逻辑结构(处理指令、注释等)信息则可能会在转换中丢失。为此,笔者设计挖掘模型时采用文献[10]提出的三表映射模式的思想,将 Web 中没有模式信息的 XML 数据和结构信息转换成三个关系表格(路径表、边表、数据表)存储到关系数据库中,以实现 XML 格式的 Web 数据向关系表的转换。

1)路径表。路径表用来存储 XML 文档中的路径信息,其元组构成为:

path (Path_id, Pathexpress)

其中,Pathexpress 是路径表达式,采用目前通用的 XPath 规范,表示从根节点开始到任一子孙节点的路径;Path_id 是与路径表达式对应的路径编号。路径表中每条不同的路径对应唯一一个路径标志。

2)边表。边表用来存储 XML 文档树中所有不包含叶节点的边信息,其元组构成为:

edge (Path_id, Doc_id, Source, Target, Label, Order, Flag)

其中，Path_id 是与路径表达式对应的边所在的最长路径的编号；Doc_id 表示所描述的边所在 XML 文档的名称（即 Web 页面的名称）；Source 表示所描述的边的源节点标识；Target 表示所描述的边的目的节点标识；Label 表示所描述的边对应的标识；Order 表示目的节点对应元素在兄弟节点中的顺序（只有元素节点有顺序，为便于处理，系统实现时所有属性节点的顺序被设置为 1）；Flag 表示该边的目的节点到它的孩子节点的边是否属于边表，Flag 为 Ref 时表示属于边表，Flag 为 Val 时表示当前的目的节点到它的孩子节点的边属于数据表。

3）数据表。数据表存储 XML 文档树中所有包含叶节点的边信息，用来存放元素的原子值或者属性值。其元组构成为：

data (Path_id, Doc_id, Source, Target, Label, Order, Value)

其中 Path_id, Doc_id, Source, Target, Labe, Order 项的含义同边表，Value 表示叶节点的值，对应元素的原子值或者属性值。

路径表保留了 Web 数据的结构信息；边表保留了 Web 数据结构中的父子关系信息；数据表保留了 Web 数据的原子信息（包括元素的原子值和属性值），同时提供该值对应的路径和所在 Web 页面的信息。通过这样三个表，可以清晰地将 XML 文档表达的 Web 数据映射到关系表中。

这样处理后，避免了转换过程中信息的丢失，并将针对 XML 数据的操作转换为关系数据库的操作，从而将针对 Web 信息的数据挖掘转换成基于关系数据库的数据挖掘，而且在后续进一步实施数据挖掘需要查询抽取数据时，可以有效地避免查找不满足条件的路径，减少遍历节点的数目，提高数据查找和抽取的效率。

（3）RDB-XML 转换模型的技术实现

关系数据是完全结构化数据，其结构相对较简单，可以生成具有不同语义的信息视图，并能很自然地用 XML 形式的数据加以表示。但是，由于关系数据不能直接表达语义，数据之间的语义通常要由数据的完整性约束来定义。因此，转换的关键是将基于表和列的集合数据转换为含有丰富语义信息的 XML 层次嵌套结构的数据，这个过程实质上是将一个预先定义好的视图内容转化成 XML 格式显示。技术实现关系模式到 XML 模式的转换，可以通过深度遍历转换规则，逐个创建文档对象模型（document object model，简称 DOM）树的分枝，最终完成整个 XML 文档 DOM 树的创建[11]。

4.4.2 信息内容集成服务的业务模式

一般情况下采用 XML 集成多个不同数据源的信息，只需要把来自不同数据源的信息先转成 XML 文档，然后再处理经过解析器解析的数据流即可。任何应用程序只需要知道两种格式，即本身的和 XML 的，就可以通过 XML 为中介实现与其他应用程序的信息交换。

1. Web 半结构化数据抽取与集成服务

Web 半结构化数据抽取与集成服务可以借助一个基于 XML 的 Web 数据集成与用户访问数据挖掘模型实现[12]。首先以 XML 作为公共数据模型将来自 Web 上不同数据源的电子商务数据转化到统一的数据框架中，进行交互、转换和进一步的数据挖掘分析处理，从而达到更有效地利用信息资源的目的。Web 信息抽取与集成的流程如图 4-2 所示。

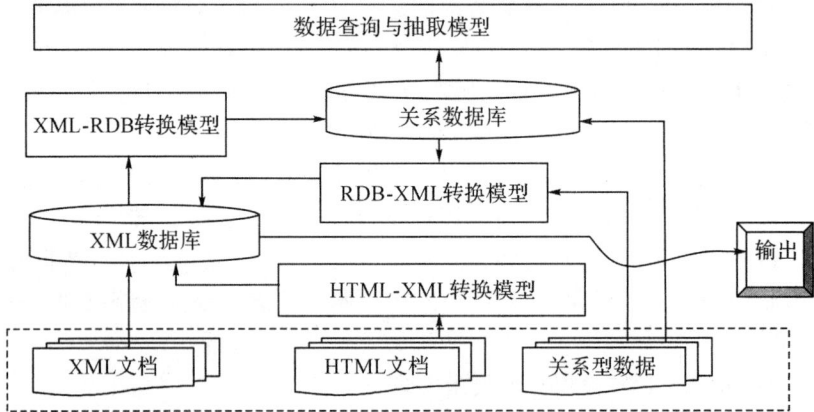

图 4-2 Web 信息抽取与集成流程图

在模型所示的挖掘流程中，对于 Web 信息中的 XML 文档可以直接放入 XML 数据库中等待下一步处理；HTML 文档经由 HTML-XML 转换模型转换为 XML 文档后放入 XML 数据库中；关系型数据则根据用户使用的关系型数据库管理系统（RDBMS）的类型分别进行处理，同构的关系型数据直接放入关系数据库中，异构的关系数据则经由 RDB-XML 转换模型转换为 XML 格式放入 XML 数据库；所有 XML 数据均由 XML-RDB 转换模型转换为关系型数据存储在关系数据库中。然后，由数据查询与抽取模型从关系数据库中进行查询操作，并抽取相关数据运用数据挖掘算法模型中的挖掘算法进行挖掘处理。

该挖掘模型具有一定的自学习和自适应能力,可以用于制造业电子商务交易信息内容集成服务。若模型挖掘未达到预期效果,可以将其放回关系数据库中重新抽取数据进行挖掘,前阶段的挖掘结果也可以放回关系数据库中通过重新抽取实时数据进行动态更新[13],这就使得挖掘过程的智能性和挖掘结果的实用价值都有了很大提高。最终挖掘结果可用传统方式输出,也可由RDB-XML 转换模型将关系数据表示的挖掘结果转换为 XML 格式可视化输出。

2. 网络数据库服务

网络数据库(network database)是跨越系统平台在网络上创建、运行的数据库。网络数据库中数据之间的关系可以是 1∶1、1∶N 或 M∶N 的关系,这种关系也不是只有一种路径的涵盖关系,而可能会有多种路径或从属的关系。

网络数据库有三层含义:①在网络上运行的数据库;②网络上包含其他用户地址的数据库;③信息管理中数据记录能以多种方式相互关联的一种数据库。网络数据库任何一个记录可指向多个记录,而多个记录也可以指向某一个记录。实际上,网络数据库允许两个节点间有多个路径。

网络数据库服务是指把数据库技术引入到计算机网络系统中,借助于网络技术将存储于网络数据库中的大量信息及时发布出去,或对网络中各种数据进行有效管理,并实现用户与网络数据库进行实时动态数据信息交互。

网络数据库服务模式在因特网上存在大量的应用,从最初的网站留言簿、自由论坛到综合文献数据库(如重庆维普数据库、报刊索引数据库)、复杂电子商务数据库等,这些系统几乎都是采用网络数据库服务方式实现的。网络数据库服务系统的主要组成元素为:客户端、服务器端、连接客户端及服务器端的网络。

网络数据库服务的优势:用户无须在其客户端安装任何与所需存取或操作数据库系统对应的客户端软件,只需要通过万维网浏览器便可完成对数据库数据的常用操作。因此,用户不必掌握复杂的数据库知识和数据库软件的使用方法,只需要掌握基本的网络操作,如填写、提交表单等就可以通过任何一台连接因特网的计算机访问数据库。网络数据库服务系统的这种特点使临港制造业用户在业务运作推广应用中得到极大的便利。

3. 数据中心服务

数据中心(data center)是一整套复杂的设施,包括计算机系统和其他与之配套的通信和存储系统设备、冗余的数据通信连接、环境控制设备、监控设备以及各种安全装置,这些设备具有相同的环境要求以及物理安全需求。

数据中心可为用户提供安全、可靠、快速、全面的数据存放业务及其他增值服务。具体而言,可以为临港制造业用户提供虚拟主机、域名注册、企业邮局、智能建站等基础业务以及服务器租赁、服务器托管、云服务器、增值服务等业务。提供数据中心服务业务的代表性企业有浦东数据中心、百度数据中心、广州钜讯公司等。

数据中心接入互联网可以采用多种方式。常用的接入方式包括:①采用专线接入。此种方式带宽大,对延时、安全性都非常好,但租用此专线价格较贵,特别适合银行、POS 机组网等需要较高安全系数的用户,对于大型制造企业集团在子网站非常多的情况下也推荐采用此种方式。②采用宽带 ADSL 接入。此种方式优点是带宽大、费用经济;缺点是安全性较差、延时比专线接入稍大。③采用局域网共享上网方式接入。此种方式同 ADSL 接入类似,但注意接入时需做端口映射。④采用电话线拨号上网方式。此种方式接入带宽较窄,适合于点数较少,且数据量小的组网方式。⑤采用 GPRS 无线接入。此种方式在数据中心接一台 GPRS MODEM,通过数据中心的 PC 机拨号上网,优点是组网迅速且费用经济,缺点是带宽窄(GPRS 上行 10Kbps,下行 40Kbps)且延时大,这种方式在测试时用得比较多。

4．大数据商业分析

大数据(big data)是一种规模大到在获取、存储、管理、分析方面大大超出传统数据库软件工具能力范围的数据集合,无法在一定时间范围内用常规软件工具进行捕捉、管理和处理,具有海量的数据规模、快速的数据流转、多样的数据类型和较低的价值密度四大特征。

从数据量来看,如今我们已步入大数据时代。对用户的行为习惯与喜好等数据进行有效挖掘,从纷繁复杂的数据里面寻找到更加吻合用户习惯与兴趣的信息产品与服务,并针对性地加以优化集成和交叉复用,从而达到帮助企业实现利润倍增的目的,这是大数据潜在价值所在。

制造业用户可以应用大数据分析实现跨企业供应链流程分析和优化——从上游研发到制造和零售分销,多种复杂的流程可以在本地和全球层面进行整合。在分布式环境中将大数据分析和业务过程管理(BPM)整合起来的架构可帮助用户及时分析业务过程执行结果[14]。

制造业用户在分布式环境中进行大数据分析,可以利用云端基础设施扩展框架,利用数据仓库和分布式查询处理;操作系统可以收集、统一执行数据结果,并将其储存在合适的结构中供以后度量和分析时使用。制造业用户可以通过操作系统监督业务过程执行情况,通过集成分析事件数据,更好地了解其业务绩效并改善其过程,进而提高企业的生产效率。大数据商业分析还能帮助企业数据分析师对当前发生的事情进行评估,并预测将来过程实例的行为。分布式业务分析信息集成服务架构如图 4-3 所示。

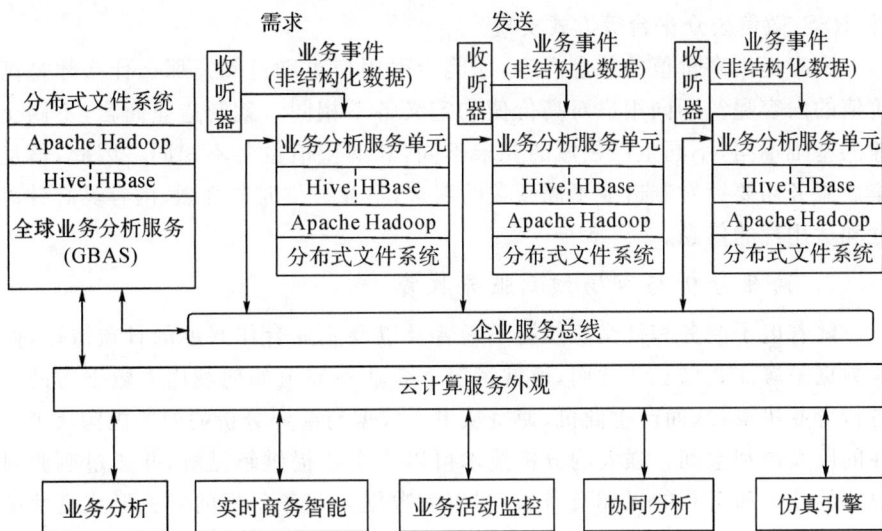

图 4-3　分布式业务分析信息集成服务架构

框架需要利用一个事件模型,具体了解应该监控、测量和分析什么[15]。事件模型表示在业务过程执行期间发生的行动和事件。业务分析服务单元负责进行本地分析,GBAS 模块管理跨组织的相关性,集成整个系统中未确定的业务分析服务单元。不同制造企业利用大数据进行合作和数据分享,能够实时显著地促进相关业务分析信息的直观化。

大数据主要经由数据共享与交叉复用之后方能体现出其最大价值所在。在制造业供应链上,对网络环境下产生积累的庞大用户数据、完整的业务数据与实时的交易数据,经由大数据商业挖掘分析,然后把分析结果信息给有需求的企业,能够主动及时精确地满足制造业用户需求。

4.4.3　信息内容集成服务的盈利模式

1. 信息订阅收费

信息订阅收费是通过提供高价值的信息服务内容让用户付费订阅从而获得一定收益的一种信息内容集成服务的盈利模式。信息订阅可以通过电子邮件、RSS、微信公众平台等方式实现。

只有提供高价值的信息内容，才能吸引用户主动订阅。那么什么才是高价值的内容呢？不同用户对高价值的定义各不相同。就制造业而言，不同企业的基础不同，不同生产领域的要求不同，其期望值也各不相同。因此，信息集成服务需要针对制造业不同领域的需求，集成提供时效性强、内容具有针对性和适用性的信息。

2. 商业分析与市场预测服务收费

随着电子商务和社交媒体的不断普及以及企业合作兴趣的日益浓厚，商业数据呈爆炸式增长。然而，通常情况下企业不知道如何利用大数据帮助其进行育业决策，从而产生商机，使得从事大数据与商业分析的服务机构获得潜在的巨大盈利空间。强大的分析技术可以为企业提供新见解，并通过刺激对更好的技术和工具的兴趣及需求，利用大数据与业务分析的方法形成良性循环，从而帮助企业处理复杂的决策问题。

对于临港制造业而言，针对大数据的商业分析服务，在探索产品新的性能需求时，能提供足够多的价值来证明其自身的延续性。大数据在分析非结构化信息用户反馈数据时，也可以通过预测算法来预测用户操作，帮助用户实现预期结果从而获利。

3. 数据中心托管服务收费

互联网基础设施服务商通过建立包括规划咨询、设计、建设项目管理、验收、优化改造、运维及监控在内的覆盖数据中心全生命周期的服务体系，为用户提供绿色数据中心托管服务，并收取相应的服务费。

例如，世纪互联（www.ch.21vianet.com）在全国多个城市拥有高标准的专业化数据中心，可以为客户提供全网解决方案，提供基础数据中心的各项服务。

4.5　本章小结

　　本章对制造业用户在电子商务交易过程中所需的各种信息检索服务、信息咨询服务、信息中介服务、信息内容集成服务的主要业务模式、盈利模式系统地进行梳理和分析,重点关注基于 Web 2.0 的信息服务主要业务模式及其发展趋势,并对基于大数据商业分析的集成应用模式进行了展望式讨论。

参考文献

[1] 王伟军,黄灰,刘蕤,等.电子商务信息管理[M].北京:科学出版社,2010.

[2] 陈晴光.网上开店盈利的影响因素与成功策略探析[J].浙江万里学院学报,2007(6).

[3] 黄迎馨,沈固朝,包昌火.借鉴军事 C^3I 理论与技术构建企业竞争情报系统[J].科技情报开发与经济,2009,19(6):108-110.

[4] BARUN SM, BRIAN B, CHARLES S. Intermediaries and cyber-mediaries:Sarkar, Butler and Steinfield[J]. Journal of Computer-Mediated Communication 1.3 (1995):n. pag.

[5] 杰夫·豪.众包:大众力量缘何推动商业未来[M].牛文静,译.北京:中信出版社,2009:12-13.

[6] 郎宇洁.基于长尾理论而向"众包"的信息服务模式研究[J].情报科学,2012,30(10):1545-1549.

[7] 廖璠,曾翠.2001—2007 年国内面向企业的信息服务研究综述[J].图书情报工作,2008(11):44-48.

[8] 勾成图.海量数据分页机制在 Web 信息系统中的应用研究[J].计算机应用,2005,25(10):1926-1929.

[9] 鲁明羽,陆玉昌.基于 OEM 模型的半结构化数据的模式抽取[J].清华大学学报(自然科学版),2004,44(9):1264-1267.

[10] 秦杰,杨树强,窦文华.一种基于模型映射的 XML 文档存储模型[J].计算机工程与科学,2005,27(11):12-14.

[11] 车五一.关系数据库转换为 XML 文档的新方法[J].辽宁石油化工大学学报,2004,24(4):67-70.

[12] 陈晴光.基于 XML 的信息集成与 Web 数据挖掘应用研究[J].情报学报,2008,27(增刊):460-462.

[13] 陈晴光.基于 Web 访问信息挖掘的商业智能研究[J].计算机工程与设计,2008,29(6):1413-1416.

[14] 亚历杭德罗·贝拉-巴克罗,里卡多·科洛莫-帕拉西奥斯,欧文·莫洛伊.使用大数据方法进行业务过程分析[J].计算机信息周刊,2014(11):37-42.

[15] C.COSTELLO，Incorporating performance into process models to support business activity monitoring[D]. doctoral dissertation, Dept. of Information Technology，National Univ. of Ireland，2008.

第5章

电子商务物流信息服务

物流信息服务在电子商务物流活动中起着中枢神经系统的作用。电子商务物流体系是一个纵深庞杂、涉及面广泛的复杂系统工程,要使其快速、高效、经济地运行,没有信息的作用是不可想象的。物流信息服务工作的好坏,直接影响到企业物流运作的效率,进而影响到企业电子商务运营的效果。要想提供高效的电子商务物流信息服务,首先需要对物流企业的服务对象及物流业务流程进行详细调查和分析,准确地把握企业客户的物流服务需求、物流业务的主要来源和流向等信息,同时还需采用适当的物流信息处理方法。

5.1 电子商务物流信息服务的主要内容与特征

物流信息是指在物流活动各个环节生成的信息,是反映物流各种活动内容的知识、资料、图像、数据、文件的总称。制造业物流信息一般是伴随着从生产到消费的物流活动而产生的信息流,与物流过程中的运输、保管、装卸、包装等各种环节有机地结合在一起,是整个物流活动顺利进行不可缺少的因素。从狭义的范围来看,物流信息是指与物流活动联系密切、直接相关的信息;从广义的范围看,物流信息包括伴随物流活动而发生的信息和在物流活动以外发生的但对物流有直接或间接影响的信息。

5.1.1 电子商务物流信息服务的主要内容

制造业电子商务物流信息服务活动涉及面很广。其一,是货源信息,由于制造业货源主要来自其上游原材料、半成品购销业务部门和相关零部件供应商,只有时刻掌握有关货源方面的信息,才能作出开展物流活动的合理安排;

其二,是市场信息,包括运输市场和仓储市场信息;其三,是运能信息,需要与交通运输部门(包括铁路、航运和港务等)联系,只有随时了解车、船等运输工具的供给信息,才能使商品流通顺利进行;其四,是企业物流信息;其五,是物流管理信息等。由此可见,制造业物流信息内容不仅量大,而且来源分散,更多更广地掌握物流信息,是顺利开展电子商务物流服务的必要条件。

1. 货源信息

货源信息是决定物流活动规模大小的基本因素,它既是电子商务中商流信息的主要内容,也是物流信息的主要内容。

制造业货源信息一般包括以下几方面的内容:①上游原材料、半成品购销业务部门和相关零部件供应商的商品流转计划与供销合同、委托运输和储存的计划与合同;②制造企业不同生产部门销售量的统计和分析、委托运输和储存的计划与合同;③社会性物资的运输量和储存量分析、委托运输和储存计划等相关信息。

掌握准确的货源信息,对于合理组织物流活动具有重大意义。如果掌握的货源大于物流设施的运能,则制定物流计划和签订储运合同时,可在充足的货源中作出有利的选择,充分发挥物流设施的使用效能,尽最大可能挖掘潜力满足货主需要;反之,如果掌握的货源信息小于物流设施的运能,则要采取措施积极组织货源,以取得物流企业最大的经济效益。

2. 市场信息

物流市场信息内容是多方面的,常见的市场信息类型主要有:货源市场信息,包括货源的分布、结构、供应能力;流通渠道的变化和竞争信息;运输价格信息以及运输工具信息等。

从广义上看,物流市场信息还包括国内外各物流企业的信息,也就是通常所说的物流行业信息。随着运输市场和仓储市场的形成,专业物流中心、自动化立体仓库的迅速发展,社会托运行业的兴起,加上铁路、港务部门直接受理物流业务面的扩大,极大地拓展了物流市场信息的来源,也使得物流市场信息的内容更加丰富。

3. 运能信息

运能信息主要有以下几个方面:①交通运输部门批准的运输月计划,包括追加、补充计划的可能性。②具体的装车、装船日期;到达车、船日期的预报和确报。③运输业的运输能力,包括各地区地方船舶和车队的运输能力等。

运能信息对物流活动能否顺利开展有着直接的关系,进而影响到制造业的生产与销售活动。运输条件的变化,如铁路、公路、航空运力适量的变化,会使物流系统对运输工作和运输路线的选择发生变化,进而影响到交货的及时性及费用是否增加。运能信息对商品储存也有着十分密切的关系。有些待储商品是从外地运来的,要及时掌握到货的数量和日期,以便安排仓位;有些库存是待运商品,更要密切注意运能动态。

4．企业物流信息

企业物流(internal logistics)是指企业内部的物品实体流动,包括企业供应物流、企业生产物流、企业销售物流、企业回收物流、企业废弃物物流等。企业物流信息则包括在企业物流系统中各类物流子系统上产生的有关物流的动态信息。

从制造业的生产物流系统来看,由于原材料或产成品在系统内各环节流转,每个环节都会产生大量的物流信息,诸如在某环节内的原材料或半成品类型信息、每种产品的性能及状态信息、每种产品的数量,以及在某个时期可以向下一环节输出的产品数量以及需要上一个环节供应的产品数量等。

制造业的销售物流信息主要在商品销售环节产生。例如,采购商向制造企业发出的商品采购订单,产品制造企业向产品采购商(包括批发和零售企业)的物流系统发出发货通知,发货通知需要说明将要进入物流系统的商品名称、类型、数量,从而产生销售物流信息。再如,零售企业营销决策部门下达采购计划向制造企业物流系统传递物流信息,包括需要采购哪些原来没有采购的商品、采购多少,哪些商品不必再采购等,这样就产生了零售企业的物流反馈信息。

此外,在制造业的企业供应物流、企业回收物流、企业废弃物物流环节也会产生相应的物流信息。

5．物流管理信息

制造业物流管理信息包括物流中心的配置、物流网络的组织,以及自动分拣系统、自动化仓库的使用情况等,涉及制造企业的上、下游企业物流及第三方物流企业。在物流信息技术不断进步的情况下,凡是涉及货源组织、运量分析、实现物流设施现代化等方面的有关信息,都成为物流信息管理的重要内容。

5.1.2　电子商务物流信息服务的主要特征

在电子商务时代,随着人类需求向个性化的方向发展,物流过程也在向着多品种、少量生产和高频度、小批量配送方向发展,因此物流信息在物流过程中也呈现出很多不同的特征。与其他领域信息相比,电子商务环境下物流信息的特点主要表现在:

（1）电子商务物流信息源涉及范围广。由于电子商务物流活动不受地域限制,物流信息源也分布在广大的范围内,信息源点多,信息量大。电子商务物流信息这个特点要求在广大范围内实现统一管理或标准化,否则信息缺乏通用性。

（2）电子商务物流信息及时性要求高。电子商务物流信息动态性特别强,信息的价值衰减很快,这就对物流信息的及时性提出了很高的要求,在大系统中,强调信息收集、加工、处理快速及时。

（3）电子商务物流信息种类多。电子商务物流活动不仅在本系统内部各个环节需要不同种类的信息,而且由于物流系统与其他系统,例如生产系统、销售系统、消费系统等密切相关,因而还必须收集这些类别的信息。这就使电子商务物流信息的分类、研究、筛选等工作难度增加。

不同类别的物流信息还有其他一些不同特点,例如,销售物流系统产生的信息,由于需要向社会提供,因而收集这类信息时应力求全面、完整;而收集其他系统信息,则要根据制造业物流要求予以选择和取舍。

5.2 电子商务物流信息的基本类型与作用

电子商务物流信息服务对象包括物流企业和需要提供物流服务的客户。物流企业是指能够为物流活动提供专业物流支持的相关企业或部门,包括从事运输的企业,专业的第三方物流公司,或者具有仓储业务等功能性物流职能、而且对外提供物流服务的企业。物流客户是指企业供应链上的各个环节对物流产生需求的企业,可以是制造商、供应商或者是分销商。针对不同的对象,需要分别提供不同类型、不同作用的电子商务物流信息。

5.2.1 电子商务物流信息服务的基本类型

电子商务物流信息服务根据其信息来源、信息管理层次、信息服务沟通方式等可划分为不同的类型,以满足不同服务对象的需求。

1. 按信息来源分类

（1）物流系统内服务信息。物流系统内服务信息是伴随物流活动而发生的信息,包括物料流转信息、物流作业层信息,具体为运输信息、储存信息、物流加工信息、配送信息、定价信息等,以及物流控制层信息和物流管理层信息。

(2)物流系统外服务信息。物流系统外服务信息是在物流活动以外发生但提供给物流活动使用的信息,包括供货人信息、顾客信息,订货合同信息、社会可用运输资源信息,交通和地理信息、市场信息、政策信息等,还有来自企业内部生产、财务等部门的与物流有关的信息。

2. 按信息管理层次分类

(1)操作管理服务信息。操作管理服务信息产生于操作管理层,反映和控制企业的日常生产和经营工作,例如每天的产品质量指标、用户订货合同、供应厂商原材料信息等。这类信息通常具有量大、发生频率高等特点。

(2)知识管理服务信息。知识管理服务信息是知识管理部门相关人员对企业自身的知识进行收集、分类、存储和查询,并进行知识分析得到的信息。例如,专家决策知识、物流企业相关业务知识、工人的技术和经验形成的知识信息等。

(3)战术管理服务信息。战术管理服务信息是部门负责人进行局部和中期决策时所需涉及的信息,例如月销售计划完成情况、单位产品的制造成本、库存费用、市场商情信息等。

(4)战略管理服务信息。战略管理服务信息是企业高层管理决策者制定企业年经营目标、企业战略决策所需要的信息,例如,企业全年经营业绩综合报表、消费者收入动向和市场动态、国家有关政策法规等。

3. 按信息服务沟通方式分类

(1)口头信息。口头信息是指通过面对面的口头交谈而进行传递的信息。这类信息可以直接而迅速地传播,与其他传播方式相比速度较快,但它在传播过程中也容易掺和进传播者的主观理解致使信息失真。物流活动中的各种现场调查,是获得口头信息的最简单方法。

(2)书面信息。书面信息是指为了保证物流信息的客观性,便于重复说明和反复检查,而用书面文字进行描述的一种信息类型。各种物流环节中出现的数据报表、文字说明和技术资料等都属于这类信息。

5.2.2 电子商务物流信息的作用

物流的首要目的就是要向顾客提供满意的服务,实现物流总成本的最低化,也就是要消除物流活动各个环节的浪费,通过顺畅高效的物流系统实现物流作业的成本最优化。

对制造业物流活动来说,物流信息承担着类似神经细胞的作用。在制订物流战略计划、进行物流管理、开展物流业务、制定物流方针、进行物流评价等方面都不能缺少物流信息服务。

1. 电子商务物流信息在物流计划阶段的作用

电子商务物流信息在制造企业建立长期战略计划的模型和掌握本期实绩的计算中,以及计划和实绩的对比中都发挥着重要作用。在物流预算方面,物流信息在制定预算、通过预算和实绩的对比来控制预算等方面起着重要作用;物流信息在订货、库存管理、进货、仓库管理、装卸、包装、运输、配送等具体物流环节的计划阶段,如安排物流据点,决定库存水平,确定运输手段,找出运输计划、发运计划的最佳搭配等方面也发挥着重要作用。

2. 电子商务物流信息在物流实施阶段的作用

(1)物流信息是物流活动的基础。信息是制造业企业组织物流活动的基础。制造业物流系统中各子系统通过原材料、半成品或产品运输紧密联系在一起,一个子系统的输出通常就是另一个子系统的输入。合理组织制造业企业物流活动,使运输、储存、装卸、包装、配送等各个环节做到紧密衔接和协作配合,需要通过信息予以沟通,制造业物流才能通达顺畅。在发运商品时,必须首先掌握货源的多少,了解运量、运能的大小,才能加强车船的衔接工作。离开了车船和运能的正确信息,就无法准确、及时地把商品发运出去。在安排商品储存时,也必须掌握进仓商品的数量、品种以及商品的重量、体积等信息,同时要了解各仓间的空余仓位的情况,才能做到合理使用仓容,发挥仓库的使用效能。在组织装卸活动时,只有了解到商品的品种、数量、到货方式以及商品的包装状况,才能做到及时装卸。如果缺乏这些方面的信息,不但不能做到及时装卸,还会因商品体积过大,装卸设备不能适应造成无法进仓、影响发运的被动局面。为了使制造业企业的物流活动正常而又有秩序地进行,必须保证物流信息畅通。物流信息的任何阻塞都将导致物流混乱,严重影响制造业企业物流系统的效率。同时,信息也是物流控制的手段。在制造业物流系统中,应该使原材料和产品库存保持适当的规模,利用市场信息、销售信息、库存信息、供应信息等控制物流规模,使物流系统对企业的供应保障及时,费用降低。因此,组织制造业物流活动必须以物流信息为基础,物流信息的任何延误或阻塞,都会严重影响制造业物流系统的运营效益。

(2)物流信息是进行物流调度指挥的手段。在制造业物流活动中,对物流的管理是动态的管理,联系面广且情况多变,必须有效地运用信息,正确而又灵活机动地调度和指挥,使物流活动顺利进行。同时,还必须利用信息的反馈作用,通过利用物流实施过程中产生的信息反馈,及时进行调度或决策。

3. 电子商务物流信息在物流评价阶段的作用

物流信息在物流评价阶段的作用巨大。物流评价就是对物流实际效果的把握,由于电子商务物流活动地域广泛,内容丰富,需要有系统、规范、合理的处理标准和物流信息系统,才能做出正确的评价。例如,原材料采购处理系统,可以精确控制和获取日常数据而使最终评价工作的有效性得到提高。

5.3 电子商务物流信息服务模式

电子商务物流信息服务模式包括物流信息服务的基本业务模式和盈利模式,电子商务物流信息服务系统是电子商务物流信息服务业务模式的基础。

5.3.1 电子商务物流信息服务系统的构成

电子商务环境下的物流信息服务系统实质上是一个集成化的人机系统。该系统以人为主导,利用计算机软硬件、网络通信设备尤其是互联网等 IT 技术,结合各类机械化、自动化物流工具设备,进行物流信息的收集、存储、传输、加工整理、维护和输出,实现对实体物流综合管理的数字化、智能化、标准化和一体化,物流业务处理指挥信息化与网络化,为物流管理者及其他组织管理人员提供战略、战术及运作决策的支持,提高整体物流活动的效率和效益,降低整体物流成本,从而支持企业的现代管理并取得竞争优势。

就制造企业而言,其电子商务物流信息系统通常应包括采购信息管理系统、收货信息系统、订单处理信息系统、库存管理信息系统、发货信息系统、配送信息系统、运输信息系统、包装信息系统、流通加工信息系统、成本管理信息系统、EDI 处理信息系统、物流综合管理信息系统等模块。

1. 采购信息管理系统

采购信息管理系统是指制造企业根据生产环节对原材料、半成品或零部件的需要,通过综合运用采购申请、采购订货、进料检验、仓库收料、采购退货、购货发票处理、供应商管理、价格及供货信息管理、订单管理以及质量检验管理等功能,对采购物流和资金流的全部过程进行有效的双向控制和跟踪,实现完善的企业物资供应信息管理的信息系统。采购信息管理系统在制造业和装配业上线生产之前，对供应厂商基本资料进行收集和整理，需要与接受订货信息系统、库存管理信息系统互动，库存不足时应防止缺货，库存过多应减少采购。

2. 收货信息系统

收货信息系统是指根据采购预订信息对收到的货物进行检验，并与采购订货要求进行核对无误之后，完成录入库存并指定货位等工作的信息系统。

收货系统包括入库作业处理系统和库存控制系统。其中入库作业处理系统包括预定入库数据处理和实际入库作业功能模块；库存控制系统主要完成库存数量控制和库存量规划，以避免因库存积压过多造成的利润损失，它包括产品分类分级、订购批量及订购时点确定、库存跟踪管理、库存盘点作业等模块。

3. 接受订货信息系统

接受订货信息系统是办理从零售商处接受订单，准备货物，明确交货时间、交货期限，管理剩余货物等的信息系统。电子商务物流活动通常从接受订货开始。为了迅速准确地将产品送到指定地点，必须准确迅速地办理接受订货的各种手续。

4. 库存管理信息系统

库存管理信息系统是对保存在物流中心的商品进行管理、指定货位和调整库存的信息系统。正确把握商品库存，对于制订恰当的采购计划、接受订货计划、收货计划和发货计划是不可缺少的，所以库存管理信息系统是物流管理信息的中心。

5. 发货信息系统

发货信息系统是一种与接受订货信息系统、库存管理信息系统互动，并向保管场所发出拣选指令或根据不同的配送方向进行分类的信息系统。如何通过合理的发货安排将商品送到顾客手中，是物流信息系统需要解决的主要问题。

6. 配送信息系统

配送信息系统是将商品按配送方向进行分类，制订车辆调配计划和配送路线计划的信息系统。降低成本对于高效率的配送计划来说非常重要。

5.3.2　电子商务物流信息服务基本业务模式

在整个物流系统的运行过程中,物流信息服务起到控制系统的作用。电子商务物流信息服务的业务内容和业务形式呈现多样化的特征,从服务功能和服务形式等不同的角度,可划分出不同的模式类型。

1. 从服务功能角度划分

电子商务物流信息服务基本业务模式从服务功能角度,可分为以下四种模式。

(1)衔接服务模式。物流系统与社会经济运行中许多行业、部门以及众多的企业群体之间有着十分密切的关系,无论是物流系统内部的各种指令、计划、数据、报表等,还是其他的方方面面,都依靠物流信息建立起各种纵向和横向的联系,衔接生产企业、批发商、零售商、消费者,满足各方面的需要。

(2)交易服务模式。商品交易过程中的大多数操作都是通过物流信息来完成的,物流信息的交易功能主要表现为:记录订货内容、传递库存计划、用户信息查询等。交易功能是物流信息功能的最基本体现。

(3)控制服务模式。物流信息的控制功能通过合理的指标体系来评价和鉴别各种方案,对于提高企业的物流服务水平和资源利用率都有重要作用,该功能强调了信息的控制力度。

(4)决策服务模式。大量的物流信息能使管理人员全面掌握情况,协调物流活动,通过评估、比较和"成本—收益"分析,作出最有效的物流决策。有效利用物流信息,也有助于物流企业正确制定物流发展战略。

2. 从服务平台形式角度划分

国内主要的电子商务物流信息服务平台目前大致可分为以下三类:

(1)公共物流信息门户类服务平台。这类物流信息服务平台包括各地政府建立的物流公共信息平台,主要提供立足于本地区向周边乃至全国辐射的物流供需信息服务。例如,宁波物流网是宁波地区最大的物流行业综合门户网站,可为行业用户提供宁波物流企业信息、宁波货源、车源、运输、货运、配货、专线、配载等物流信息服务。

(2)资讯展示类物流信息服务平台。这类物流信息服务平台一般由企业投资建设,主要通过提供大量物流供应和需求信息,解决物流服务交易中信息不对称的问题,可以帮助企业降低物流交易信息发布和获取的成本,从而降低社会整体物流成本。例如,56135物流交易平台(即56135智慧流通网),是由长发集团长江投资股份有限公司投资建设的现代物流服务交易平台，可以为物流运输企业、制造业和贸易流通型货主企业提供车源查询、货源查询、运力查询等物流资讯服务，业务范围涉及海运、空运、仓储、货代、专线等方面。

（3）综合型物流信息服务平台。这类平台既支持物流信息的线上交易，也服务于园区管理及车源、货源的线下展示。例如，传化物流网服务于生产端，贯穿整个供应链长链，通过构建一张基于公路运输的智能运营系统网络，形成连接铁路运输、水路运输、航空运输的智能化体系，基于物流云图展示产业集群各要素的空间布局及协作效率，可服务于国家、区域、企业决策，进而推动产业集群进行再造和升级；再如，林安物流网以电子商务和网络公共平台为依托，采用网下实体市场和网上虚拟市场相结合的模式，整合国内物流行业资源，提供厂家和商家面向物流供应商的网络物流集中采购渠道、物流供应商面向厂家和商家的网络营销渠道、物流供应商之间的同行网络共赢合作渠道等多元化的物流信息服务。

5.3.3 电子商务物流信息服务基本盈利模式

电子商务物流信息服务的业务模式不同，服务目标不同，其盈利模式也千差万别。例如，就综合型物流信息平台而言，其盈利模式的关键核心点在于通过技术手段提供对称的物流供需信息，打通物流各个环节，提升服务水平，降低或消除物流服务中间费用，降低社会总体物流成本，因此可采用加盟模式或会员制模式盈利。现阶段电子商务物流信息服务基本盈利模式主要有以下几种。

1. 网络会员制盈利模式

通过网络会员实现盈利是各类物流信息服务平台普遍的盈利模式，物流信息服务平台为不同等级的会员提供不同的服务，并收取不同的会员服务费。

2. 在线租赁服务盈利模式

在线租赁服务盈利模式类似于云计算中的"软件即服务"模式，即物流信息服务平台把不同的服务模块明码标价，有需要的用户交相应的费用后即可使用。在物流服务平台发展初期，硬件租赁费在收入中占了绝大部分，随着平台的不断发展，信息服务费的比重越来越大。

3. 线下盈利模式

线下盈利模式的重点在于通过提供物流信息及品牌推广信息服务获利。物流信息服务平台线下部分的主要功能，一是提升物流园区管理水平，通过智慧停车、预约住宿及餐饮、财务管理等信息化技术手段,提升物流园区管理水平及物流配套服务;二是作为信息平台的线下延伸,对物流园区各个服务板块进行重新组合和设计互动,使园区内各业态都能良性发展及协调配合,提升物流园区用户的满意度和客户忠诚度,进而达到盈利目的。

4. 加盟模式

以物流园区为基础的物流信息交易平台可以和其他园区进行合作,输出信息系统及管理模式,收取一定的加盟费。通过加盟或合作,对各物流园区资源进行整合及优化组合,引导托运方和承运方将外地的相关物流业务及服务也放到当地的物流园区网络内,既能为客户提供标准化的物流服务,也能盘活整个网络内的园区运营,更可壮大整个物流网络及平台。

随着现代信息技术尤其是物流信息技术的不断进步和物流业务模式的不断更新,物流信息服务的盈利模式也必将更多样化。

5.4 电子商务平台与物流服务网络协同信息服务模式

协同应用已成为一种全新的、高速增长和最具发展潜力的领域。现代物流服务网络是一种基于信息共享、物流资源高度整合、高度协作的高层次的物流服务模式,电子商务环境下,物流网络与其他系统平台之间也存在协同应用问题。本书基于临港制造业用户在 B2B 电子商务市场上的物流服务需求特点,对整合 B2B 电子商务交易平台与物流网络资源的信息服务协同机制和对策进行了探讨。

5.4.1 电子商务平台与物流网络间的信息服务协同机制

目前大多数 B2B 电子商务交易平台(诸如中国制造网、环球资源、阿里巴巴 B2B 平台等)均侧重于提供交易信息服务,物流服务信息不足或严重缺乏,大大增加了制造企业产品交易的物流成本和时间成本。因此,探讨制造业企业会员(包括采购商、供应商)在 B2B 电子交易平台与临港物流服务网络之间的信息共享与沟通机制或物流信息服务协同运作管理机制,具有重要意义。

1. 关于物流服务网络与 B2B 交易平台协同机制的相关研究述评

协同机制是指不同系统运行过程中各系统内部以及各系统之间内在的相互关联、相互制约关系的总和。物流服务网络与 B2B 交易平台的协同机制则要研究物流服务网络系统与 B2B 交易系统之间相互关联、相互制约的关键要素及其相互间的关系与作用特征。目前有关物流服务网络与 B2B 交易平台协同机制方面的研究还十分有限。

国外的相关研究主要对企业间协调机制的类型等问题进行了探讨，如 Raymond 建立了面向网络服务的智能多代理协商系统，可以有效支持电子商务环境企业各方实现在线交易，并通过数学模型分析了各企业间的协商机制[1]；Gerber 等人从管理角度出发给出了电子商务环境下物流服务商与买卖双方企业为实现快速交易而需要的三类相关协调机制[2]；Gunnar 倡导中小企业与物流服务企业交换数据资源信息，并借助信息共享帮助 B2B 平台实现物流功能的整合[3]。至于企业间的协同机制的具体内容及实施办法，特别是物流网络与电子商务交易平台之间的协同信息服务等内容，则尚未深入涉及。

国内相关研究或单纯地针对物流服务网络的含义、构建等问题展开，或集中在物流企业间的协同服务、运行机制及影响因素等方面。代表性的成果有：李淑玲对物流网络协同服务的影响因素及其相关性进行了研究，从物流网络协同服务过程分析入手，归纳了物流网络协同的影响因素，采用 SPSS 分析各影响因素之间以及影响因素和协同效果之间的相关性，并通过实证分析明确了影响物流网络协同的主要因素[4]。在各种影响因素中，交流、信任、知识获取、契约正规化等因素对协同效果有较大的直接影响，相关度较高。顾波军对港口物流供应链及其柔性化运作机制进行了研究，分析了港口物流供应链实施柔性化运作的内在规律，提出从供应链运作理念、组织形式以及运作流程三个方面构建港口物流供应链柔性化运作机制的观点[5]。周凌云等对应急物流体系的建设与协同运作机制进行了研究，基于物流网络与系统工程视角提出了应急物流体系的建设思路与原则，探讨了应急物流体系的构成和运作流程，并基于协同理论分析了应急物流体系协同内涵，提出了应急物流体系协同运行机制[6]。王旭飞等开展了动态物流服务网络运行机制及利益分配研究，给出了动态物流服务网络的定义，结合其长期稳定运行的必备条件，重点研究了物流服务网络协同运行机制，同时基于利益共享、风险共担的原则，综合考虑企业的贡献、投入资源、承担风险等三要素，提出了比较合理的物流服务网络企业间利益分配方法[7]，为保证物流服务网络长期稳定运行创造了有利条件。匡敏等对建立铁路物流服务网络进行了思考，提出建立铁路物流服务网络需要考虑社会物流资源的可得性、对铁路服务网络控制能力、物流产业演变的趋势等问题，并对今后完善铁路内部组织网络、基础设施网络、铁路物流信息网络和铁路营运网络提出建议[8]。衣春光、鞠颂东开展了第三方物流服务网络研究,从讨论第三方物流服务网络的基本含义入手,对第三方物流服务的基本结构及其形成动因进行了深入分析,提出了第三方物流服务网络一体化运作体系,并分析了第三方物流服务网络的优势[9]。

此外,李金对河南电子商务物流服务网络的构建与优化进行了研究,试图找出河南电子商务和物流服务之间的内在结合点与变化特征,寻求电子商务背景下河南物流业走向现代化的适宜的技术方法和手段[10]。欧阳树生等针对钢铁供应链多方业务协同平台的协同技术展开了研究,设计了钢铁供应链多方业务协同平台系统总体框架,实现了贯穿钢铁供应链全程的覆盖供应链物流服务、贸易服务、交易服务、信息服务等各环节的协同商务模式[11]。张臻等开展了基于电子商务的应急物资采购方案研究,对于如何在电子商务的平台上实现应急物资采购,提出供应商的选择策略(体现在采购价格和质量的比较和选择上)[12],但对于后续的应急物资收集、配送中心等问题并未做研究。黄芳、秦迎林等分别对物流组织网络和第三方物流资源整合的风险问题进行了探讨,并尝试构建基于 BP 神经网络的风险评价模[13-14],但未涉及电子商务平台与物流服务网络间的协同风险问题。

综合已有文献可看出,目前对 B2B 交易平台及物流服务协同机制的研究还比较分散,围绕电子商务交易与物流配送一体化服务问题以及电子商务交易主体间如何有效地协同运作的问题,有影响的研究成果尚不多见。因此,以面向多个买方企业、卖方企业提供信息及交易服务的第三方电子交易平台和由物流组织网络、物流基础设施网络及物流信息网络三者有机结合而形成的物流服务网络体系为主体展开研究,探讨建立面向 B2B 电子商务交易平台、能整合社会物流服务网络资源、为企业提供"门到门"物流服务的协同信息运作机制,并对其运作中可能存在的风险因素进行分析,构建相应的风险预警模型,提供市场风险预警信息服务,对于推动 B2B 电子商务持续、稳定地发展,同时促进我国物流服务业降低运作成本、提升社会综合效益,具有十分重要的现实意义。

2. B2B 电子商务交易平台与物流服务网络协同运作机制研究

本书在已有的相关研究基础之上,结合 B2B 电子商务交易中物流服务需求的特点,基于协同理论,从 B2B 交易平台与物流企业协同发展的角度出发,探讨物流服务网络与 B2B 交易平台协同运作机制,建立一个业务协同模型——B2B 交易与物流服务协同运作机制概念模型(如图 5-1 所示)。

研究中把"物流服务网络"视为一个整体予以考虑,集中精力研究电子商务服务提供商与物流服务提供商之间的协同问题。对于物流服务网络内部各

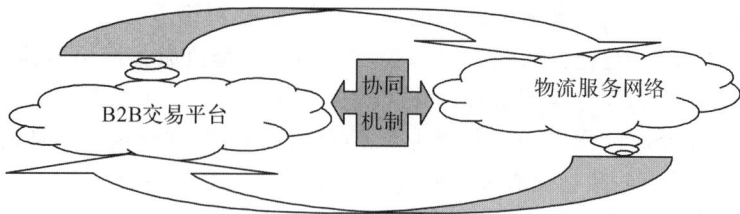

图 5-1　B2B 交易平台与物流服务网络协同运作机制概念模型

子网以及不同物流企业间的协同问题，公开发表的相关成果已做了大量研究（如前所述），本书在此不作探讨。

　　研究方法以多学科的理论和方法为支撑开展，综合运用协同学、管理学、经济学、系统科学、信息科学的原理和方法，研究 B2B 交易平台与物流服务网络之间的一体化协同运作机制，即把 B2B 交易与物流服务业务所涉及的各方作为一个有机整体，看成是由一系列相互联系、相互依赖、相互制约、相互作用的交易事项和服务目标所形成的大系统，充分把握其复杂的内在机理，分析研究信息共享机制、共同决策机制、物流一体化运作机制、激励和考核机制、利益分配机制等。

　　(1)信息共享机制。信息平台既是物流服务网络的基础网络之一，也是 B2B 电子商务交易平台的基础，在物流公司的业务实施和 B2B 电子商务服务过程中均占有重要地位。协同运作机制需要在信息互达共享的基础上实现，需要妥善解决如何在 B2B 交易平台与物流信息平台间建立起完善的信息共享机制等问题，才能实现物流服务网络内部信息的交互与共享、物流服务网络运营商与电子商务平台服务提供商之间的衔接以及信息网络与业务的结合。

　　(2)共同决策机制。共同决策要求 B2B 交易平台服务提供商和物流服务网络运营商从总体利益出发进行决策，在需求预测、仓储、配送等各个方面进行协同运作，实现整体利益最大化，而不是仅仅追究个体的最大利益。

　　(3)物流一体化运作机制。主要包括：集中 B2B 交易平台上买卖双方的物流服务需求，平衡内外供需情况；对配送中心实行统一管理；实现从供应商到需求方的"一票制"门到门的服务，减少中间环节的时间延迟，并实现配送总成本的最低。

　　(4)激励和考核机制。借助 B2B 平台与物流服务网络的中心数据库建立协同效果评价体系，完善考核标准和激励措施，鼓励对 B2B 电子商务与物流协同服务作出贡献的企业。

(5)利益分配机制。通过长效协议制订双方都能接受的合理的结算价格，并通过设立合理的利润目标和结算价格，促使协同系统中各方形成利益共同体，有利于各企业的可持续发展；通过有效调节手段，使 B2B 平台服务提供商与物流服务网络运营商之间达成风险共担、利益均沾的共识。

(6)风险防范机制。基于 B2B 电子商务交易平台与物流服务网络协同运作的风险因素，借助 BP 神经网络构建 B2B 交易平台与物流服务网络协同运作风险预警模型，并对所构建的风险预警模型进行 BP 网络训练和样本仿真测试。具体内容包括：①协同运作风险指标体系研究，包括主要风险因素分析、风险预警指标体系建立原则、风险预警指标体系框架的构建等；②基于 BP 神经网络的协同运作风险预警机理研究，主要包括基于 BP 神经网络的风险预警流程、BP 神经网络学习算法、推理过程等内容的研究[15-16]；③基于 BP 神经网络的协同运作风险预警模型设计，包括预警模型结构、预警学习机制、警情分析算法、报警信号输出等方面；④基于 BP 神经网络的协同运作风险预警模型的实现及检测，具体包括指标数据的采集、模型的程序实现、BP 神经网络的训练与检测等。关于 B2B 交易平台与物流服务网络协同运作风险预警模型研究的内容，将另文详述，本书在此不展开讨论。

5.4.2　电子商务平台与物流网络协同信息服务系统设计

1. 协同物流信息服务系统的业务流程分析

电子商务平台与物流网络协同信息服务系统(以下简称"协同物流信息服务系统")的整个物流业务流程都是围绕订单来展开，通过订单信息来确定物流服务的主体，按照订单的要求为客户提供货物配送、仓储和运输等物流服务，最后根据订单对物流服务业务进行结算。协同物流信息服务系统的业务流程如图 5-2 所示。

物流服务网络由服务于各个物流节点的物流平台运营商构成，通过系统地提供"资源整合、规范管理、服务提升"来创造价值，与客户共同打造一体化物流服务平台。

协同物流信息服务系统的核心是一体化电子商务系统，通过该系统实现平台内、外高度协同互动，建立起信息化系统的竞争优势，通过聚集与整合平台内、外的客户资源，大力拓展对外部企业及社会物流资源的低成本聚集与整合经营，形成信息化盈利模式，产生平台服务增值收益。

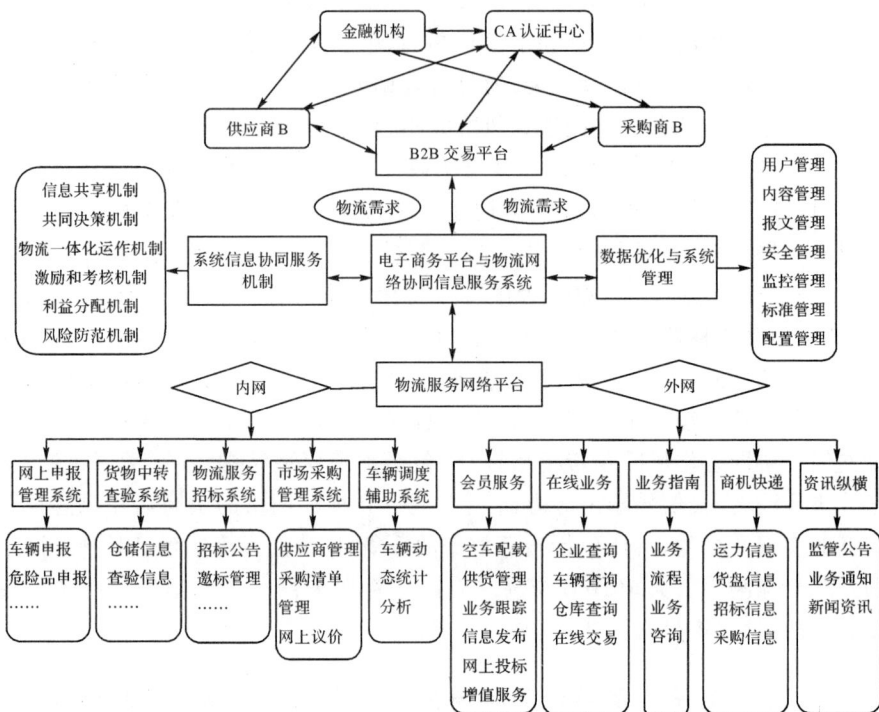

图 5-2　电子商务平台与物流网络协同信息服务业务流程

2. 协同物流信息服务系统的基本构成

协同物流信息服务系统由电子商务应用系统、信息统计整合系统、信息增值服务系统、数据传输系统、辅助决策系统、后台管理系统、安全管理系统等一系列子系统构成。

（1）电子商务应用系统。包括货物交易管理、物流配送管理、车辆进出管理等。通过平台实现物流信息的互动和有限信息的外部共享，针对物流园区的各项作业和各项事务管理，建立完整的信息处理和管理支持。

（2）信息统计整合系统。包括车位统计系统、仓储管理系统、车载定位系统、货物跟踪系统等。主要功能是：实现物流业务及运输资源的管理，包括单车营运成本的管理，运输计划管理；完善订单管理，为物流企业提供统一订单，提供用户整合的一站式供应链服务，提供增值数据分析服务，对系统内的货流方向、货品分布、货流趋势、运作成本等进行分析并提供辅助规划方案；完善客户管理系统，为物流企业建立客户资料、对客户实施分类管理、实施专家营销、帮助客户优化重组物流业务流程等。

（3）信息增值服务系统。主要从运力、运价、货种、货运量、市场占有率、货源预测、货主信息等方面提供分析数据，为物流业务伙伴和广大客户提供有效的增值信息服务。

（4）数据传输系统。负责电子单证的发送、数据转换、数据传输、数据接收、下载、复制与跟踪信息。

（5）辅助决策系统。在信息传输和信息增值服务的基础上，提供运力分析系统、箱量分析系统、单证流转效率分析系统和货主行为分析系统等。

（6）后台管理系统。包含角色定义、权限管理、动态信息流程管理、信息内容管理、栏目管理、主页风格管理、用户及日志管理、报文传输的存证管理、计费、统计、备份管理等。

（7）安全管理系统：提供以上系统管理中用户账号、口令、角色权限的管理，并具备 CA 认证和电子印章与数字签名等功能，为协同物流信息服务系统用户提供身份安全认证和必要的安信息安全保护。

3. 协同物流信息服务系统的主要功能模块设计

协同物流信息服务系统作为专业性的电子商务物流信息服务平台，以服务于电子商务交易平台和相关物流企业为基本任务，同时满足社会其他物流信息服务需求。因此，协同物流信息服务系统应包括如下主要功能模块。

（1）信息发布模块。主要包括行业信息发布与查询，车源、货源信息发布与查询功能。行业信息发布查询，即主要发布有关物流行业市场动态、道路实时变化、行业技能知识、各线路能提供物流服务的企业等信息。车源信息发布查询，就是为往来车辆提供信息交流的开放式平台，可发布车辆的车型、载重吨位、线路等基本信息，方便用车单位及个人获取车辆信息。货源信息发布与查询，就是对物流企业的货源需求，或是生产、商贸企业的物流服务需求信息进行发布，并提供信息查询服务，建立起供需双方的直接联系。

（2）在线结算模块。主要是对销售管理系统和采购系统所传送来的应付、应收账款信息进行会计操作并对配送中心的整个业务与资金进行平衡、测算和分析，编制各业务经营财务报表，并与银行金融系统联网进行转账。

（3）货物跟踪模块。建成基于 GPS 定位系统或北斗定位系统并辅以短信或手机查询功能的货物跟踪查询系统。

（4）车辆管理模块。车辆信息发布由专人进行审核，确保信息的专业性、准确性和权威性；信息查询则划分查询权限进行分级查询。同时，对会员车辆进行认证，审核车辆营运资质、车况、车辆运营记录等信息，进行重点推荐，便于需求方和供应方之间的有效结合。

（5）订单管理模块。该模块负责根据物流企业的具体情况对物流订单信息（诸如货物的收货人、运送地点、运输方式、交货日期、付款方式等信息）进行管理，并根据物流订单类型及特点等因素，确定订货提前期、订货周期等物流业务解决方案。通常把物流企业从执行订单到收到所订货物的这段时间称为订货提前期；而对于客户（供应商）来说，从发货到收到货物的这段时间称为订货周期。

（6）仓储管理模块。仓储管理是物流业务的核心功能之一，是企业在物流业务运作过程中的重要环节。高效的仓储管理运作，是整个物流系统高效运作的重要基础。仓储管理主要是对仓库的货物、库位等进行管理，包括货物入库与出库、库位的设置和货物存放、库存情况查询等功能。仓储管理要制定严格的管理制度和权限控制，保证仓储系统能安全、有序、高效地运作。

（7）配送管理模块。配送管理是根据客户订单的要求，制定经济可行的货物配送计划，是协同物流信息服务系统的重要功能。货物配送是否成功关系着整个物流业务是否成功，是完成物流业务的关键环节，对物流企业的市场占有率和信誉有重要的影响。

（8）运输管理模块。运输管理是采用各种经济有效的运输方式对货物进行运送。运输管理的主要任务是科学地对企业现有的运输资源进行优化配置，诸如运输工具的选用、运输方式的确定、运输路线的选择、运送时间的安排和运送批量的确定等，及时了解货物运输的相关信息，降低运输车辆的空驶率，提高车辆的运载效率，对货物运输的全过程进行控制和管理，提高每个运输环节的运作效率，从而达到降低运输成本，为企业创造最大利润的目标。

除此之外，协同物流信息服务系统还应具有广告推广、提供物流解决方案等更多的商务信息服务功能。

5.5　跨境电子商务物流信息服务业务模式

对于制造企业，尤其是外向型制造业而言，跨境物流是非常重要的环节，跨境电子商务物流信息服务既是这个重要环节中的关键，也是企业所面临的难点。电子商务环境下，制造企业生产的产品不仅仅通过批发销售，也可以在线零售，因此，物流及其信息服务模式也呈现出多样性特征。

5.5.1 邮政物流信息服务

邮政物流是指各国邮政部门所属物流系统,包括各国及中国香港邮政局的邮政航空大包、小包,以及中国邮政速递物流分公司的 EMS、e-Packet 等。邮政网络基本覆盖全球,比其他任何物流渠道都要广,因此,邮政物流信息服务在跨境电子商务物流方面具有先天的优势。跨境邮政物流信息服务主要通过万国邮政联盟①和卡哈拉邮政组织(KPG)制定的一些公约法规来改善国际邮政业务,发展邮政方面的国际合作。卡哈拉组织要求所有成员国的投递时限要达到 98% 的质量标准,如果货物没能在指定日期投递给收件人,那么负责投递的运营商要按货物价格的 100% 赔付客户。这些严格的要求都促使成员国之间深化合作,努力提升服务水平。例如,从中国发往美国的邮政包裹,一般 15 天以内可以到达。据不完全统计,中国出口跨境电商 70% 的包裹都是通过邮政系统投递,其中中国邮政占据 50% 左右。

1. EMS

EMS(express mail service)是中国邮政速递物流与世界各国及地区邮政合作开办的特快专递邮政服务,在各国及地区邮政、海关、航空等部门均享有优先处理权。EMS 跨境物流的投递时间通常为 3～8 个工作日,不包括清关时间。EMS 快递网站(www.ems.com.cn)可以为做跨境贸易的制造企业用户提供查看邮件投递过程信息、资费标准、体积和重量限制、禁寄范围等信息服务。EMS 跨境物流信息服务的主要优点是:投递网络强大,信息服务覆盖面广,具有优先处理通关信息权,一些特殊商品(例如药材、明胶等)可通过敏感货物通道进行处理。EMS 跨境物流信息服务的主要缺点是:速度比商业快递慢,适用于小件以及对时效性要求不高的货物,网站查询信息滞后,一旦出现问题只能做书面信息查询,查询时间较长。

2. ePacket

ePacket(俗称 e 邮宝,又称 EUB)是中国邮政速递物流开办的跨境电子商务物流业务,目前主要发往美国、澳大利亚、加拿大、英国、法国和俄罗斯。做跨境贸易的制造企业用户可以登录中国邮政快递网站(www.ems.com.cn)或拨打客服热线查询 ePacket 物流资费标准和物流环节等信息。ePacket 信息服务的特点是:不受理查单业务,不提供邮件丢失、延误赔偿,不承诺投递

---

① 万国邮政联盟是联合国下设的一个关于国际邮政事务的专门机构。

时限。

3. 中国邮政大包

中国邮政大包既包括航空邮政大包，也包括水陆运输的邮政大包。用户可登录网站(11185. cn/index. html)查询中邮大包寄达各国的资费标准、体积和重量等信息，登录网站(intmail.183. com. cn)查询物流环节。

4. 中国邮政小包

中国邮政小包是指重量在 2 千克以内(阿富汗为 1 千克以内)，外包装长、宽、高之和小于 90 厘米，且最长边小于 60 厘米，通过航空寄往国外的小邮包，可分为中国邮政平常小包和挂号小包两种。平常小包不受理查询，但能通过面单条码以电话查询形式查询到邮包在国内的状态；挂号小包提供的物流跟踪条码能跟踪邮包在大部分国家的实时状态，从事跨境贸易的制造业(即外向型制造业)企业用户可以成为中国邮政的协议客户向收寄邮政局申请大客户号，通过邮政内网(211.156.194.150/pydkh)进行查询，也可以登录中国邮政官方网站(intmail.183. com. cn)，以及其他一些社会网站，诸如一起跟踪网(17track. net)、赛兔网(www.91track. com)查询邮包的相关信息。对于以上网站未能展示出的信息，例如境外邮政的接收、投递信息等，制造业企业用户也可以尝试登录不同国家邮政的网站进行查询。

5.5.2 商业快递信息服务

跨境电子商务物流中常用的商业快递方式主要包括 DHL、TNT、FedEx、UPS、SF Express、Toll 等。这些国际快递商通过自建的全球网络，利用强大的 IT 系统和遍布世界各地的本地化服务，为中国制造业企业的海外客户带来极好的物流体验。需要说明的是，不同的国际快递公司具有不同的渠道，在价格、服务、时效等方面都有所区别。例如，通过 UPS 寄送到美国的包裹，最快可在 48 小时内到达。然而，优质的服务伴随着昂贵的价格。一般中国商户只有在客户时效性要求很强的情况下，才使用国际商业快递来派送商品。

1. DHL(德国敦豪快递)

DHL 可称得上是全球快递行业市场领导者，成立于 1969 年，可寄达 220 个国家和地区，涵盖超过 120000 个目的地(主要邮递区码地区)的网络，向企业及私人用户提供专递或速递服务，尤其对于寄往西欧、北美的邮件有优势。DHL 可全程跟踪信息，并可以查到签收时间和签收人名。用户可登录网站(www. cn. dhl. com)查询有关 DHL 的全程跟踪信息、资费标准、体积和重量限制等详细信息。

2. TNT(荷兰天地快运)

TNT 是一家全球领先的快递服务提供商,成立于 1946 年,在欧洲、南美、亚太(包括中国)、中东地区拥有航空和公路运输网络。TNT 快递一般货物在发货次日即可实现网上追踪,单件包裹不可以超过 70 千克,TNT 的资费标准包括基本运费和燃油附加费两部分,其中燃油附加费每个月会有变动。用户可登录 TNT 的网站(www. tnt. com)查询有关 TNT 的全程跟踪信息、资费标准、体积和重量限制等详细信息。

3. UPS(美国联合包裹服务公司)

UPS 是全球最大的一家快递承运商和包裹递送公司,成立于 1907 年。UPS 主要提供四种快递服务:一是全球特快加急;二是全球特快;三是全球速快(俗称"红单");四是全球快捷(俗称"蓝单")。其中全球特快加急资费最高,全球快捷(蓝单)的资费最低、速度最慢。用户可登录 UPS 的网站(www. ups. com)查询有关 UPS 的全程跟踪信息、资费标准、体积和重量限制等详细信息。

4. FedEx(美国联邦快递)

FedEx 成立于 1973 年,总部位于美国,在我国香港地区设有亚太区总部,同时在我国上海、日本东京、新加坡等地设有区域性总部。FedEx 在我国主要提供两种服务,一是中国联邦快递优先型服务(FedEx IP),二是中国联邦快递经济型服务(FedEx IE)。其中优先型服务时效快,一般为 2～5 个工作日,清关能力强,覆盖面广,可达全球 200 多个国家和地区;经济型服务价格比较优惠,服务时效一般为 4～6 个工作日,清关能力强,可达全球 900 多个国家和地区。用户可登录 FedEx 的网站(www. fedex. com. cn)查询有关 FedEx 的全程跟踪信息、资费标准、体积和重量限制等详细信息。

5. Toll(澳大利亚拓领快递)

Toll 是全球领先的综合物流服务提供商之一,成立于 1888 年,总部在澳大利亚。Toll 最高限重 15 千克,运费包括基本运费和燃油附加费两部分,针对到泰国、越南等亚洲地区的价格较有优势。用户可登录 Toll 的网站(tollgloobalexpress. com)查询有关 Toll 的货物在途信息、资费标准、体积和重量限制等详细信息。

6. SF Express(中国顺风速运)

SF Express 是我国领先的一家快递企业,1993 年诞生于广东顺德,目前拥有国内外 12300 多个营业网点,跨境物流通达美国、日本、韩国、新加坡、马来西亚、泰国、越南、澳大利亚等国家以及我国的港澳台地区。SF Express 主要提供四种快递服务,即"顺风即日""顺风次晨""顺风标快""顺风特惠",其中涉及跨境物流业务的是"顺风标快"和"顺风特惠"。用户可登录 SF Express 网站(www.sf-express.com)查询有关货物在途信息、资费标准、体积和重量限制等信息。

5.5.3　专线物流信息服务

跨境专线物流一般是通过航空包舱方式运输到国外,再通过合作公司进行目的国的派送。专线物流的优势在于其能够集中大批量到某一特定国家或地区的货物,通过规模效应降低成本。因此,其价格一般比商业快递低。在时效上,专线物流稍慢于商业快递,但比邮政包裹快很多。市面上最普遍的专线物流产品是美国专线、欧洲专线、澳洲专线、俄罗斯专线等,也有不少物流公司推出了中东专线、南美专线、南非专线等。

1. Special Line-YW(航空专线-燕文)

Special Line-YW 俗称燕文专线,是我国大型物流服务商,总部位于北京,目前辟有拉美、俄罗斯、印度尼西亚等航空专线。拉美专线直飞欧洲后快速中转,大大缩短了运输时间;俄罗斯专线实现一单到底、全程无缝可视化跟踪,正常情况下至俄罗斯 50 万以上人口城市的时间不超过 17 天,其他地区不超过 25 天;印度尼西亚专线经我国香港地区中转,采用香港邮政挂号小包服务,运输时间要短于其他邮政小包。用户可登录 Special Line-YW 网站(www.yw56.com.cn)查询有关货物在途信息、资费标准、体积和重量限制等信息。

2. Russian Air(中俄航空专线)

Russian Air 是一家专门从事中俄航空物流专线服务的企业,成立于 2013 年,总部位于我国哈尔滨,目前已开辟 Ruston(俄速通)专线。俄速通主要发往俄语系国家,推出的服务有俄罗斯航空大包小包、俄罗斯 3C 小包、乌克兰大包小包、白俄罗斯航空小包挂号、俄速通云仓哈尔滨边境仓、俄速通云仓莫斯科海外仓、俄速通 B2B 大货商品等。俄速通包裹的重量不得超过 2 千克,可全程跟踪,用户可登录网站(www.ruston.cc)查询有关货物在途信息、资费标准、体积和重量限制等信息。

3. Aramex(中外运安迈世)

Aramex 俗称"中东专线",是全球五大综合物流商之一,成立于 1982 年,总部位于迪拜,目前在全球 240 多个国家和地区拥有物流网络。用户可登录网站(www.aramex.com)查询有关货物在途的实时状态、资费标准、体积和重量限制等信息。

4. Posti Finland(芬兰邮政速优宝)

Posti Finland 是专门针对 2 千克以下小件物品推出的经香港口岸出口的特快物流服务,分为挂号小包和经济小包,运送范围为俄罗斯及白俄罗斯全境邮局可到达区域。速优宝具有在俄罗斯和白俄罗斯清关速度快、时效快、经济实惠等特点。速优宝的信息实现了与阿里巴巴集团旗下的全球速卖通对接,用户可以在订单详情页查询包裹实时状态,也可以登录俄罗斯邮政官网(www.russianpost.ru)或者白俄罗斯邮政官网(www.belpost.by)查询包裹在国外的实时状态信息。

5. 中俄快递-SPSR

中俄快递-SPSR 是俄罗斯最大的商业物流企业之一的 SPSR Express 提供的跨境电子商务物流服务,可经北京、上海、香港等地多条快递路线出境,运送范围为俄罗斯全境,重量不超过 15 千克。用户可以登录 SPSR 官网(www.spsr.ru)查询包裹在国外的实时状态信息,全球速卖通用户也可以在订单详情页查询包裹实时状态信息。

5.5.4 海外仓集货物流信息服务

海外仓集货物流服务指为卖家在销售目的地进行货物仓储、分拣、包装和派送的一站式控制与管理服务。确切地说,海外仓集货物流包括预定船期、头程运输、当地清关及报关、当地联系二程拖车、当地使用二程拖车运送到目的仓库并扫描上架、本地配送等环节。其中头程运输是指中国商家通过海运、空运、陆运或者联运将商品运送至海外仓库;本地配送是指海外仓储中心根据订单信息,通过目的地所在国家或地区的当地邮政或快递将商品配送给客户。

从事跨境电子商务的临港制造业企业可以自建海外仓,也可以利用第三方物流企业建立的海外仓,备货去海外为客户提供服务。拥有海外备货的企业,可以与第三方跨境电子商务平台合作,以改善海外用户的购物体验。第三方跨境电子商务平台一般会鼓励外向型制造企业设立海外仓,不但在信息服务平台上会对有海外企业特别标注,而且还会针对不同国家开展专场推介服务,同时在信息流量和信息搜索上给予优先考虑。

　　以上模式基本涵盖了当前跨境电商的物流信息服务模式和特征。对于从事跨境电子商务的临港制造业企业来说，首先应该根据所售产品的特点（尺寸、安全性、通关便利性等信息）来选择合适物流模式，对于大件产品（例如家具等）就不适合走邮政包裹渠道，而更适合海外仓模式。其次，要注意物流服务信息在淡季、旺季的变化情况，灵活使用不同物流方式。例如，在淡季时使用中邮小包降低物流成本，在旺季或者大型促销活动时期采用香港邮政或者新加坡邮政甚至比利时邮政来保证时效。最后，售前要明确向买家列明不同物流方式的特点，为买家提供多样化的物流服务信息选择，让买家根据实际需求来选择物流方式。

5.6　本章小结

　　本章在分析电子商务环境下物流信息的主要内容、基本特征、服务业务模式的基础上，着重针对目前大多数 B2B 交易平台侧重于提供交易信息服务，而物流信息服务不足或缺乏的状况，提出制造业 B2B 交易平台与物流服务平台之间的信息共享与协同服务机制，并针对跨境 B2B 电子商务国际市场的特点，提出为达成跨境交易的买卖双方提供国际物流资源整合服务的协同物流信息服务对策，最后系统地介绍和分析了目前跨境电子商务物流服务的主要业务模式及其信息服务特征。

参考文献

[1] RAYMOND YK. LAU. Towards a web services and intelligent a-gents-based negotiation system for B2B e-Commerce[J]. Electronic Commerce Research and Applications，2007，6(3)：260-273.

[2] GERBER A, RUSS C, KLUSCH M. Supply web co-ordination by an agent-based trading net work with integrated logistics services [J]. Electronic Commerce Research and Applications，2006，2(2)：133-146.

[3] GUNNAR STEFANSSON. Business-to-business data sharing：A source for integration of supply chains[J]. International Journal of

　　Production Economics,2006,75(1-2):135-146.

[4]李淑玲,吕高燕.物流网络协同服务的影响因素及其相关性分析[J].
　　物流技术,2011,30(6):62-65.

[5]顾波军.港口物流供应链及其柔性化运作机制研究[J].科技管理研
　　究,2011(3):120-124.

[6]周凌云,张清,罗建锋.对应急物流体系的建设与协同运作机制[J].
　　综合运输,2011(6):24-29.

[7]王旭飞,田帅辉,王振锋,等.动态物流服务网络运机制及利益分配研
　　究[J].华东经济管理,2011,25(5):115-118.

[8]匡敏,左琼,宗岩.建立铁路物流服务网络的思考[J].铁道货运,2010
　　(2):10-12.

[9]衣春光,鞠颂东.第三方物流服务网络研究[J].物流技术,2007,26
　　(1):11-13.

[10]李仝.河南电子商务物流服务网络的构建与优化[J].科技和产业,
　　 2008,8(6):22-24.

[11]欧阳树生,张志勇,高雪梅,等.钢铁供应链多方业务协同平台的协
　　 同技术[J].宝钢技术,2007(5):23-27.

[12]张臻,林国龙.基于电子商务的应急物资采购方案研究[J].物流科
　　 技,2009(6):137-140.

[13]黄芳,耿勇.事例式推理物流组织网络风险预警模型构建[J].物流
　　 技术,2009,28(3):92-94.

[14]秦迎林,李红艳.基于BP神经网络的第三方物流资源整合风险预警
　　 模型[J].统计与决策,2009(7):31-33.

[15]陈晴光.大宗商品电子交易市场风险的预警机理研究——基于遗传
　　 BP神经网络[J].浙江万里学院学报,2016,29(4):5-11.

[16]陈晴光,陈宇哲.遗传BP神经网络在大宗商品市场风险预警中的应
　　 用[J].计算机系统应用,2017,26(7):36-42.

第6章

电子商务信用信息服务

随着电子商务应用日趋理性化和向纵深发展，人们愈来愈关注电子商务中的信用问题，"信用经济"将逐渐取代"注意力经济"而成为推动电子商务持续发展的首要力量。电子商务信用信息服务是在电子商务环境下对信用信息的利用，其内涵和需求供给的内容与传统信用信息相比，都发生了很大变化。

6.1 电子商务信用问题产生的原因

信用是一个既属于道德范畴，又属于经济范畴的多层次概念。广义地说，信用是一种主观上的诚实守信和客观上的偿付能力的统一[1]。对企业而言，信用是企业间相互忠诚、信守承诺的意志和能力，是企业的一种经营文化。信用也是一种信息，信用只有通过信息展示才具有价值。

6.1.1 电子商务信用的内涵

电子商务中的信用包含社会伦理与契约关系两个方面的意义。具体地说，电子商务信用是指经济主体之间，以谋求长期利益最大化为目的，建立在诚实守信道德基础上的心理承诺与约期实践相结合的意志和能力，包括品格信用和资产信用两个层次。它是社会伦理意义上的信用在经济领域的运用和引申，即遵守诺言，实践成约，取信于人。

电子商务信用问题是一个复杂的系统工程，涉及法律、经济、社会伦理和技术等多方面。对于电子商务信用的内涵，可从以下既相互联系又各具差别的四个层次来理解。

1. 电子商务信用是一种心理现象

信用作为一种心理现象，其心理特征和基本表现就是信任和安全感。心理上的信任是一切信用活动形式的共同基础，是市场秩序和效率形成的前提。从这个角度来说，电子商务市场经济是一种以信用为基础和纽带进行生产、交换、分配、消费的经济形式，即信用经济。

2. 电子商务信用是一种能力

电子商务信用是指在电子商务交易过程中，交易一方以将要偿还的承诺为条件，获得另一方财物或服务的能力。从这个角度上看，电子商务信用一种无形资本，交易的实现过程也是信用的实现过程。

3. 电子商务信用是一种经济活动

电子商务信用的经济特征是信用资本化、信用法制化、信用社会化与信用现代化。电子商务环境下，由于有了新的交易手段与技术，经济主体可以更加方便和快捷地运用电子商务技术与手段进行信用交易，使经济得以日益信用化，构筑了新的信用活动平衡，促使信用机构与信用活动走向虚拟化，同时也推动信用衍生工具产生及其交易日益增长。

4. 电子商务信用是与信用相关的活动

电子商务信用除了与信用交易直接关联的各种心理、能力及经济活动外，还可以指与信用活动相关的其他方面内容，如电子商务信用关系、信用管理、信用制度、信用体系等。

6.1.2　电子商务信用问题发生的原因

电子商务信用问题发生的根源是信息不对称[2]。信息不对称是指当市场的一方无法知道另一方的行为或无法获知另一方行动的完全信息时，交易双方所掌握的信息是不同等的，亦即本书 2.6.2 节所说的电子商务信息服务中存在的"柠檬问题"。在电子商务市场环境下，不仅产品信息卖方比买方有优势，甚至交易双方对贸易伙伴性质的认识也具有不确定性，而且网上交易进入与退出的成本极低，在一定程度上会加大原本就存在的信息不对称程度。

现阶段我国电子商务市场中，普遍使用的两种交易模式都存在着信息不对称问题。第一种是"款到发货"模式，即首先由客户登录企业网站，选择并订购所需的产品或服务后，直接将款项汇给企业，企业在收到货款之后才将产品发送到客户手中或者为客户提供相应的服务。在这种交易模式中，客户和企业之间的信息是不对称的，企业处于信息的优势地位，而客户处于信息劣势地位，这里的信息主要包括企业的信誉水平、提供的产品或服务的质量以及企业的信息安全程度等。第二种是"货到付款"模式，即客户选择并订购产品或服务后，企业送货上门或为客户提供服务，客户在收到产品或接受服务后付款。在这种交易模式中，客户处于信息的优势地位，企业处于信息的劣势地位，这里的信息主要包括客户的支付能力和信誉水平等。

总之，电子商务模式虽然具有较高的信息传递效率，能够从一定程度上减少消费者信息搜寻的时间成本，但是由于网络的虚拟性带来了其他各种各样的问题，使得电子商务模式并没有完全解决市场中交易双方的信息不对称问题，相反有可能加剧信息不对称的程度。

6.2 电子商务信用信息的类型及其来源

6.2.1 电子商务信用信息的类型

电子商务信用信息是指信用交易主体在电子商务交易活动中产生的、与信用行为有关的记录，综合反映了受信方的信用状况，集中体现在履约能力和履约意愿两个方面，既包含了签约时的现期静态信用状况，也涉及信用合约规定时间内履约全过程预期的动态信用状况。信用信息具有真实性、完整性、目的性、时效性、动态性等特征，广泛存在于商业贸易、供销零售、金融甚至公用事业收费等领域，它反映了交易主体的信用能力和交易历史，是衡量和预测交易主体在将来交易过程中的守信愿望和守信能力的一个重要指标。

信用信息包括企业信用信息和个人信用信息两类。对于制造业企业而言，信用信息一般包含以下类型：

(1)反映制造企业信用能力的信息。主要指企业的资产规模以及生产扩张的速度、资产负债率和偿债能力、盈利水平和盈利产品等。

(2)反映制造企业信用行为的信息。包括企业履行各种订单合同的情况、执行国家的有关政策法规的情况、因违规违法受到惩处的记录等。

(3)其他公开信息。例如，企业的注册登记信息、公司名称代码、反映制造企业所在领域发展前景的信息，企业的投资战略与决策、企业的核心生产技术和管理策略、企业主要管理者的背景与履历等。

6.2.2 电子商务信用信息的内容来源

根据我国现阶段的情况,政府相关部门和商业银行掌握着制造业企业和消费者的大量信用信息。电子商务信用信息的主要来源包括政府部门、工商行政部门、司法部门、质监部门以及金融机构、税务机构、保险机构、大型电子商务机构等渠道(如图 6-1 所示)。

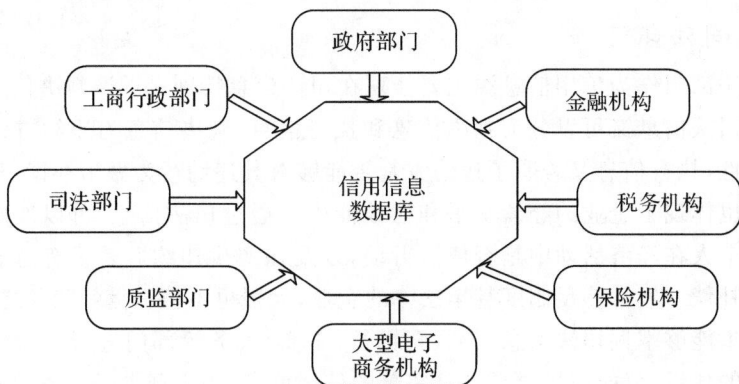

图 6-1 制造业企业及消费者信用信息的主要来源

1. 政府部门

信用信息是一个由政府信用、企业信用和个人信用组成的综合体系,其中政府信用尤其重要。政府信用信息的提供需要落实好政府相关政策法规和条例的实施与完善,保证合理规范的政务公开,为相关企业、机构及个人提供信息服务。政府机构还可以发挥信息平台的作用,将分散在不同部门和领域的信用信息集中到一起统一发布。政府信用信息的主要特点就是权威、准确,可信度高,但各项信息往往是概括性描述和介绍,在进行深度信用分析和评价时会有所欠缺。对于制造业信用信息服务而言,需要从政府部门采集的信用信息主要是政府自身从事信用活动所积累的信息,以及政府所掌握的制造业企业和消费者的信用信息。

2. 工商行政部门

工商行政管理部门掌握着最为详尽和全面的企业信息,包括企业基本信息和经营信息。企业的经营规模、所属行业、经营范围、经营地点、联系方式等信息均在工商部门登记备案。

工商部门也通过网站等渠道提供多种信息服务。例如，由国家工商总局创建的"全国企业信用信息公示系统(亦称国家企业信用信息公示系统)"于2014年2月上线运行，提供全国企业、农民专业合作社、个体工商户等市场主体信用信息的填报、公示和查询服务，公示的主要内容包括市场主体的注册登记、许可审批、年度报告、行政处罚、抽查结果、经营异常状态等信息。该系统公示的信息来自工商行政管理部门、其他政府部门及市场主体，政府部门和市场主体分别对其公示信息的真实性负责。

3．司法部门

司法部门作为信用信息源主要体现在司法信息特别是诉讼判决信息的披露上。司法信息又可以分为判决信息和执行信息，判决信息为违约方的违约行为定性，执行信息又表明了违约方是否能够对其违约行为做出补偿，从另一个侧面也体现了企业的经营水平和偿债能力。通过司法信息，可以准确了解企业及个人在经济活动中是否依法行动，以及在产生违约后是否有意愿和能力做出补偿。经常违反制度甚至法律的企业，无疑也不值得信赖和与之交易。

如果能够掌握司法信息，再联合银行、工商、税务等部门进行完善信用监察系统的建设，就能够提供更丰富完善的信用信息，为实现电子商务的安全交易提供更多的便利条件。

4．质监部门

技术质量监督部门掌握的关键信息之一就是组织机构代码。通过组织机构代码可以唯一标识和定位一个企业，这对于电子商务信用信息服务而言至关重要。因为信用信息服务机构在建立企业信用信息数据库时，需要对企业进行唯一标识，全国统一的组织机构代码无疑是合理的选择。

此外，质量监督部门的另一项主要工作是建立企业质量档案，对企业从事生产的资质进行认定，对企业的产品质量进行审核，制定企业产品质量信誉等级的评价方法，构建质量信用等级评价制度，对优秀企业进行奖励，对违规企业进行处罚。

如果说通过工商部门可以知道企业"做什么事"，通过税务部门可以知道企业"赚多少钱"，那么通过质监部门就可以知道企业的产品"做得怎么样"。例如，由中品质协(北京)质量信用评估中心有限公司、信网信用管理股份有限公司等单位发起创建的"全国企业征信系统(简称21315中品信用)"，是我国较早创建且具较高权威性的信用管理服务平台。21315企业征信系统汇集了全国50多个行业、2000多万家企业的基本信用信息，可提供信用查询服务，并出具有实用价值的企业征信报告，广泛应用于各级政府采购、招投标、投融资等领域。

5. 金融机构

信用是金融业的生命，金融活动和信贷交易是企业和个人最核心、最主要的信用行为。金融信用信息可以最真实最准确地反映一个企业和个人的信用能力和信用水平。银行在电子商务信用信息服务中起到重要作用，是电子商务交易中提供资金往来的基础手段。

金融机构的信用信息服务工作目前取得了显著成效。例如，中国人民银行组织建立的"企业信用信息基础数据库系统（简称企业征信系统）"是全国统一的企业信用信息共享平台，其日常的运行管理工作由中国人民银行征信中心承担。该数据库系统采集、保存、整理企业信用信息，为商业银行、企业、政府相关部门提供信用报告查询服务，其形成的企业信用报告除包含全国所有银行的信贷信息外，还纳入了公积金、环保、电信、法院等众多非银行信息，为货币政策、金融监管和其他法定用途提供有关信息服务。

6. 税务机构

税务机构所掌握的企业和个人纳税信息是衡量其信息水平最直接和较准确的依据之一。纳税金额的多少反映了纳税企业和个人的收入高低，纳税的及时情况反映了纳税企业和个人遵章守纪的意识。

中国国家税务总局在其官网上辟有"纳税信用 A 级纳税人查询"专栏，方便对正常纳税企业的基本信息和纳税信息进行合理有效地全面共享，对于提高信用信息服务的水平和质量有较大帮助。

7. 保险机构

保险机构可以提供有关企业的信用保险及其履约信息。信用保险（credit insurance）是以债务人的信用作为保险标的，在债务人未能如约履行债务清偿而使债权人遭致损失时，由保险人向被保险人，即债权人提供风险保障的一种保险。

通常情况下，信用保险会在投保企业的欠款遭到延付的情况下，按照事先与企业约定好的赔付比例赔款给企业。信用保险的投保人为企业而非个人。

信用保险信息对于开展跨境电子商务活动的外向型制造业企业而言具有显著意义，可以从保险公司理赔的情况侧面了解交易对手在以往的交易行为中给付货款的情况，从而判定其信用水平。

8. 大型电子商务机构

一些大型电子商务交易平台在其多年积累的客户数据中，也包含一些有关企业和消费者的信用评价信息。虽然这类信用信息的可信程度参差不齐，但必要时也可以作为电子商务信用信息内容的某种补充或参考资料。

此外，其他诸如公安、统计、海关、劳动人事、交通、证券、环保等方面有关企业信用信息的数据都可以作为重要信用资源。

6.3 电子商务信用信息服务需求及其影响因素

电子商务的信用信息需求，是伴随和规范电子商务行为的契约，是一种高层次需求。制造业企业电子商务信用信息的需求与其所属生产领域以及电子商务信用的类型有关，需求结构受电子商务发展的方向制约，需求量由网络经济发展的水平所决定，电子商务交易活动越深入复杂，其信用需求量也越大。

6.3.1 制造业企业电子商务信用信息的服务需求

制造业企业的电子商务信用信息服务需求，是其供应链上、下游相关业务伙伴（利益主体）在电子商务过程中的相互需求，大致可分如下几类：①能确保相关利益者的身份和可靠性的信用信息；②能确保产品质量的信用信息；③确保付款和售后服务可靠性的信用信息等。

以临港汽车零部件生产企业为例，与其发动机产品有关的信用信息需求为：

（1）敏感信息的机密性。包括产品技术信息与性能质量信息、企业客户或消费者个性化信息、付款信息等。相关利益主体可能需要这些被限制的信息，相关利益主体应按合同或承诺严守秘密，建立信用。

（2）关键信息的真实、完整性。包括付款信息和用于商业目的的信息，企业可能会需要这些信息以便内部使用。

（3）关键信息的及时性。在给定的时间内，关键信息（例如客户需要的产品信息）应该能够送达需求方。

（4）产品的合格性鉴定。产品的合格性鉴定信息应确保产品的质量、性能满足客户需求，并与合约描述完全相符合。

（5）付款信息的权威性。生产制造企业需要确信由客户（采购商或消费者)提供的付款信息的准确性和真实性。

6.3.2　电子商务信用信息服务需求的影响因素

企业信用是企业与外部交易者之间互动的结果[3],这种互动关系是企业在长期的社会交往过程中形成的,其形成过程和作用强度受到社会各方面因素的影响。影响企业信用形成的典型因素包括社会文化、社会经济制度、社会信息体系和市场环境。

(1)文化因素。文化是一个群体区别于另外群体的稳定的意识形态,一定的社会文化对其社会成员的态度和行为构成约束。文化对信用的作用主要表现在影响社会成员的认知和企业承诺的范围。例如,有学者认为,中国传统社会是一个以家族为中心的社会,家族文化导致对外人较强的不信任和对亲属圈的较高信任,造成了中国社会的低信任度[4]。这种低信任度使社会成员对企业信用的认知程度较低,不仅增加了企业信用形成的成本,也使得信用的价值降低,会对企业守信的意愿起反作用。再如,我国传统文化中"重义轻利""一诺千金""以诚待人"等价值观对企业信用的形成有积极的作用,但是我国文化中注重相互关系的社会特征、注重个人关系的交往方式,以及市场文化的缺失等,又可能使信用局限于个人小圈子,而不注重基于整个行业乃至整个社会的普遍信用的建立。

(2)制度因素。制度可以减少不确定性,影响人们对他人行为的预期。在企业信用形成过程中,制度的作用主要表现在以下方面:其一,在于影响企业承诺范围。例如,通过法律法规确定或限制一定的行为,使企业做出符合利益相关人利益的承诺;通过对消费者权益的界定,使企业必须做出相应的承诺。其二,制度的作用在于影响企业承诺的意愿。一定奖励和惩罚制度的建立,可以影响企业承诺的收益和成本,进而影响企业承诺的意愿。其三,制度的作用还在于影响人们的认知。例如,通过法律监督和惩罚手段,对企业行为构成威慑力,使人们形成基于法律的信任,提高认知程度。

(3)信息因素。信息的作用在于可以获得建立信任所需的知识,消除不确定性,进而影响企业的行为意愿。在信息较容易获得的情况下,人们对企业能力和动机可以做出比较正确的估计,信用的形成比较容易。而在信息成本较高或信息容易失真的情况下,人们不易形成对企业的认知,信用形成也比较困难。

(4)市场因素。一般来说,在一个较完善的市场中,公平竞争和诚信原则比较容易得到彰显。这是因为在完善的市场中，信息成本较低，交易方通过长期的博弈最终倾向于守信。反之，如果市场体系不完善，则信息成本较高，失信有时会更有利可图。同样，当市场竞争激烈、市场处于供大于求的局面时，企业随时面临着被竞争者替代而失去市场的危险，其行为受到竞争者和消费者的双重制约，企业倾向于守信；而当市场供不应求，企业产品颇有销路时，企业失信的可能性较大。

6.4　电子商务信用信息服务的内容与供给特征

制造业企业电子商务信用信息服务活动，本质上仍是一种信息咨询服务活动，是企业本身信息搜集活动的延伸。从信息服务市场较为完善的发达国家来看，在信用信息服务市场上与社会信用体系建设相关的信息服务机构主要有征信服务机构（包括企业与个人征信）和企业信用评级机构两大类。这两类机构的区别在于：信用评级公司提供的信用评级报告主要向社会公众公开，为公众决策提供参考；而征信公司提供的信用调查报告一般不向社会公开，仅提供给委托人供其决策参考。

6.4.1　电子商务信用信息服务的内容

电子商务信用信息服务的业务需要通过一定的内容来体现。研究信用信息服务的内容有利于明确在电子商务交易活动中可以提供哪些类型与形式的信用信息服务，以及如何更好地发挥作用以满足制造业用户的信用信息服务需求等问题。

电子商务信用信息服务活动主要包括两方面的内容：一是征信活动；二是信用评级活动。

1. 征信活动

征信是依法收集、整理、保存、加工自然人与法人及其他组织的信用信息，并对外提供信用报告、信用评估、信用信息咨询等服务，帮助客户判断、控制信用风险，进行信用管理的活动。征信活动也称为信用信息调查活动[5]，即通过专业调查机构针对企业或消费者个人的相关信用信息内容进行调查采集，并经过一定的加工处理，向委托方提供被调查方的商业信息和信用信息，以帮助授信人准确把握被调查企业或消费者的信用状况。

电子商务征信活动包括信用信息调查征集服务和信用信息加工服务两方面内容。

(1)信用信息调查征集服务。信用信息调查征集服务的主要内容是收集企业或个人在信用信息服务过程中所需的所有信用信息。例如,企业的注册信息、获利能力、偿债能力、经营管理指标、履约能力、发展能力;个人的身份识别信息、职业信息、以往交易记录等。数据的提供者主要是拥有大量信用信息的相关机构,如工商部门、税务部门、银行、海关和法院等,另外还应包括电子商务系统内部的认证中心、注册服务器和客户端提供的相应信用信息。

(2)信用信息加工服务。信用信息加工服务是整个体系结构的核心环节,主要负责对所采集到的信用信息进行一定程度的综合加工处理,形成企业和个人所需要的信息。信用信息服务提供者根据不同的企业类型,负责提供不同的信用模型,从数据服务提供者处收集相关数据,将信息加工处理后提供给企业使用。

2．信用评级

信用评级是信用服务的核心内容,影响大且作用明显。一般是信用评级机构接受被评估对象或第三方委托,对被评估对象的各项信用要素进行全面评估并判断信用等级。

信用评级服务可以由政府或其职能部门提供,作为政府管理和服务职能的一部分。例如,工商部门评定的重合同守信用单位、环保等部门评定的环境友好企业等。信用评级服务更多情况下是由专业化市场化的第三方信用信息服务中介机构所提供。信用交易中的企业也可以根据自己的实际需要,在企业内部建立独立信用管理系统,并提供给评估系统相应的信息,支持管理者的决策。例如,目前国内的商业银行在利用外部评级结果的同时,也采用内部的风险管理系统和评级体系对贷款申请人的信用状况进行评价,结合外部评级的结果对客户的信用程度和风险状况做出综合评估。

6.4.2　电子商务信用信息服务的特征

1．电子商务信用信息服务的主要目的

企业接受信用信息服务有两个主要目的:一是增加对交易伙伴和竞争对手的了解,降低信息不对称的程度,从而防范信用风险并提高效益。例如,商业银行发放企业和个人贷款前,必须查询企业和个人信用信息基础数据库作为发放贷款的依据。二是利用信用信息进行有关信用管理。例如,美国邓白

氏等大型信用信息服务机构可以为企业提供信用管理咨询服务，帮助企业研究客户的风险程度，采取不同的付款管理措施，提高账款回收水平，进而改善企业的经营能力。

2. 制造业企业电子商务信用信息服务的主要特点

电子商务环境下，制造业企业对信用信息服务表现出更强的依赖性，并且服务对象不受时空限制。由于制造业企业的电子商务交易活动可以在全世界范围内不受时间地域限制地进行，而对交易伙伴资质的考察、对产品品质的评定大多通过网络等间接形式实现，在这种情况下，交易双方都会尽量选择那些信誉较好的企业和个人进行交易。在电子商务交易流程的各个环节中，信用信息服务都起到了促进与推动的作用，主要表现在使得每个交易环节能够借助信用信息服务和现代网络通信技术在很短的时间内实现，并且突破时空地域的局限。

6.4.3　电子商务信用信息服务内容的供给形式

信用信息服务最主要的目的是降低信用交易过程中交易双方信息不对称的状况，提高信用交易的成功率。电子商务信用信息服务依托现代信息技术和网络环境，变得更加方便、快捷、标准、高效，服务内容的供给形式也变得更加多样化。我国电子商务信用信息服务的业务内容，主要包括信用信息基础数据库、企业和个人信用报告、商业信用调查、信用等级评定、信用信息管理咨询等供给形式。

1. 信用信息基础数据库

电子商务信用信息服务开展的基础是掌握完整准确规范的信用信息，并通过对信息的整理、归档和应用来消除信息不对称。因此，基础信用信息的征集和管理就成为电子商务信用信息服务的重中之重。目前对信用信息进行管理最有效的方法之一就是建立信用信息基础数据库，用以保存原始信用信息，并以此为基础对信息进行深层次加工分析。

许多大型信用信息服务机构都有其数据库作为提供优质服务、开拓新产品、开拓新市场的强大支持。例如，邓白氏拥有全球 8300 多万家企业信息的数据库；中国人民银行组织建立的企业和个人信用信息基础数据库，收录了超过 3000 万户企业和 6 亿多名个人的基础信息和信用信息，成为世界上最大的信用信息基础数据库。

信用信息数据库大多采用数据仓库的形式，是按照一定的数据模型，在计算机系统中组织、存储和使用的互相联系的信用信息的数据集合。它所收集和保存的信用信息是出于具体、明确、合法的目的,是准确、连续、动态、及时更新的,以可处理的形式存储。

信用信息数据库所存储的信息数量常常非常巨大,可以包含几千万甚至过亿条企业和个人信息。出于信用信息使用的目的,信用信息数据库必须提供至少一种以上的搜索原则,例如可以单条查询,也可以批量查询。信用信息在数据库中经常是以数据立方体的形式保存,以便从多个维度进行查询。

就信用信息数据库的内容而言,主要包括信用信息登记系统、负面信息报告系统、全面信息报告系统这三种应用模式。信用信息登记系统多实行会员制,信息提供者可以无偿地从数据库中获取信息,我国人民银行建立的企业和个人信用信息基础数据库就类似于这种模式;负面信息报告系统是出于保护企业商业秘密或个人隐私权的考虑,往往仅收集负面信息,而不允许征信机构利用正面信息来评价企业或个人的信用价值;全面信息报告系统一般从银行、保险、商业、法院等多个领域广泛采集信息,加工整理后形成信用报告或信用评分,向所有机构或个人开放,并收取一定的费用。

电子商务信用信息产品的重要特征之一就是在线服务,包括提供在线信用信息报告和在线信用评级等,而所有这些在线服务的前提和基础都是要建立大型信用信息数据库,在后台为其提供有效的数据支持。

2. 企业和个人信用报告

企业和个人信用报告是企业和个人信用交易历史的客观记录,是在广泛采集各类信用信息的基础上,将信用信息进行汇总整理,通过固定规范的格式予以展示的信用信息产品。企业信用报告的内容通常包括:企业名称、登记注册类型、组织机构代码、税务登记号、营业范围、员工人数、信贷记录、付款记录、诉讼记录、财务状况、进出口记录、主要经营者履历等信息。个人信用信息数据库则主要收集、储存并提供个人身份、学历、工作经历、收入水平、信贷交易、缴纳费用、诉讼判决、抵押登记等方面的信息。提供信用报告的数据库要具有数据量大、信息齐全、信息更新较快等特点,目前国内只有中国人民银行建立的企业和个人征信系统满足这个条件,每天可为全国各金融机构和有关部门提供数百万次信用报告查询服务。

3. 商业信用调查

随着企业信用意识的不断提高以及政府部门信用信息渠道的逐步开放,信用调查行业也逐步走向成熟[6]。越来越多的企业认识到商业信用调查的重要性，开始委托专业调查机构，在进行重要交易前对交易行业或交易对象的相关情况进行调查了解，以降低交易风险。

目前信用调查的主要方式之一就是借助互联网，调查某行业或某产品在商业运行和电子市场交易中的规模、价格、服务、竞争等方面的总体走向和趋势，并为委托调查者提供总体分析报告。在线信用调查也可以理解为深度信用报告，但与企业信用报告不同的是，调查的对象主要是行业与产品。由于企业的交易活动具有相对的稳定性和专业性，在同一个行业范围内，企业的信用资料较为集中，因此，以行业为主的在线信用调查是电子商务信用信息服务的另一重要形式。

4. 信用等级评定

信用评级属于信用信息增值服务范畴[7]，由专门从事信用评价的社会中介机构提供。在线资信评估是对企业持续经营期间的经济活动情况进行追踪分析，并对信用档案的记录与移交、管理与评级、披露与使用及评级机构与被评级企业的责任与权益做出明确的规定。在经济计量技术基础上建立信用评级系统，利用量化模型提供客观的信用统计数据。目前中国人民银行共批准了9家信用评级机构，包括中国诚信、大公、远东等公司；COFACE提供的@rating是全球唯一的电子商务信用管理的评级系统。

5. 信用信息管理咨询

信用信息管理咨询是更深层次的信用信息服务供给形式，它主要为广大企业提供系统完整的信用管理咨询顾问、内部培训和信用信息化管理服务，帮助企业真正提高信用信息管理的能力，对企业内部的信用信息进行系统整合，对外部市场的信用信息进行甄别判断，提高企业在复杂电子商务环境中的经营能力。

信用信息管理咨询工作已经成为提高企业信用管理水平，改善信用信息服务的有效途径和重要手段，将在未来得到广泛发展。目前标准普尔、穆迪、惠誉等国际知名的信用评级公司都在中国开设有分支机构，并开始提供专业的信用信息管理培训与服务。

6.5 电子商务信用信息服务的组织机构类型

信用信息服务的提供者主要来自专业的信用信息服务机构。信用信息服务机构是专门为信用交易双方提供客观、公正的信用信息服务的独立、中立、公正的第三方服务机构,具有知识密集和技术密集的特点。

电子商务信用信息服务的组织机构类型,大致可分三类:个人信用信息服务中介机构、商业市场上的企业资信服务机构、资本市场上的企业信用评级服务机构。

6.5.1　个人信用信息服务中介机构

从事个人信用信息服务业务的信用中介机构属于个人消费市场评估机构,其征信对象为消费者个人。目前在全球比较著名的是美国的全联(Trans Union)公司、Equifax 公司和英国的益百利(Experian)公司,这 3 家信用信息服务机构都拥有覆盖全国的庞大信用信息数据库和众多的信用管理人员。在中国还没有专门的商业性的个人信用信息服务机构,只有一些信用服务公司开展了类似的个人信用服务,其中上海资信有限公司较早地开展了个人信用报告的查询服务。

我国个人信用信息服务主要由政府部门提供,中国人民银行建立的全国个人信用信息基础数据库收集了全国所有商业银行的个人贷款和信用卡信息,以及一部分地区的住房公积金信息、法院执行信息、税务缴费信息、电信缴费信息等,成为中国覆盖面最广,信息量最大的个人信用服务机构。

近年来少数消费者个人信用信息服务机构也不断拓展信用信息服务市场,越来越多地涉入中小制造企业的资信调查和评级评估业务。

6.5.2　商业市场上的企业资信服务机构

商业市场上的企业资信服务机构是对各类企业进行信用调查、信用评估等资信服务的信用中介机构,包括商业市场评估机构和商业征信机构。其中,商业市场评估机构的评估对象主要为各类大中小企业;商业征信机构是指依法设立的从事征集、披露、使用信用信息和从事资信调查、信用评估、信用担保、信用保险、信用咨询、保理等业务活动的企业法人。

现阶段与制造业企业信用信息服务业务关系密切的主要就是企业资信服务机构。例如,美国的邓白氏公司是美国乃至世界上最大的全球性企业资信服务机构,主要进行两种信用资信服务业务:一是为企业之间交易时需对企业作信用信息服务;二是为企业向银行贷款时对企业作信用信息服务。这两种业务都与制造业企业所需的信用信息服务密切相关。

6.5.3　资本市场上的企业信用评级服务机构

资本市场上的企业信用评级服务机构是对国家、银行、证券公司、基金、债券及大型上市公司的信用等级进行评定的信用中介机构。信用评级公司的主要功能就是对企业进行信用评级，帮助投资者分析其购买有固定收益证券时的相关信用风险。

目前，在全球比较权威的有穆迪、标准普尔和惠誉公司。在中国，已经有大公、联合资信、上海远东等一些大型的资信评级公司开展债券评级和企业信用评级工作，少数大型制造业企业需要资本市场评级机构提供的信用信息服务。

需要强调的是，信用服务业务体系是一项复杂的系统工程，信用信息服务机构所提供的服务产品也越来越多样化，应以信用法律法规为依据，以信用专业机构为主体，以合法有效的信用信息为基础，以解决市场参与者的信息不对称为目的开展各项信用信息服务业务，形成守信者得到利益，失信者付出代价，保证市场经济公平高效运行的社会机制。

6.6　电子商务信用信息服务的运行机制

电子商务信用信息服务涉及多个领域，受到很多因素的影响，要想稳定健康地发展，需要从运营机制上为其提供有效保障，同时设计合理的业务流程。运行机制是指系统运行过程中各环节内部以及各环节之间本质的内在的相互关联、相互制约的工作方式的总和。电子商务信用信息服务的运行机制包括共享机制、激励机制、约束机制、驱动机制等，可以使电子商务信用信息服务活动协调、有序、高效地运行，增强服务系统的内在活力和对外应变能力。

6.6.1　电子商务信用信息服务的共享机制

电子商务信用信息资源共享是指在电子商务环境中，信用信息服务机构之间通过各种合作形式实现对不同信用信息资源的共同利用，让有限的资源最大限度地发挥利用效率，从而更好地满足用户需求。

1. 电子商务信用信息服务共享机制的内容

电子商务信用信息资源共享机制内容主要包括共享信用信息资源的提供

者以及相关的利益补偿措施。现阶段我国共享信用信息资源的提供者主要有：由掌握着信用信息资源的各事业单位或大型企业提供；由从事完全市场化经营的信用信息服务中介机构提供。

对于信用信息资源共享采用市场化运作的各事业单位，则应在不以盈利为目的的前提下以有偿服务等形式获得相应的利益补偿。对于从事完全市场化经营的信用信息服务中介机构，因为是完全以盈利为目的，也就不存在利益补偿的问题；对于不采用市场规则运作，在信用信息资源共享业务中对用户提供无偿服务的信用中介机构，仍然需要利益补偿，作为共享的长效驱动机制，不过，补偿费来自于用户以外的政府或其他单位。总之，作为平衡多方利益关系的补偿措施，利益补偿的范围和限度应具体问题具体分析。

2. 电子商务信用信息服务共享的特征

电子商务环境下，信用信息服务共享的环境、方式、主体、客体等方面都有了很大的变化，具有显著的特征。

(1)共享环境的复杂性。电子商务环境下，信用信息的来源广泛且类型多样，不同类型的信用信息在表述、格式、流动速度、使用方法等方面都存在诸多差异，要想将这些不同类型的信用信息资源有效地进行整合与共享，需要针对各类资源的特征进行深入研究，并采取措施对多种信用信息资源的开发利用进行统筹安排。

(2)共享主体的多元性。共享主体是指共享实践活动的承担者，一般包括相对独立的组织团体和个体。共享是在两个以上主体之间实现的。电子商务环境使得资源能够在更大范围共享协作，电子商务交易的监管方、参与方等多种利益主体都能够参与到信用信息资源的共享与利用中来。

(3)共享客体的"两权"分离性。"两权"分离即资源所有权与使用权的分离。电子商务交易的特点使得网络环境下参与信用信息共享的各方不必拥有所有信用信息的所有权，只需要根据自身实际需要，付出缴纳租金、支付费用等代价，就能够获得大量信用信息的使用权。固定数量的信用信息可以被众多的利益主体使用，成倍地发挥作用，从而体现出信用信息资源共享的价值。

(4)共享方式的合作性。在电子商务交易中，信用信息共享利益主体之间由于存在经济利益、时空安排等方面的差异，导致共享各方在共享实施过程中产生矛盾冲突。各利益主体只有在维护共同利益的基础上，采取合作方式，求得相对的统一和协调，才能使共享可持续地进行。

3. 信用信息服务共享的影响因素

在信用信息资源共享过程中，会受到各主体的共享意愿、风险程度等因素在不同阶段、不同程度上的影响。

（1）共享意愿的影响。电子商务市场中，掌握信用信息资源的各个部门之间存在一定的利益冲突，一些部门通过独占信用信息还可以创造垄断利益，这些都会影响其共享信用信息的意愿，并对信用信息的实际共享程度和效果产生影响。

（2）风险程度的影响。电子商务环境下，掌握信用信息的主体在将所掌握的信息进行共享时，会付出技术、时间等方面的成本，而共享之后得到的收益又存在不确定性，如果利益主体担心收益无法弥补成本，会在一定程度上影响利益主体的共享积极性。

此外，各主体之间的利益平衡因素对信用信息资源共享也会产生影响。一旦情况发生重大改变，打破了共享赖以维持的利益平衡关系，资源共享将会终止或重新达成新的共享协议。

4. 建立电子商务信用信息服务共享机制的策略

电子商务信用信息服务共享机制的建设是一个长期的过程，完善我国制造业信用信息服务共享机制可以从立法、组织管理、政策资金支持等方面入手。

（1）加快基础信用信息共享机制的立法工作。一是以法律的形式明确企业数据信息开放的范围，即界定哪些数据可以开放，哪些是涉及个人隐私的数据必须保密；二是法律应强制性规定掌握征信数据的部门必须向社会开放其基础数据，相关部门拒绝开放时，必须提供拒绝的理由；三是法律要对基础数据的传播范围和使用目的作出明确规定；四是对不按法律规定提供基础数据的部门应明确其法律责任。同时，为了提高法律的可执行性，各项法律条款和附则都应指出执法机关及其责任、权限。

（2）明确电子信用信息共享机制的组织形式和管理方式。由于基础数据源涉及多个单位部门，必须对信用信息资源共享机制的组织形式和管理方式作出深入研究和安排。例如，根据我国现阶段的法律法规状况，可间接联合征信机构，从信用信息服务中心征集信用信息，协调政府相关部门获取基础数据。

（3）政府部门提供必要的政策和资金支持。由国家拿出部分资金鼓励各相关部门按一定的技术标准建立全国的数据交换中心，通过利益驱动实现基础信用信息共享。

此外，交流沟通有利于解决信息资源共享中的制度缺陷问题或制度外存在的问题，便于协调和满足不同利益诉求，它具有灵活性、及时性等特点。有效的交流沟通,并不一定要拘泥于某种形式,可以是双向沟通,也可以是多方交流,但必须建立和完善利益表达机制,让各方面的利益要求获得及时充分而有效的表达,并通过及时协商和谈判得到满足。

6.6.2 电子商务信用信息服务的激励机制

电子商务信用信息共享直接促进了信用信息资源的优化配置,扩大了可供消费的信用信息资源的总和,也就是美国经济学家范里安在团体消费模型中所说的消费集扩大,即合理的信息资源共享是一个互利的行为[8]。为实现信用信息资源的共享,除提供必要的政策和资金支持之外,还需要建立有效的激励机制。

1. 利益平衡是电子商务信用信息服务的基本激励机制

电子商务信用信息服务涉及多个环节,是一个复杂的利益链条,任何环节的利益关系都必须兼顾,只有通过建立激励机制,为信用信息的提供者与使用者创造利益,达到多数环节都令人相对满意,才能实现整个体系的稳定与利益平衡。

电子商务信用信息服务体系中,各利益主体的多重性及其对立与冲突是利益平衡机制存在的深层原因。由于电子商务交易具有空间跨度大,交易各方缺乏直接交流等特点,利益关系的复杂性和矛盾性更加突出,在交易各方之间进行协调就必须把握好平衡的动态性,并遵循权利与义务对等、效益与公平均衡等根本原则。

2. 电子商务信用信息服务激励机制的建立措施

建立电子商务信用信息服务激励机制应当围绕利益均衡展开,具体可以采用利益协调和利益补偿等措施。

(1)利益协调。电子商务信用信息服务中的各信用中介机构可以采用成立信息交流中心、建立网络交流平台等形式,推进信用信息资源的共享。可以考虑的方式:一是建立一个信息仓库,各信息共享成员网站之间可以通过互联网或内部网络接口联通形成统一的网络查询平台,成员随时把应交流的信息发送到网上,也可以随时查询别的成员发布的信息;二是有限开放内部信息资源,各信息共享成员之间可以在一定的权限内相互登录对方网站查询相关电子商务信用资料,但要注意在信息资源开放的限度上需要具有对等性,参与各方都要严格遵守已经达成的协议或约定。

(2)利益补偿。利益补偿是对那些在信用信息共享过程中付出较多成本和努力的单位进行物质和利益方面的"奖励"，以维护其参与共享的积极性。信息资源共享的有偿服务包括两个方面：一是成员单位内部之间采取优惠方式，以成员单位为主体付费，年终结算；二是各成员单位对用户实行区别式有偿服务，即各成员单位对其内部用户提供免费服务，对社会用户提供有偿服务。由于这种有偿服务的补偿性使得"输出"多的成员单位能够获得一定的利益补偿和回报，而"输出"少的单位虽然付出一定的费用，但用较少的资金获得较多的信用信息资源，也是有利的事情。

6.6.3 电子商务信用信息服务的约束机制

电子商务环境下，信用信息服务的主体较多且复杂。就制造业而言，各主体所属生产领域、性质、参与目的各不相同，如果没有行之有效的机制进行约束，难免会出现个别企业出于自身私利，采取非法或不合理的方式获取和利用信用信息资源，以致对其他主体的合法利益造成损害的现象，因此必须对所有参与主体进行有效约束。

1. 电子商务信用信息服务约束机制的内容

主要内容包括信息隐私权和商业秘密两大方面。

(1)严格信息隐私权。在电子商务信用信息服务体系中，信用信息服务中介机构在征集企业与个人信用信息时必须要保证信息所有者的保密权、支配权、知情权、更正权和维护权。其中，信息保密权是指企业和个人有权隐瞒其信息，使其不为他人所知；支配权指企业和个人可以自主支配其信息，自主决定允许或不允许他人知悉和利用其信息；维护权是指当信息被不当泄露或被侵害时，企业和个人有权寻求司法救济。我国目前对企业和个人隐私的保护还没有明确的法律规定，需要进行完善。

(2)严格商业秘密。商业秘密是指不为公众所知悉、能为权利人带来经济利益、具有实用性并经权利人采取保密措施的技术信息和经营信息。电子商务信用信息共享意味着在电子商务环境中，一个企业的信用信息会通过一定的途径或渠道为其他企业所获得，如果信用信息中包含了某些商业秘密，那么在信用信息实现共享的同时就可能造成企业商业秘密的泄露。例如，在制造业电子商务信用信息服务过程中，企业采购计划、供应商清单、销售计划、销售方法、会计财务报表、分配方案等可能涉及商业秘密，处理时需要非常慎重，严格按照法律法规和道德规范的要求进行。

2. 建立电子商务信用信息共享约束机制的措施

建立电子商务信用信息共享约束机制的主要措施包括：

(1)明确信用信息的范围与限制。电子商务信用信息服务机构虽然可以利用统一的信息交流平台，分享在业务经营过程中通过各种渠道收集的信用信息，但是对于何种信用信息可以采集，在采集过程中应该遵循何种准则都需要明确与规范，尤其是需要对客户个人隐私权(包括个人生活安宁权、个人生活情报保密权、个人通讯秘密权、个人隐私利用权)进行妥善保护。电子商务信用信息服务过程中的任何信息征集、信息利用行为都不能侵犯这些权利，否则必定会受到法律的制裁。

(2)建立信用信息利用的合理机制。电子商务信用信息服务相关机构之间虽然可以共享企业和个人的信用信息，但其使用也需要受到一定条件或机制的制约。例如，建立明示机制、退出机制、选择性加入机制、描述机制等。明示机制是指信用信息服务机构必须事先明确告知企业和个人将要搜集、整理并储存其基本数据，包括数据的采集方式、储存及保证方式、使用范围和目的等，并公告承诺对客户资料的保密；退出机制是指信用信息服务机构负有保证企业及个人信用信息数据完整性和准确性的义务，企业和个人有权利对信息进行修改更正，或者要求进行删除；选择性加入机制是指信用信息服务机构对信用信息的使用必须得到企业或个人的同意，除非经过同意、授权或是受制于其他法律的规定，一般不能将非公开数据透露给其他机构；描述机制是指信用信息服务机构在利用信用信息数据资料时，必须做相应的描述，需要定期和不定期地告知客户信用信息服务机构如何运用信息以及其他组织如何获得信息等。

6.6.4　电子商务信用信息服务的驱动模式

电子商务信用信息服务需要合理的驱动模式才能持续顺利地运营[9]。从世界各国社会信用信息服务体系建设的实践过程来看，政府主导的公共信用信息服务和市场化的民营信用信息服务各自具有不同的业务特征和功能优势，相互间的有效协调与必要支撑，有利于信用服务行业的持续健康发展。制造业电子商务信用信息服务也可以借鉴这两种驱动模式。

1. 政府驱动模式

电子商务信用信息服务的政府驱动模式是指政府在企业信用信息服务中居于主导地位，信用信息服务主要由政府发起组织，信用信息资源也主要掌握在政府部门手中,信用信息在不同部门和领域中的共享是通过政府的行政推动来实现。

许多发展中国家在信用信息服务发展初期采取的都是政府驱动方式[10]。政府驱动模式主要有以下 3 个特点:

(1)计划性强且见效较快。由政府推动开展的信用信息服务属于"自上而下"的行为,在开始之前可以根据实际情况和需要进行总体规划,制定相应的实施方案和步骤;在开展过程中也体现出较强的计划性,对于各个方面的整体情况掌握较为全面,可以有针对性地取长补短,将信用信息和相关资源在不同部门和领域之间进行统一分配,力争实现效益的最大化。因此政府驱动模式的信用信息服务可以较快速地收到成效。

(2)影响范围与政府管辖范围紧密相关。政府驱动模式的信用信息服务,其影响范围与政府的管辖范围受政府的管辖范围影响。政府管辖范围越大,权限越高,信用信息服务所获取的信息就越全面,服务的影响范围也越广泛。如果是国家政府或省市一级的政府组织的信用信息服务,通常采取行政命令推广的方式,在政府管辖的各个社会领域发挥作用,影响范围比较广。例如,中国人民银行建立的企业和个人信用信息基础数据库,要求全国所有开展业务的金融机构必须参加,就能够比较顺利地实现全国联网运行。

(3)投入成本较大。政府驱动的信用信息服务往往是大规模、综合性的信用信息服务,涉及多个部门,信息数量多,数据库规模大,需要投入很大的人力物力成本。

(4)存在一定的副作用。主要表现在两个方面:一是弱化了市场在社会信用资源配置中的基础性作用,有可能造成信用服务机构相互之间的不平等竞争;二是信用中介机构过度依赖政府部门的支持,受经济利益驱动的影响,往往很难担负起应尽的社会责任,有可能降低信用中介服务市场可持续发展的活力。

一般来说,政府驱动的信用信息服务模式适合于信用服务行业发展时间短、信用信息的流动性和共享程度较低、很多信息依靠商业机构根本无法获得的情况。

2. 市场驱动模式

市场驱动模式是指市场规律在企业信用信息服务中居于主导地位,信用信息服务主要由商业性的中介机构发起,信用信息由专业机构通过多种渠道采集并根据不同需求进行加工,形成信用等级、信用报告等不同的信用信息产品提供给不同的客户使用。

市场驱动模式具有以下特点：

（1）服务针对性强且产品丰富。市场驱动型的信用信息服务是一种"自下而上"的模式，不同类别的信用信息服务机构分工比较明确，一般会针对不同的市场需求，提供种类丰富、形式多样且专业性较强的信用信息产品。

（2）工作效率高且投入成本小。商业性信用信息服务机构以盈利为目的，要求用最小的成本获得最高的收益，因此需要不断提高信用信息采集和分析的效率，提高信用信息产品服务的质量。为适应竞争需要，专业的信用信息服务机构可以根据市场需求快速推出相应的产品，对获得的信用信息进行深入挖掘以提高信息的利用程度和产品质量。

（3）需要成熟的市场条件。信用信息服务的市场驱动模式需要有比较成熟和完善的市场，市场中的企业对于信用信息的需求意愿比较强，使用水平比较高，有了需要才催生了产品的供给，反过来供给又推动了更多的需求。如果没有完善的市场机制，即使信用信息服务机构可以提供完善的服务，但作为使用方的企业却无法高效利用信用信息产品，在这种情况下就会限制市场的发展。

（4）需要配套的信用法规和信用制度保障。市场驱动模式下的信用信息服务对信用法规、信用制度、信用意识有较高要求。例如，美国的信用服务市场化程度较高，除了其整个经济水平和市场化程度较高外，还具有非常完备详尽的法律规定，企业和个人也具备了一定的信用意识，这些外在条件催生了其发达的信用信息服务行业。

总体而言，市场驱动的模式更加有利于信用信息服务市场和行业的发展，也是信用信息服务行业发展的更高级阶段。

6.7　电子商务信用信息服务的业务管理

电子商务信用信息服务的管理也是信用信息服务的重要内容之一。下面从电子商务信用信息服务的管理制度、管理机理、业务流程方面对电子商务信用信息服务管理模式进行探讨。

6.7.1　电子商务信用信息服务的管理制度

信用制度是指为规范和约束信用主体行为和关系的一系列规则及合约性安排。市场经济是以契约化交易为主要特征的经济制度，信用信息服务市场以提供信息服务、完善契约交易为目的，从这个意义上讲，我们可以认为信用制度是契约化交易的基础。

1. 电子商务环境下信用制度的供给与需求

在电子商务活动中，信用以多种形式和工具为依托，逐步渗透到了社会经济生活的各个领域。电子商务市场的发展对于信用的要求越来越高，但电子化的交易和支付在提高交易规模和效率的同时，也增加了信息不对称的程度和信用风险[11]。因此，电子商务对于保障交易安全的信用制度提出了强烈的需求。

电子商务信用信息服务行业需要建立能有效运行的信用管理制度体系，以专业的信用信息服务中介机构为主体，通过征信活动即信用信息的收集、加工以及监督市场中的信用交易行为，有效地打破市场参与者的信息不对称性，为电子商务信用机制的有效运行提供信息基础和组织保障，从而使整个社会信用水平得到提高。

例如，信用信息服务中介机构一般采用市场驱动的运作模式，即对市场主体的信用信息依法依规进行采集，按照客户的特定需求进行加工，将其制作成信用信息产品并进行出售以获得相应的收益。

2. 电子商务信用信息服务制度的组成

制度亦即行为规则，是指人与人之间发生经济关系、进行交易活动的某种特定方式。信用制度是指与信用相关的个人、组织等各方之间发生信用经济关系、进行信用交易活动的行为规则，包括与信用相关的各项法律法规、实施条例、契约、操作机构、道德习俗、意识形态等。在电子商务信用活动中，约束电子商务各信用行为主体及信息服务提供者的相关规范、标准及其合约性安排就构成了电子商务信用服务制度。参照新制度经济学派对制度的划分方法[12]，可将电子商务信用信息服务的制度划分为以下几个部分：

（1）信用法律。信用法律是信用制度的最高层次，也是信用信息服务制度体系的核心，由国家政权发布，包括宪法、民法、经济法等法律中关于信用的相关条款及专门针对信用问题的信用法。信用法律规定了信用活动所必须严格遵守的基本原则与规则，是信用活动的最高准则，其他任何规则都不得与其相抵触。随着我国市场经济体制的建立与经济水平迅速提高，信用信息服务在经济活动中的应用逐渐加强，正发挥日益重要的作用。规范的法律可以有效降低信用活动中的交易成本，优化社会资源的配置，提高信用信息服务的效率。适合中国经济特点的信用法律，其重点内容应是对社会信用活动各个参与主体的权利和义务做出明确规定,制定参与各方必须遵守的准则与规律,对各项信用信息的采集和使用加以规范,并对信用信息服务的基本原则和方式做出约定,对信用信息服务的各个领域进行管理和规范。

（2）信用条例。信用条例通常是由国家机关、经济实体或组织制定的信用相关规定及条例,作为信用法律的补充而存在,以更详尽且更具针对性的条款、更狭窄的适用范围来弥补相关法律的不足。例如由中央银行、各商业银行、信用协会、信用中介等机构发布的指导其管理与经营行为的信用规定。信用条例的效力低于信用法律,适用范围和领域有限,但针对性和操作性更强,主要用以规范信用交易各方的具体行为,是信用法律的必要和有益补充。

（3）信用文化。信用文化包括与信用相关的道德风俗、意识形态、价值观等非正式约束,主要通过舆论、集体价值取向、道德评判等方式来规范信用活动。在相同的外界条件下,信用文化对不同交易者的约束力不同,这种约束力又会转化为交易者对信用文化的信赖。信用文化没有信用法律法规的强制性,其优势在于影响范围大,持续时间长,相对于信用法律条例更容易被人接受。

（4）信用制度执行机构。信用制度执行机构是指保证与信用相关的各项约束可被执行的组织,可分为强制执行机构与非强制执行机构两种。强制执行机构是为信用法律服务的,在制订相应信用法律的同时,必须也考虑到信用法律执行机构的设立。非强制执行机构是制订信用条例的组织自身,它在技术上对条例文本提供解释并组织实施。

3. 电子商务信用信息服务制度的功能

制度的最大功能在于为人们在广泛的社会分工中的合作提供一个基本框架[13],使人的行为变得可预见,由此协调人们的各种行为,建立起信任关系,并减少信息收集的费用,从而降低交易成本。电子商务信用信息服务制度的功能具体表现为以下三个方面。

（1）能够抑制投机行为以降低电子商务交易风险。在电子交易市场中,交易双方主要通过网络联系,相比传统交易更加缺乏足够了解,信息不对称现象更加明显,投机行为的风险也就更加突出。如果没有严格的信用制度的有效约束,电子商务交易失信一方就难以受到有效惩罚,失信成本较低,而且在信息不够丰富的环境中,欺骗行为可以反复进行。相反,在完善的信用制度下,充分利用信用信息传播机制有效地减少信息不对称,可以帮助电子商务交易各方准确全面地了解交易对手,降低交易风险,即使缺乏信用意识、不愿遵守道德的人也会由于制度的约束而遵守诺言。

（2）能够规范信息服务质量以提高信用信息服务效率。信用信息服务制度最主要的功能就是保证信用信息服务合法、合理地有序开展，使信用信息采集等过程更加有效，从源头上规范信用信息服务的质量，提高信用信息服务效率。

（3）能够扩大市场规模并降低电子商务交易成本。制造业企业进行直接融资和间接融资的过程中，需要信用信息服务作为补充。例如，企业到银行申请贷款，商业银行要对企业的信用状况进行评价。大型银行会使用本行建立的评级体系和方法对企业信用水平进行衡量，而中小型银行多使用外部评级机构所提供的企业评级报告作为贷款审核与风险控制的依据。正是由于有了企业评级，可以帮助银行提高效率，扩大贷款规模。此外，市场经济的运行是有成本的，而信用则能降低交易成本，提高经济的运行效率。经济学家威廉姆森曾形象地把交易成本比喻为经济交往中的"摩擦力"[14]，而信用则可以增加相互信任，如同"润滑剂"一样使交易过程更顺畅，减少用于寻找交易对象、谈判、监督和风险防范的费用，从而降低交易成本，提高经济效益。

6.7.2 电子商务信用信息服务的管理机理

信用信息服务的管理体系作为社会信用管理体系的重要组成部分，主要由信用立法与执法、信用管理行业运行惯例与约定、信用行为与道德规范、不良信用惩罚机制、诚信宣传教育等多个子体系共同交织形成，是一种社会机制。从信用信息服务规范发展、行业整合的角度来探讨信用信息服务体系的管理机理，对于全面理解信用信息服务管理的内涵和规范要求，推动电子商务信用信息服务行业健康发展，具有重要意义。

1. 电子商务信用信息服务的管理对象

实施信用信息服务管理，必须明确管理的对象。从制造业电子商务市场的实际需求看，信用信息服务的管理对象主要包括电子商务信用信息的提供者、传播者、接受者与使用者，以及电子商务信用信息服务市场的监管方等，其具体内容涉及信用信息服务管理的构成、信用信息服务管理的手段、信用信息服务管理的范围、信用信息服务管理的效果等方面。

2. 电子商务信用信息服务管理的核心思想

制造业电子商务信用信息服务管理的核心思想是：在信用信息服务管理组织的基础上，针对企业电子商务信用信息服务市场的特点及需求，构建合理合规的信用信息服务管理流程与管理制度，并在管理实践中对管理制度不断进行修改与完善,以规范信用信息服务机构的经营行为,确保其运作和发展合理合法,且具有可持续性。

3. 电子商务信用信息服务管理的体系架构

在确定了电子商务信用信息服务管理制度、明确了其管理对象与基本思想后,即可以从直接管理和间接管理两方面构建信用信息服务的管理体系(如图6-2所示)。其中直接管理可以通过行政、法律等手段,间接管理可以利用舆论、技术等多种方式,对电子商务信用信息服务行业的操作与行为系统地进行管理。

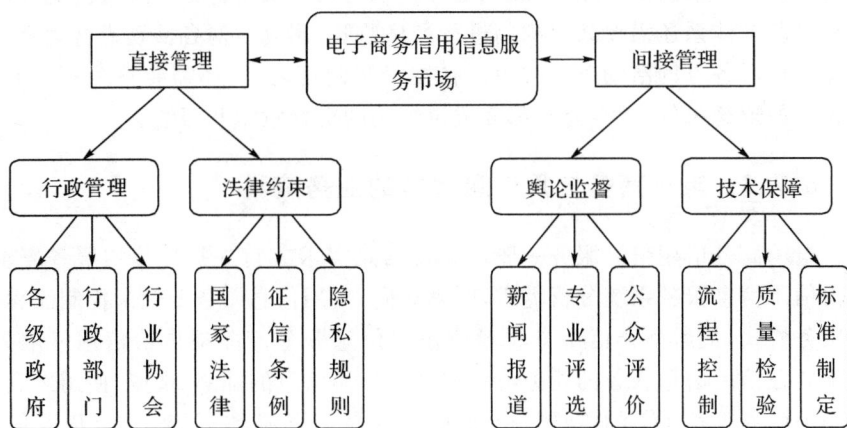

图6-2 电子商务信用信息服务管理体系

(1)行政监管。行政监管是对信用信息服务行业实施的直接管理,包括确定信用信息服务的管理原则、制度与规范,指定相关行政部门的管理职能,负责信用信息服务机构资格审核、行业准入、行业监管、违规处罚、市场清理等具体管理工作,对行业发展情况进行调查统计,协助信用信息服务机构开拓市场等。

(2)法律约束。法律约束即对信用信息服务市场进行管理的相关法律法规与制度规范,是实施信用信息服务管理的依据和原则。通过法律法规进行管理的方式比较严格,标准比较统一,并且在信用信息服务机构采集信用信息的过程中,可以为其业务开展提供依据和便利。

(3)舆论监督。舆论监督即利用新闻媒体等社会舆论工具对信用信息服务行业的经营情况进行监督,通过间接管理的形式对信用信息服务的发展进行督促。媒体对于信用信息服务行业既具有正面推动作用,也可能产生负面阻碍作用。例如，当一项新兴业务或服务被开发出来后，媒体的报道可以加快产品的推广速度；而当信用信息服务中介机构出现违规或者违法经营时，媒体的曝光也会使其在短时间内就丧失公众的支持。

（4）技术保障。技术保障即通过技术手段实现对信用信息服务各个流程与环节的精确控制，对服务和产品的效果进行跟踪检验，从而验证和完善服务的质量。例如，将服务和产品的内容、格式、含义等方面都用标准的方式固定下来，有利于信用信息服务在更多的领域有效开展。

信用信息服务管理体系应是一个完整、规范的系统，包括建立保存商品质量信息和交易信息的数据库、提供足够级别的信息安全保证等内容。此外，信用信息服务体系还需要政府部门进行严格监管，用制度对各活动进行规范，用法律法规对各方的活动进行约束。在技术和制度之外，还需要整个社会形成重诚信的道德风气，社会公众都养成讲信用的良好意识和习惯。

6.7.3　电子商务信用信息服务的业务流程

电子商务信用信息服务一般由信用信息需求方首先提出信用服务需求，再由信用信息服务系统分析需求、明确方向，信用信息服务提供商控制流程确定服务模式，最后整合信用资源形成信用信息服务产品提供给信用需求方。电子商务信用信息服务的业务流程包括对信用信息的征集、披露、使用以及开展相关服务等各环节的监督与指导活动，涉及信息流、资金流、物流以及信用信息服务网络平台等要素。电子商务信用信息服务的业务流程如图 6-3所示。

电子商务信用信息服务主要有以下步骤：

（1）企业用户提出信用服务需求。制造业企业用户在线进行电子商务交易前，应首先提出信用信息服务需求，再由电子商务信息信息服务系统、分布式智能工作流系统、在线信息评价系统协同工作，分析需求明确方向，控制流程确定评价模式。

（2）企业用户身份认证。所有进入电子商务信用信息服务系统的客户都要通过认证中心的认证，在申请认证时，认证中心会提出对该企业客户的信用信息服务要求，并进行相应的信用信息服务。在对申请认证的企业客户完成信用信息服务后，将信用信息服务结果注册到 ebXML[①] 注册服务器中。

---

① ebXML（即 electronic business extensible markup language），是一个统一的全球性 XML 标准模块，其目标是在满足大型企业电子商务功能需求外，同时给中小企业提供应用和管理上的便利。

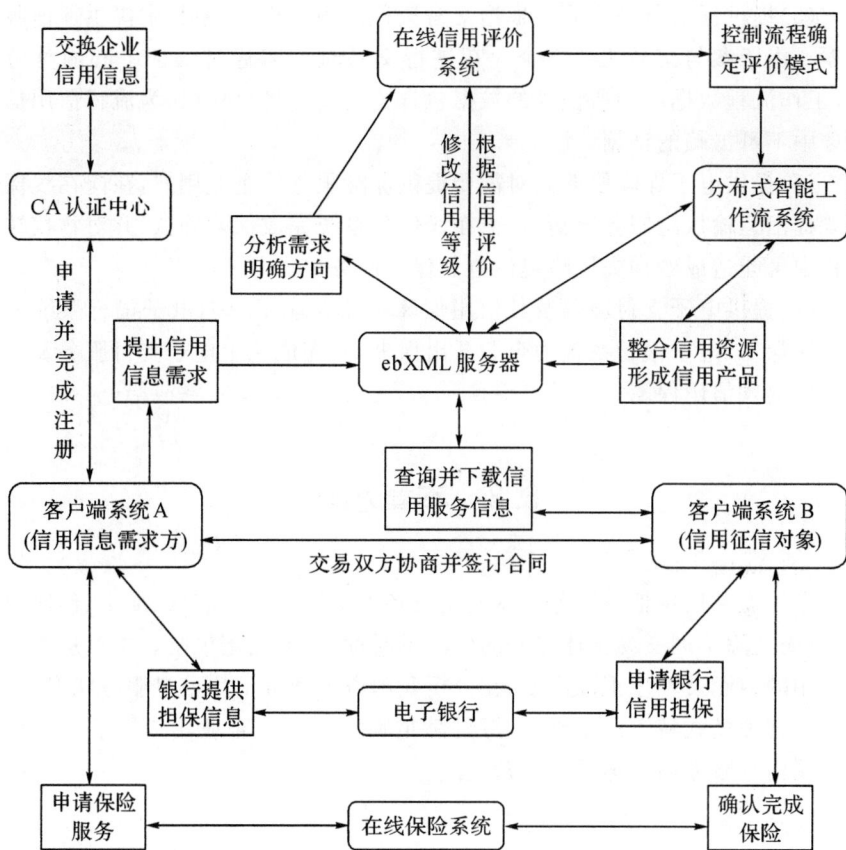

图 6-3　电子商务信用信息服务的业务流程

（3）按 ebXML 规范进行交易。通过认证的企业客户,按照 ebXML 规范的标准信息注册后,系统提供符合 ebXML 需求规范的服务,并要求企业用户按照 ebXML 规范描述的交易方式进行交易。ebXML 规范规定了电子商务中各种功能标准,包括商业流程的建立、信息挖掘、信息的包装与传输等,其目的是使全球的企业,无论其规模大小,都可以通过网络进行电子商务交易,建立全球单一的电子商务市场,同时对于目前采用 EC/EDI 的企业,协助其进一步转型为新的电子商务标准,进而发现新的交易伙伴。

（4）对交易流程进行信用跟踪评估。在交易进行过程中,通过分布式智能工作流系统,将交易过程数据记录在工作流系统数据库中,并对交易流程进行信用跟踪评估,并实时修改企业信用等级。

（5）提供征信服务产品。根据交易流程信用信息,在系统中提供征信服务证据。由于参与交易的各方企业在进行交易时均需通过认证中心的身份认证,工作流程数据库中所记录的数据包含了身份信息,可以作为流程信用信息服务中不可抵赖的证据。

（6）提供电子保险服务。对需要提供保险服务的企业用户,在向在线保险系统提出运输保险服务申请后,由在线保险系统完成保险确认,并对物权转移过程中可能造成的损失风险提供电子保险服务。

（7）提供电子支付服务及其信用保障。在企业用户向电子银行系统申请信用担保后,电子银行系统为企业开出保书,并完成网上电子支付服务及为网上支付提供信用保障。

6.8　本章小结

电子商务信用信息服务的本质是对各类信用信息的获取、加工、传递和应用,进而消除不同交易主体之间的信息不对称,降低信用风险。本章从电子商务信用的内涵及发生根源出发,在分析我国电子商务信用信息服务状况、组织体系和管理模式特点的基础上,探讨满足临港制造业企业用户需求的电子商务信用信息服务内容体系和运营模式。

参考文献

[1] 李朝晖.政府经济职能研究:基于政府信用的视角[M].武汉:华中科技大学出版社,2013.

[2] 齐志.基于电子商务信用信息服务体系建设与运行机制研究[D].长春:吉林大学,2008.

[3] 许妍谢.企业信用秩序及其影响因素研究[J].武汉理工大学学报,2010(11):151-154.

[4] 王飞雪,山岸俊男.信任的中、日、美比较研究[J].社会学研究,1999(2):67-82.

[5] 白云.我国征信体系中的信用信息管理[J].商业时代.2006(28):58-59.

［6］张宜松.社会中介组织在社会信用体系建设中存在的问题及对策分析［J］.经济问题探索.2004(11):116-119.

［7］肖开红.电子商务信用中介构架体系与经济功能分析［J］.商业研究.2006(8):138-140,14.

［8］CROUHY M, GALAI D, MARK R. A comparative analysis of current credit risk models［J］. Journal of Banking&Fiance. 2000(24): 59-117.

［9］毕强,齐志,白云峰.电子商务信用信息服务模式研究［J］.情报科学,2007(11):1634-1639.

［10］吴晶妹.信用管理概论［M］.2 版.上海:上海财经大学出版社,2011.

［11］陈忠禹.论诚实信用原则与电子商务交易安全保障机制［J］.江西师范大学学报(哲学社会科学版),2010(3):43-47.

［12］褚俊虹,党建忠,陈金贤.从制度经济学原理论信用制度建设［J］.商业时代,2003(17):9-10.

［13］李成.金融学［M］.3 版.北京:科学出版社,2016.

［14］王国顺,周勇,汤捷.交易、治理与经济效率:O.E.威廉姆森交易成本经济学［M］.北京:中国经济出版社,2005.

第7章

电子商务环境下协同制造信息服务

协同制造(collaborative manufacturing，简称 CM)是借助现代信息技术和先进的生产管理技术，是通过企业间的资源集成、信息集成、业务过程集成、功能集成和知识集成，有效地实现企业间的协同和各种资源的重组优化配置，将串行工作变为并行工程，从而提高企业的市场快速响应和竞争能力，在更短的周期生产出更优质的产品的一种先进制造模式[1]。这里所述的"协同"，从系统科学的观点看，是指系统内部各组成要素之间的和谐状态，即为实现系统总体演进目标，各子系统或各部分之间相互配合、相互协作、相互支持而形成的一种良性循环态势。

电子商务环境下的协同制造是网络化协同制造，要求企业以产品或零部件的制造过程为特定对象，利用以计算机和互联网为基础的电子商务协作环境，灵活、迅速地组织社会制造资源，把分布在不同地理位置的制造资源和各种核心生产力快速地组织成一个有机的整体，以并行工作的方式实现供应链内及跨供应链间的企业产品设计、制造、管理和商务等的合作，快速、高质量、低成本地提供市场所需的产品和服务。

在网络化协同制造过程中，不同制造资源之间涉及复杂的制造信息流[2-4]。制造信息主要指制造企业生产经营过程中的产品信息、工艺信息、物料信息、生产信息、财务信息和市场营销信息等一切信息流。电子商务环境下协同制造信息服务是指在全球网络化协同制造的大环境下，企业实现协同的总体支持环境、协同管理、协同设计、协同制造层面上需要采用不同的方式向用户提供所需信息，并通过信息集成实现这些制造信息在企业不同应用系统间的流动和有效共享。因此，在网络化协同制造系统中加强不同制造资源之间的信息交互和协作服务，有助于提高制造系统对外响应的敏捷性、协同性以及业务过程的优化，进而在价值网、合作伙伴和客户之间建立一个透明的协同生产环境。

7.1 电子商务环境下企业协同制造信息服务需求

电子商务环境下的企业竞争是基于产业价值链的竞争,价值的增值体现在多个企业价值模块的协同中。就制造业而言,核心制造生产企业需要通过网络化集成的完整产业链,才能够满足竞争需求;独立的制造服务企业也只有加入到制造业的价值链中,才能实现自身的发展。因此,制造企业以及为其提供相关服务的服务企业都需要协同,需要利用计算机网络等现代信息技术,进行业务协作、信息实时沟通等协同信息服务,使产业链中的企业能够充分利用互补优势提高效率。

7.1.1 制造业产业价值链的构成

产业价值链由产业链和价值链组成。波特的价值链理论认为,每一个企业都是在设计、生产、销售、发送和辅助其产品的过程中进行种种活动的集合体,这些活动可分为基本活动和辅助活动两类,其中基本活动包括内部后勤、生产作业、外部后勤、市场和销售、服务等,辅助活动则包括采购、技术开发、人力资源管理和企业基础设施等。这些互不相同但又相互关联的生产经营活动,构成了一个创造价值的动态过程,即价值链[5](见图 7-1)。

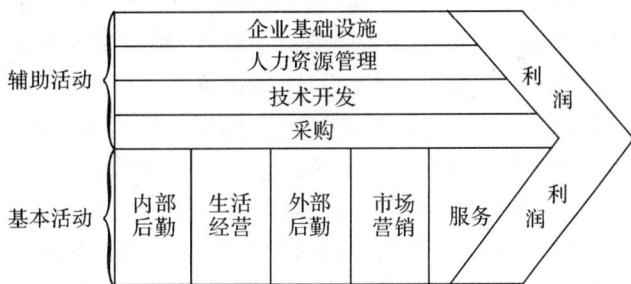

图 7-1　波特价值链模型

波特价值链理论研究的对象是传统企业内部一系列创造价值的活动,是存在于企业内部的价值链。随着这些企业经营的专业化、产业内分工不断向纵深发展,不同企业对组成价值活动的各环节形成了独有的优势,甚至对某些环节形成了某种垄断,于是不同类型的价值创造活动逐步由以一个企业为主导分离为由多个企业协作的活动，价值链各价值环节被分解开来，每个环节的活动都产生价值增值。这时，不同环节分别存在于不同的企业，相互构成上下游关系，共同创造价值，即形成了产业价值链。

产业价值链使产业内分工和产品内各环节之间产生协同效应，降低了各环节的总成本支出，并提高了整个产业活动的效率。现代企业之间的竞争，不是单个企业之间的简单竞争形式，而是不同企业之间通过战略联盟、业务外包、一体化策略，形成高效有序的产业价值链。这支产业价值链可分解为上、中、下游三个区段[6]，形成如图 7-2 所示的制造业产业价值链微笑曲线，在产业链条上的整体利润可以实现最大化。

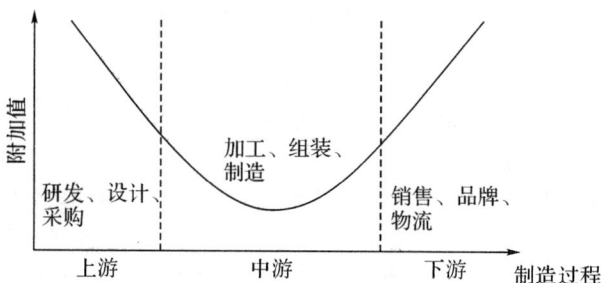

图 7-2　制造业产业价值链的微笑曲线

（1）上游区段：包括需求分析、立项、新产品设计等业务活动，主要由管理咨询企业、技术支持企业等承担。提供管理咨询服务的机构和企业包括在该领域有深厚理论基础和丰富实践经验的高等院校、科研院所和专业的管理咨询公司；技术支持企业提供产品创意设计、快速成型、CAD/CAE、计算机仿真技术服务等，包括高等院校的相关实验室、科研机构和专业的技术服务企业。随着企业对知识技术密集型生产性服务业市场需求的增长，越来越多的企业将市场调研、可行性研究、产品设计、技术研发活动外包，由生产性服务企业替其完成；另一种趋势是通过扩大公司内的服务部门，直接向服务领域扩展。此外，这一阶段需要投入的专门服务还包括风险投资和金融服务。上游企业通常处于价值链的中、高端。

（2）中游区段：围绕产品的生产、加工、装配和制造活动，涉及原材料的采购、库存、质检等活动，主要由单纯的制造企业、零部件供应商等承担。单纯的制造企业是为客户企业提供原材料或者半成品的企业，该类企业有较为齐全的制造设备，以专门的制造和加工为主，不具备产品开发设计能力，生产方式主要以订单生产为主；零部件供应商企业则具备一定的产品开发能力和技术专利,有较强的产品加工制造能力,同时这类企业通常还会有自身的供应商,如原材料供应商、模具厂等。大型企业往往将其非核心的零部件外包,由专业的供应商提供。中游活动被认为是从原材料转换为最终产品的过程。基于核心竞争力和投资成本的考虑,越来越多的制造企业将生产活动和服务外包,如某钢铁企业专注于钢铁产品的生产,钢锭、钢丝等半成品和产成品的运输则外包给外面专门的运输企业。中游企业通常处于价值链的中、低端。

（3）下游区段：包括产品销售、维修等,涉及产品的市场营销、售后维修、产品回收等服务,主要由信息服务企业、物流服务、广告营销服务、售后服务、金融服务、人力资源服务提供商等服务性企业承担。其中信息服务企业提供的狭义信息服务包括ERP、PDM、CRM等信息化管理软件和各类信息化服务平台;物流服务包括运输、配送等物流活动。下游企业通常也处于价值链的中、高端。

在电子商务环境下,制造业产业价值链的上、中、下游各区段都需要有相应的协同信息服务,即本书所研究的广义的信息服务。有的信息服务与各区段中的业务活动本身结合,有的与业务活动并行出现,贯穿于产品的生命周期中,满足产业价值链上核心制造企业与制造服务性企业间业务关联对不同信息的需求。

7.1.2　制造业产业价值链中企业间的业务关联

制造业价值的创造由产业价值链上一系列互不相同又相互关联的生产经营活动实现。在现代产业体系中,这些生产经营活动随着社会分工的精细化,越来越普遍地分布在不同的企业中,构成了企业间的业务关联。业务关联的实质是产业链中的企业以价值链为主线,相互协作,共同创造和实现产品价值的活动,以及由于企业间协作带来的企业对供应链及客户关系管理等方面的信息服务活动。

电子商务环境下,经济全球化和社会化分工得到进一步发展,企业为了能更好地生存和发展,企业间业务协作越来越紧密,呈现大规模、多目标、多角色和多层次特征。随着市场竞争日趋激烈,企业之间的竞争已发展为产业链之间的竞争,产业链协作模式也逐渐由以龙头企业为核心的单链式模式拓展到业务关联的多条产业链间的相互协作、共同发展[7]。当这种业务关联的多条产业链动态扩展到有多个相互交叉的节点时,多条独立而又关联的产业链因相互间的协作变成了网状结构,就会形成业务关联的多产业链协作网络。

制造业产业链中企业的业务关联一般分为四种类型,即商务关联、设计关联、制造关联和支撑服务关联。

1. 商务关联

商务关联主要体现在产业链中产生交易业务的供应商、制造商、经销商或零售商之间的交易与信息沟通上。例如，整车生产企业必须与各地经销商沟通信息，及时掌握产品的销售状况，了解客户需求，并根据市场情况调整生产计划，作出快速的市场反应。为了快速响应市场需求，整车生产企业必须依赖零部件供应商、技术服务单位的支持，由此产生整车企业的采购诉求；同时供应商为了生存和发展需要为整车企业提供服务以获得利润，由此产生了供应商的供应诉求。达到供需匹配过程以及匹配后的商务交易过程都属于商务关联。

电子商务环境下，产业链上的商务关联还体现在客户关系管理（CRM）中，包括购买产品的客户管理、潜在客户管理以及客户的关怀与维持等。客户满意是产业链协作的核心和基本出发点。客户关系管理是通过管理企业与客户之间的关系来实现客户价值的最大化，即通过实现 CRM 的管理理念达到以客户为中心，注重客户之间的长期关系的建立、发展和维持，提高客户在产品的整个使用过程当中的满意度和忠诚度，使客户能够积极进行二次购买，为企业带来持续、更多的效益。

2. 设计关联

设计关联从协作的角度来看，其实就是产品的协同设计。协同设计是指通过产品生命周期各阶段人员之间的协作来进行产品的开发。协同设计的特点在于使不同地点的管理人员、设计人员以及用户能同步或异步地参与设计工作，从而提高设计的质量和效率。协同设计作为一种产品研发的新方法，是为了更好地利用企业的核心资源和发挥企业的核心优势，实现各企业的资源共享和优势互补，共同应付市场的挑战和客户的需求压力。它克服了传统设计手段的封闭性、局限性和单个企业或部门设计能力不完备等缺点，减少了设计资源的重复投入，缩短了产品的开发周期。

协同设计包括产品设计的协同和过程设计的协同。产品设计包括产品的工业设计、结构设计等。过程设计的协同是指利用虚拟制造仿真技术，基本上不消耗资源和能量，在产品真正制造和销售之前，对设计生成的数字化产品模型进行试验、分析，对产品的使用性能、可制造性、可维护性、可销售性、成本和外观等进行预测和评价，在产品虚拟设计制造过程中及早发现问题，并及时地反馈和更正，从而保证实际产品设计和制造的顺利进行，达到节约制造成本，缩短产品开发周期的目的。

电子商务环境下,参与协同设计的成员一般具有异地性、时效性、异构性、互补性、相互独立性等特点。参与设计的成员企业或组织可能分布在全国各地甚至世界各地,来自不同的专业,不存在隶属关系,都是相互独立的企业,可以按照区域或行业组合,一旦任务完成,设计联盟便解体。

协同设计开发过程根据协同过程在时间上的差异分为异地同时和异地异时两种方式。异地同时方式是指在不同地点于同一时间进行同一任务的合作方式,这种方式实现起来比较困难,主要是因为同时异地协同设计需要有能够支持实时协作的环境,此时计算机不仅仅是设计自动化的资源,同时也是协作的媒介。异地异时方式是指在不同时间、不同地点进行同一任务的合作方式,需要通过网络发放接收任务、传输设计文档、对协同过程进行管理,关注文档的统一性问题。

3. 制造关联

制造关联指企业以产品或零部件的制造过程为特定对象,利用以计算机和互联网为基础的协作环境,灵活而迅速地组织社会制造资源,把分布在不同地理位置的制造资源和各种核心生产力快速地组织成一个有机的整体,以更短的周期生产出更优质的产品。对于广泛意义上的协同制造来说,产品的制造过程是由多个在地理上分散的企业组建的动态联盟完成的,企业根据占有的资源与核心能力的不同,在项目执行过程中承担不同的任务。

对于大型装备制造企业来说,大量使用外协件和外购件已经成为明显的趋势。有一些企业甚至仅仅只是从事产品的设计研发、品牌建设以及营销,而将所有的生产制造都进行外包,如著名的运动鞋企业耐克(NIKE)、阿迪达斯(Adidas)等。

外协生产是企业将部分零部件的生产制造外包给供应商,利用供应商在资源、技术方面的优势,获得供应商专业的服务和产品。在外协过程中,企业与供应商在产品设计和工艺设计方面达成一致,由供应商完成零部件的生产制造。例如,摩托车开发过程中的覆盖件、仪表灯等常需要进行外协加工。

4. 支撑服务关联

主要包括金融服务、咨询服务和售后服务等。企业通过外包的方式获得这些服务从而与相应的单位或机构发生业务关联。

7.1.3　关联业务单链协同制造信息服务需求

电子商务环境下，产业价值链的价值实现需要通过产业链中企业间关联业务的网络化协同来共同创造，而不同类型的关联业务对协同信息服务的需求不同。本节着重讨论以单一核心制造企业为主的上下游企业构成的单链式产业链关联业务协同，即单链协同的信息服务需求。

1. 商务关联的协同信息服务需求

一般来说，生产制造企业需要快速发现具有稳定货源、可以提供质量符合要求的原材料、半成品或零部件等成品的供应商，同时也需要将自身的生产能力以及制造资源信息发布出去以获得客户企业的关注；与生产企业相关联的物料或半成品、零部件产品供应商也需要自身能够快速被客户企业发现，获得更多的商业机会。针对这种需求，可以建立第三方电子商务信息中介类网站提供有关供求信息的发布服务和招投标服务。例如，核心制造企业可以通过信息中介类网络平台发布需求或招标信息，其上游供应商也可通过网络平台将所能提供的产品信息发布，以此来获得客户的关注，并可以主动通过网络投标来获得订单。

商务关联业务对基于第三方网络平台的协同信息服务需求大致如下：

（1）核心制造企业用户需要利用第三方信息中介类网站平台发布供求信息，或进行招投标的活动。

（2）第三方信息中介平台需要提供分类展示企业的产品和制造资源信息的功能。例如，对于产品通过单独的页面，介绍产品的规格、型号及重要指标参数；对于制造服务资源则介绍服务项目类型、提前期、质量资质、服务内容以及费用等。

（3）企业用户需要获取典型产品应用的解决方案及其评价信息。

（4）网站平台需要提供高效的搜索功能，方便用户快速找到所需的产品或服务信息。

（5）企业用户需要利用第三方信息中介服务平台提供商务会谈的协同工具，以及二维或三维图形、文档信息的浏览工具。

（6）核心制造企业所需的外购件，需要直接生成采购订单并通过协同采购管理系统进行外协采购信息管理。

2. 设计关联的协同信息服务需求

设计关联发生在核心制造企业与其供应商、制造企业以及信息技术服务提供商之间，尤其是制造企业与供应商、制造企业与技术服务提供商之间的设计业务关联更为直接。在进行产品的异地协同设计、虚拟制造的过程中，通常存在两种协作方式，即异地同步协作和异地异步协作。

异地同步协作方式是在不同地点但同一时间进行同一任务的合作方式，又可分为以图形文件为处理对象的协同设计和以文本文件作为处理对象的协同设计两种形式。其中，图形协同设计需要实时的传输图形数据，图形文件传输的数据量大，数据结构复杂，同时需要解决协同设计中设计者协同浏览、协同批注等问题。例如，在对设计数据进行评审和虚拟装配时，需要集合多个单位不同部门的人员从各个角度进行论证。

异地异步协作方式是在不同地点不同时间进行同一任务的合作方式，需要通过网络传输设计文档并解决文本管理问题。例如，制造企业将部分零部件设计、电气设计、工艺设计任务外包给高校、科研单位和有一定开发能力的零部件供应商，制造企业定时接收设计数据并作评审即可。

协同设计的开展需要来自不同企业或企业内不同部门的技术与管理人员所组成的团队，进行群组协同工作，形成动态联盟。群组协同工作需要群组工作集成框架的支持，需要有客户端/服务器结构的多媒体计算机系统、异地广域网络，以及各种群体、软件工具等的支持。

综上所述，企业协同设计中的信息服务需求可归纳为以下几方面。

（1）快速建立动态联盟的信息需求。利用网络技术形成虚拟的开发团队，共享设计知识和相关信息资源，在设计产品的过程中发挥互补优势。供应商通过自身的专业优势，可以保证产品的功能稳定、质量好、成本低；核心制造企业将其了解和掌握的新产品零部件信息与供应商共享，使供应商能够尽早投入产品的开发，从而提高供应商的响应能力和研发能力，形成核心企业与供应商协同设计的良性循环。

（2）协同设计过程管理的信息需求。协同产品开发是一项复杂的系统工程，核心制造企业需要与多家技术机构和供应商进行产品的协同开发，在产业价值链中担负着组织协调整个设计联盟开展产品开发活动的责任，需要通过对设计过程的完整信息的掌握和控制，保证各项设计任务有序进行。

（3）协同设计文档管理的信息需求。协同设计文档是指客户企业与零部件供应商在协同设计过程中产生的设计结果文档、设计过程文档、协同交互过程记录文档等，既包括客户企业下发给配套企业的设计任务书、设计输入，也包括配套企业提交的 2D、3D 设计结果数据等，同时还有在线协同会议记录、设计评审、审签文档等。设计文档是设计过程中产生的宝贵信息资源，有必要进行合理控制和管理,以保证文档信息可以被有效和安全地使用。

(4)在线实时分布协作的环境信息需求。在对数据进行评审或虚拟装配时,需要掌握在线实时分布协作的环境信息,以便通过视频会议、3D模型协同浏览以及共享白板进行实时的技术信息交流。

3. 制造关联的协同信息服务需求

制造关联发生在核心制造企业与供应商之间,在外协外购过程中,为了提高企业之间的协作效率,达到供需匹配,企业之间还需要从外协计划、库存管理和供货计划上实现协同信息管理。制造关联的协同信息服务需求如下。

(1)协同生产计划信息需求。处于制造产业链上核心地位的制造企业在制定生产计划时,如果只考虑企业内部情况,往往会导致计划的可行性很差。因此,为了顺利完成客户订单任务,企业就必须充分考虑下游客户的需求以及上游配套商的信息和利益,制定可行的协同生产计划,以便有效地指导订单任务的生产。

(2)协同生产过程控制信息需求。有效的生产管理是确保生产计划顺利执行的主要手段之一。由于核心制造企业的生产是建立在上游配套企业基础上的,因此,掌握配套企业的生产进度信息对核心制造企业来说至关重要。核心制造企业除了有效组织本企业内部生产之外,还要根据生产进度信息及时监督和控制配套企业的生产进度,并对配套企业的生产过程进行有效的干预。

(3)协同库存信息需求。客户企业提出物料或者产品需求,并且给出这些物料或产品的库存信息,如现有量、库存目标和存贮策略,并进行实时的更新。供应商通过查看客户共享的库存信息,适时安排生产并快速进行物料的补充。通过协同库存计划可以有效降低库存,提高制造和运输效率,提升对客户的服务质量。

(4)协同物流管理信息需求。在物料或产品的配送过程中,发货方和客户之间都需要了解物流的在途过程、到货情况等信息,以避免由于物料或产品的延期、损坏而影响客户企业的正常生产计划的完成。通过协同物流管理,还可以有效提高供应商的服务质量。

(5)协同供货计划管理信息需求。客户的供货需求和供应商的供货能力达成一致是非常重要的。如果客户的供货需求超过了供应商的供货能力,则会造成缺料,以及由其导致的停产等状况。协同供货计划管理需求供应商将其供货能力和物料库存信息共享,客户企业以此为依据制订物料需求计划,并与供应商达成一致。

基于设计和制造关联协同工作的信息服务需求模型如图 7-3 所示。在此

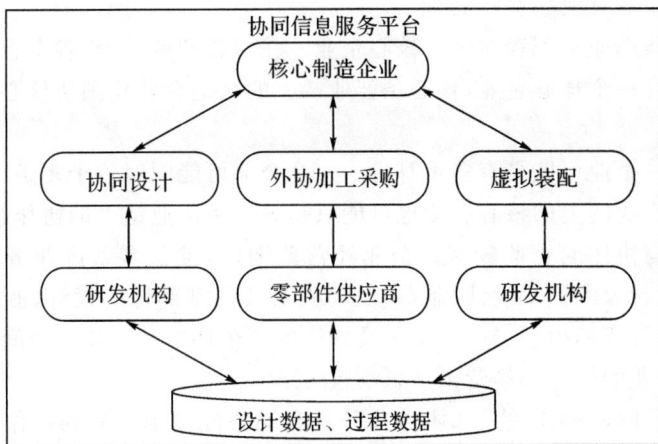

图 7-3 基于设计和制造协同的信息服务需求模型

模型中,产业链上处于主导地位的核心企业负责项目的组织与管理,将其在产品设计和生产过程中的业务全部外包或部分外包,与相关的制造服务企业和供应商展开并行设计和协同工作。信息服务平台为企业之间的协同业务提供管理和实现协同所需的环境条件;企业则通过信息平台进行数据、信息的交换和过程的协同管理。

4. 支撑服务关联的协同信息服务需求

电子商务环境下的协同制造支撑服务信息包括物料供应与制造企业之间的协同信息、物流系统与交易平台之间的协同信息、金融服务协同信息、咨询服务和售后服务信息等,涉及跨行业的合作和协作,需要大量的数据、知识信息的支撑,以及多个信息服务系统的信息交互、协同。

在制造业产业链关联业务单链协同过程中,其商务关联、设计关联、制造关联、支撑服务关联方面的各项协同信息服务需求,可以通过建立基于 ASP 的信息服务平台给予一定程度的满足。

7.1.4 关联业务多链协同制造信息服务需求分析

1. 关联业务的多产业链协同特点

业务关联的多产业链协同(简称多链协同)是单链式产业链协作模式的延伸,其不仅具有单链式产业链协作模式的特点,而且由于关联业务在多个产业链间交互,使其具有一些新的特点。

(1)每条产业链都存在一个核心企业。在每条产业链上,各个企业相互独立,但都存在一个核心企业,核心条产业链上的其他企业均围绕核心企业展开业务协作。

(2)同一企业可能具有多重身份。一个企业可能同时位于多条产业链上,同时,一条产业链上的核心企业也可能只是另一条产业链上的协作企业。

(3)参与协作的企业较多。企业经营范围广,覆盖多条产业链上的产品(例如,汽车行业的整车设计、制造;发动机及其他零部件的设计、制造等),业务涉及多个行业的生产、销售、服务及物流的各个环节。合作企业间信息交互的效率对企业的生产和经营水平影响很大。

(4)企业间的协作关系和协作业务具有动态性。企业间的协作关系随着业务的形成而组成,随着业务的发展而变化;企业间协作业务也随时可以根据市场需求及自身的发展情况进行拓展、收缩或重点转移等。

2. 支持关联业务多产业链协同的信息服务需求分析

根据关联业务多产业链协同制造的特点,支持其运作模式的协同信息服务范围已经由系统内部的协同扩展到系统间的协同,其主要信息服务需求如下。

(1)多链协同信息服务平台需要提供企业联盟所需的协同信息。将多产业链映射为企业联盟后,平台应提供业务协作以企业联盟为单位展开所需的协同信息服务,并且保障一个业务系统的变化不会影响其他业务系统的正常使用和运行。

(2)多链协同信息服务平台应支持"一对多"和"多对多"的信息协作关系。在多产业链协作环境下,一个平台可以为多个联盟(产业链)服务,一个协作企业可以和多个盟主企业发生协作关系,而且一个协作企业和盟主企业之间可能存在多个协作业务,一个企业可能既是协作企业又是盟主企业,因此,平台必须提供企业联盟动态组建所需的信息,支持"一对多"和"多对多"的信息协作服务。

(3)多链协同信息服务平台应具备良好的柔性以实现跨组织机构的合作。就组织和管理体制而言,由于信息服务系统具有按照组织体制确立基本格局的特点,因而多链协同信息服务需要具有不同组织隶属关系的信息服务系统之间的合作和协调,以打破部门界限,适应不断变化的信息服务需求;当企业业务发生变化时,平台应能根据企业业务信息的变化进行快速构建和重组,实现以用户为中心的服务业务整合和资源共享。

（4）多链协同信息服务平台应具备灵活的开放性接口和异构信息系统的互联机制。信息服务系统作为一种开放系统，进行开放式的运行和系统间互联是必要的。多链协同信息服务的关键在于，不同信息服务系统之间能否确立一种有效的协作机制和交互机制，以达到数据和服务共享目的。因此，协同信息服务平台应当能支持异构平台的信息集成，能与企业 ERP、CRM 等信息系统进行无缝集成，实现业务关联的多条产业链公共信息服务平台与企业内部信息系统的动态信息整合。

（5）多链协同信息服务平台应支持多要素的信息服务聚合。多链协同制造涉及跨系统的协同服务，将突破服务机构固有形态的限制，协同的内容应不局限于信息资源本身，而是将各种信息资源、信息服务机构、人力资源、信息服务技术、信息基础设施聚合为一个有机运行的整体。这是信息社会化共享和信息服务体系整体化发展的体现，是多网络、多系统面向服务对象的融合。

随着信息传播技术的发展和数字信息资源共享工程的实施，大大提高了信息传递与扩散的效率，拓宽了基于网络的协同信息服务的视角。电子商务环境下，为满足用户多链跨系统的协同信息服务需求，可以在网络支撑下实现虚拟联合，按虚拟服务融合机制，建立协同服务联盟，实现一定规则下的服务内容、形式、功能和用户之间的沟通；也可以尝试通过制造协同服务网提供协同信息服务，以重构面向用户的知识信息服务来实现。

7.2 制造业产业链关联业务单链协同信息服务平台设计

基于制造业产业链关联业务单链协同的制造信息服务平台主要为相关企业提供一个网络化的信息平台。一方面为用户提供企业信息、产品信息、供需信息、广告和新闻等内容的发布服务。另一方面，用户可以通过平台查看、检索所需的制造资源信息以及服务信息，寻求合作伙伴。其中，制造资源信息包括产品信息资源和提供制造服务的企业或制造设备信息等。本书针对制造业产业链中企业的业务关联需求，建立关联业务单链信息服务协同设计过程、外协生产制造过程的业务模型，并以此为基础进行信息服务平台的总体设计。

7.2.1 制造业产业链单链协同主要关联业务模型

1. 项目协同设计过程的业务模型

制造业产业链单链协同设计业务主要包括对企业间协同设计业务的任务

流程、任务分配、任务监控等活动进行有序地协调管理，从而保证项目协同开发设计工作的顺利进行。项目协同设计过程大致可以分为三个阶段，即项目计划制定阶段、项目任务执行与控制阶段以及项目结束阶段。通过协同设计平台进行项目协同设计的业务过程如图7-4所示。

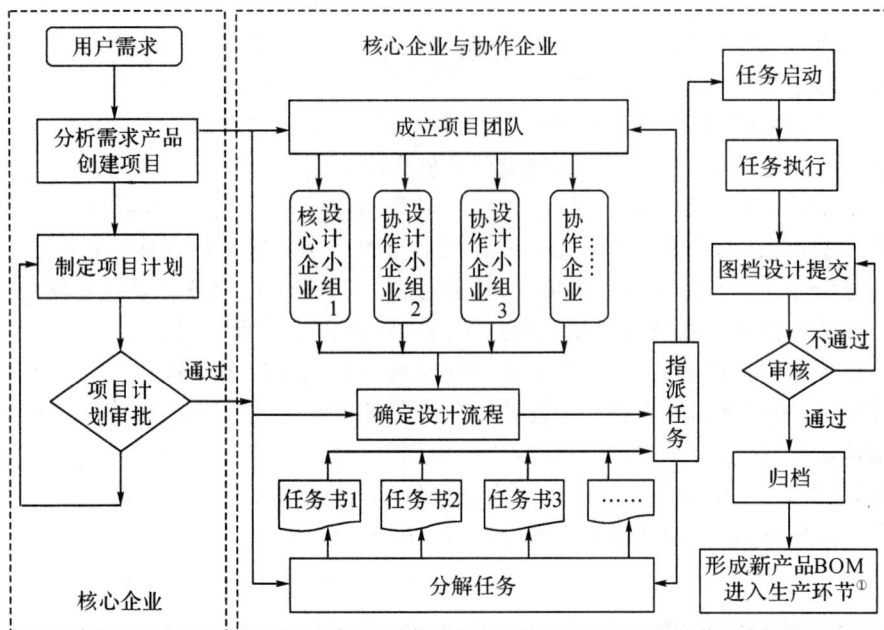

图 7-4　协同设计过程的业务模型

协同产品开发项目由于涉及不同的企业，其开发流程有很强的动态性和不确定性。因此，协同设计平台采取的是一种自组织和自控制的动态运行机制，项目计划、项目任务、资源分配以及任务之间的关系约束等信息均由协同开发团队核心企业创建并发布，需要预先严格定义工作流程并在工作过程中通过工作流引擎控制项目的执行过程。

协作企业之间在系统的支持下协同工作，自主地提交任务状态；核心企业随时获取项目的进展情况和产品数据，且项目计划可以随着项目的进行由核心企业实时监控和调整。在自组织方式下，为便于对协同项目进行管理，平台

_____

① BOM(bill of material，简称 BOM)，它是以数据格式来描述产品结构的技术文档，通常称为物料清单、产品结构表或产品结构树。

通常通过权限管理机制对用户可访问和使用的服务功能进行严格区分。例如,核心企业可以对项目信息进行修改,而协作成员企业则只能对任务的执行情况进行反馈并查看项目信息。

2. 外协生产过程业务模型

外协生产过程是协同制造的业务之一,通过协同信息服务平台,完成外协计划制定、订单发放、订单执行过程管理和库存能力共享等,使得企业核心生产计划更加合理并顺利进行。

外协生产过程业务模型如图 7-5 所示。首先,核心制造企业与外协合作

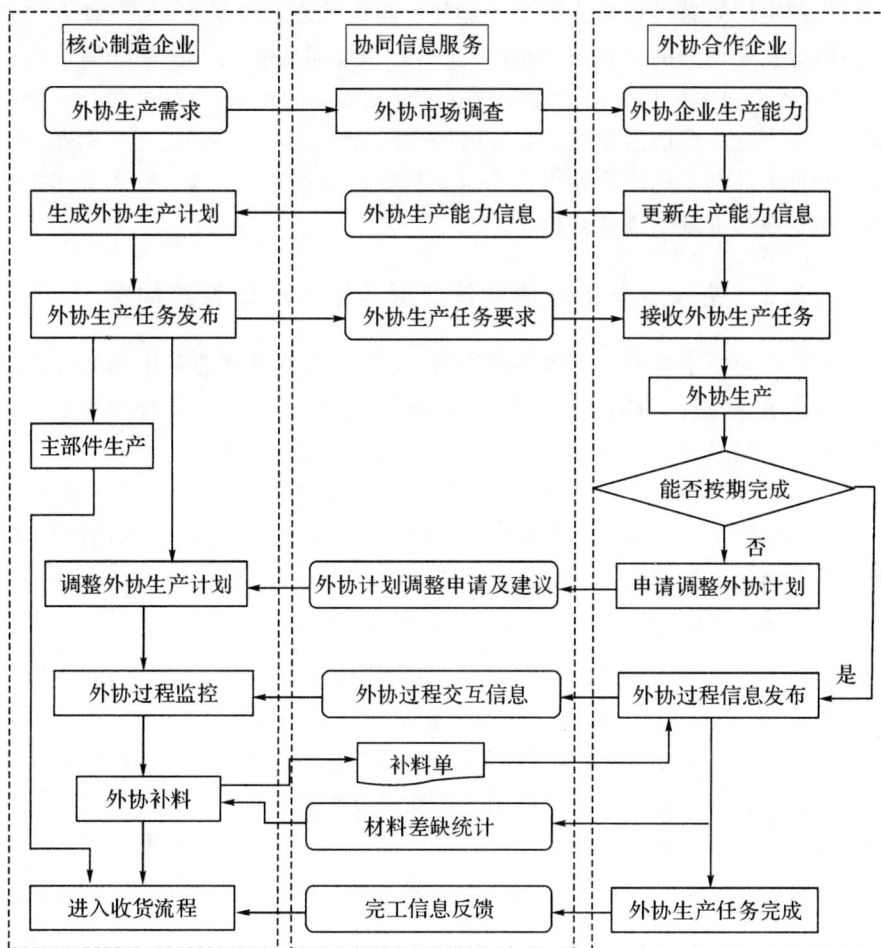

图 7-5　外协生产过程的协同业务模型

企业（即外协件供应商）共同制定协同生产计划，并发布外协订单；外协合作企业收到确认后的生产计划后，开始进行外协生产。在生产过程中，外协合作企业同时要对生产计划进行预测，如果预测发现目前的生产进度不能按计划完成外协任务，应该将相关信息及时反馈给核心制造企业，由核心企业重新调整其生产计划。

在外协生产过程中，核心制造企业为及时了解外协件的制造状态，需要外协合作企业通过平台提交相应的动态数据。动态数据的提交方式分为两种：一种是外协合作企业自主提交的方式，在这种方式下外协合作企业只需要按照预先制定的信息模板格式提交外协件的生产状态信息即可；另一种方式是核心制造企业询问的方式，这种方式在核心企业需要查询外协件的制造状态时，必须先通过平台向外协合作企业发出信息提交的要求，然后外协合作企业按照核心制造企业的需求提交相应的协作制造信息。核心制造企业则通过平台查看进度控制文档以及外协合作企业提交的生产进度信息，据此来判断外协合作企业的进度是否符合要求。

7.2.2　关联业务单链协同信息服务平台的体系结构

针对产业链中企业在商务关联、设计关联和制造关联业务中的共性需求和个性需求，搭建由协同产品商务网站、协同工具软件、协同管理应用系统集成的第三方信息服务平台。

信息服务平台大致分为应用系统层、使能工具层和基础支持层三部分，其组成架构如图 7-6 所示。制造业产业链中的企业通过互联网即可访问信息服务平台并使用信息服务平台提供的功能。

1. 应用系统层

应用系统层主要包括协同门户网、协同应用管理系统、协同工具、企业信息管理平台、移动商务平台等。

协同门户网主要为用户提供企业信息、产品信息、供需信息、广告和新闻等内容的发布服务和检索所需的制造资源以及服务信息。

协同应用管理系统包括协同设计平台、协同制造平台和协同供应链平台，分别满足企业产品开发设计、采购、外协加工等一系列的业务协作需求与管理需求。

协同工具包括视频系统、二维浏览共享工具等工具性软件系统，以及协同关系管理、数据发放、APQP 质量文档编制工具、数据接口、日志管理等功能

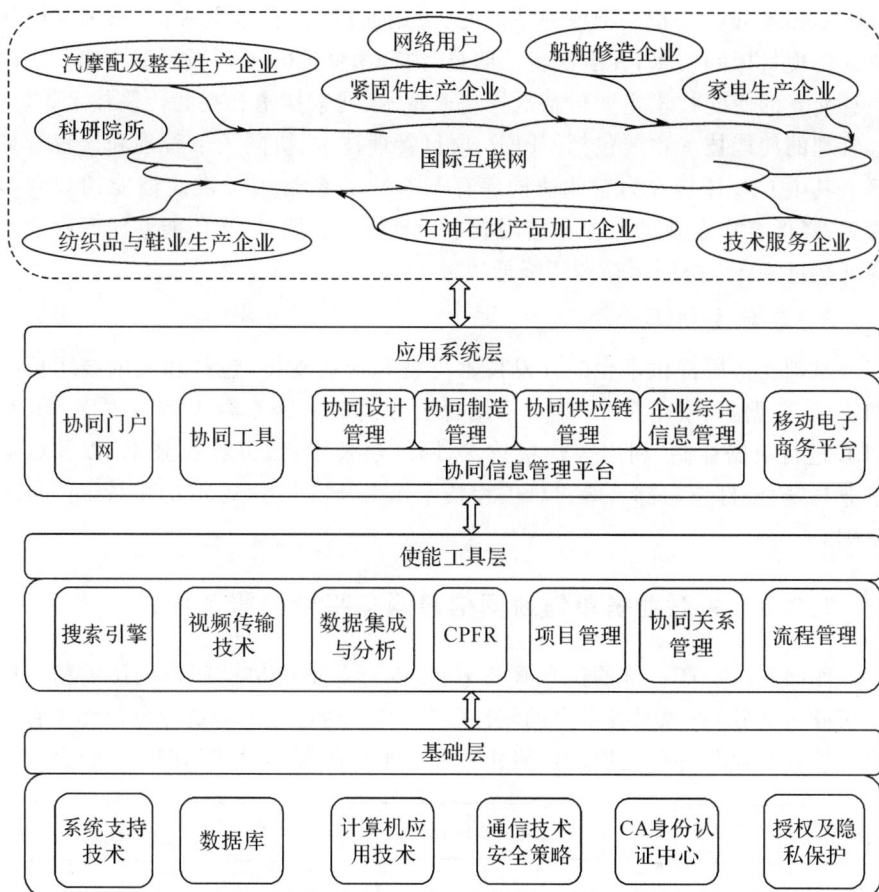

图 7-6　关联业务单链协同信息服务平台的总体架构

性的共用工具。协同工具的功能模块与协同应用管理系统组合,形成满足各类企业协作需求的协同应用解决方案。

协同信息管理平台针对制造业各类企业内部生产经营管理核心业务,提供协同设计、协同制造、协同供应链信息管理,以及企业其他综合信息管理功能。

移动电子商务平台以移动通信网、互联网、智能手机、嵌入式软件为支撑,与其他几个子平台和门户网进行业务捆绑,实现信息服务平台的移动应用。

2. 使能工具层

使能工具层包括信息交互和过程管理两类使能技术。使能技术(enabling technology)是指一项或一系列的、应用面广、具有多学科特性、为完成任务或实现目标的技术,其层次特征明显,内涵由使能技术创新目标决定。实现信息交互的使能技术主要包括数据集成技术、搜索技术和视频传输技术等,过程管理的使能技术主要包括 CPFR、项目管理技术、协同关系管理和流程管理等。其中 CPFR 旨在为企业协同库存与客户关系管理提供高性能的规划与管理,降低合作企业的库存和应用成本。有研究表明,CPFR 能够使库存成本降低接近 30%,协同运输费用降低接近 10%[8]。

3. 基础支持层

基础支持层提供平台的开发技术支持和应用支持,包括相关的技术标准和协议、数据库、安全策略等,可采用稳定和高效的跨平台大型数据库 ORACLE 进行数据存储,利用客户层技术、网络层技术、服务器层技术,以及数据事务与安全、打包与部署等多种编程技术作为开发多层 Web 应用系统的技术基础。

7.2.3 关联业务单链协同信息服务平台的服务模式

面向制造业产业链的信息服务平台,以行业单链协同门户网站的信息内容服务为基础、资源服务平台的软件服务为支撑,通过产业链业务协作平台提供支持企业业务外包与协同的协作服务。平台的服务模式如图 7-7 所示。

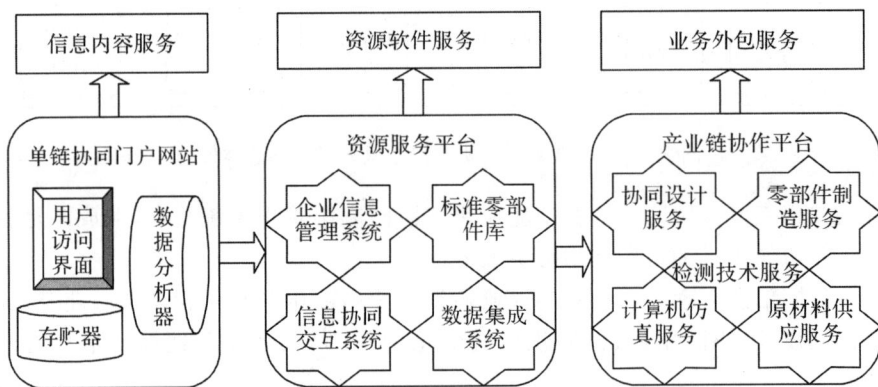

图 7-7 单链协同信息服务平台的服务模式

1. 单链协同门户网站

制造企业利用门户网站平台发布其产品、零部件信息,形成平台的虚拟零部件库。企业用户发布供求信息、招标信息等商务信息,形成平台商务信息资源;平台运营商利用自身资源和能力提供专利标准和行业标准等公共信息。

2. 资源服务平台

资源服务平台包括运营商自行开发的数据转换平台、数据集成应用系统、信息协同交互系统等工具软件,以及制造企业信息管理系统、标准零部件库等管理型软件。资源服务平台运营采用 SaaS 模式,用户只需租用,即可获得这些软件的使用权限,软件的升级和维护都由运营商来负责。

数据集成应用系统采用面向服务的 SOA 技术架构,包括协同设计平台、协同制造与供应链管理平台、企业内部信息系统数据集成平台等,并且提供程序共享、桌面共享、白板操作等支持实时协同设计的必备工具。

企业信息管理系统针对制造企业内部生产经营管理的核心业务,提供销售、采购、库存、应收应付等管理功能,系统采用互联网租用模式,通过快速接入,满足不同制造行业企业对进、销、存各环节进行管理的信息需求。同时,该系统还能与信息服务平台中其他平台的集成应用结合起来以供使用。

3. 产业链业务协作服务平台

产业链业务协作服务平台一方面结合信息服务运营商自身能力,联合技术服务单位向制造业企业用户提供相关的技术支持服务,例如计算机仿真分析、虚拟制造等开发服务,帮助企业实施业务外包;另一方面支持由核心制造企业组织其供应商形成虚拟企业联盟,通过信息服务平台进行业务协作,并通过平台进行协作过程的管理。

7.2.4 关联业务单链协同信息服务平台的运行方法

1. 核心企业购买平台自营的运行模式

核心企业购买平台自营的运行模式,指由核心制造企业购买信息平台的使用权,自行搭建、经营和维护平台的运行,同时由运营商提供平台升级技术支持的信息服务模式。这里的核心企业并不是指规模大,强调的是其在制造业产业链中的核心地位,通常是具有较高的管理水平和信息化水平,拥有雄厚的资金实力、大量高素质的员工和长期合作伙伴,在行业中具备较高知名度和号召力的企业。

核心制造企业通过信息服务平台整合其供应链的上、下游合作伙伴资源,从而增强供应链竞争实力,实现供应链内企业利益的最大化。

2. 基于第三方服务的运行模式

基于第三方服务的运行模式是指企业租用协同平台和数据存储服务，通过互联网访问协同平台，进行协同设计、协同制造和供应链管理的信息协同服务方式。企业通常以会员方式成为平台的注册用户，根据自身需求选择相应的平台功能模块和使用时间，按照功能模块的类型、数量和使用时间缴纳不同的服务费用，运营商提供对应的平台功能、数据维护、技术支持和系统升级等服务。平台营运商也可按合同约定，为用户代为备份、下载和保管协同设计全过程的数据，当用户需要时，再上传到协同平台恢复，供用户查询和引用。

3. 单链协同信息服务平台实施流程

协同信息服务平台的实施要牵涉到多家企业，需要明确协同平台的实施内容和目标，制定有效的实施策略，制定平台数据的有效性约定和规范，同时还应取得企业领导者的支持，重视管理思想与操作应用的培训。通过核心制造企业在产业链中的影响力和控制作用来实施协同信息服务的流程，主要包括三个阶段，即协同信息服务准备阶段、协同信息服务项目配置与展开阶段、协同信息服务平台运行阶段（见图 7-8）。

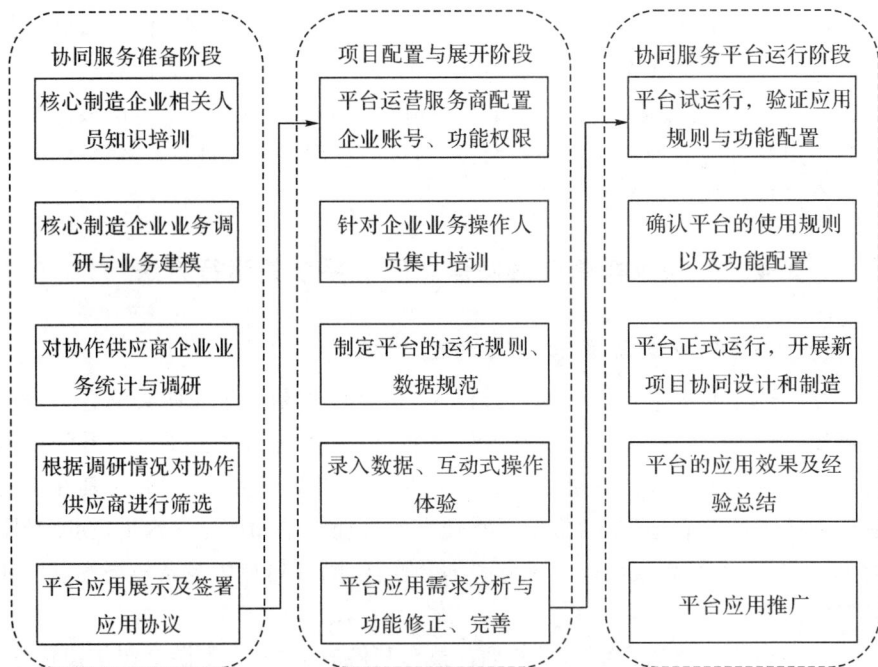

图 7-8　单链协同信息服务平台实施流程

（1）协同信息服务准备阶段。该阶段需要依次进行以下5项准备工作：①对核心企业的管理者和相关负责人进行基础知识培训，通过有丰富行业经验的教授或者咨询顾问对核心企业的人员进行协同信息服务平台中并行工程知识、协同项目管理、协同制造管理等方面的知识培训，让企业项目组能够理解到企业用协同平台可以做什么，协同平台可以给企业带来什么样的预期效益；②企业调研和建立企业协同应用业务模型，在咨询顾问的帮助下，对企业的产品开发、外协管理等业务流程进行调研和分析，明确涉及的部门及负责人，确定企业的协同需求，建立企业开展协同的业务模型；③供应商统计、调研，由核心企业组织、实施顾问协助，对核心企业初选的供应商进行现场调研，了解供应商的产品设计能力、计算机网络配置和运行情况，并向供应商初步说明调研的目的；④根据调研情况对供应商进行筛选，选择计算机网络基础较好的供应商作为开展协同应用的对象；⑤供应商动员和平台应用演示，由核心企业组织召开供应商协同平台应用的动员大会，实施顾问负责现场针对性地演示协同平台的应用流程，与通过筛选并愿意协作的供应商企业签署应用协议。

（2）协同信息服务项目的配置与展开阶段。该阶段需要依次进行以下5项工作：①注册账号、配置平台的功能，由平台运营服务商根据核心企业提供的名单，分配各个企业账号，并配置各个企业的协同平台应具有的功能和权限；②集中培训，主要针对操作人员进行基础知识培训和操作培训，发放平台的用户手册，各个企业的用户代表登录自身企业账号，进行实际的操作应用，并进行基础数据如用户信息、企业信息等的录入，建立协同关系；③制定平台的使用规范和平台数据的有效性约定，在咨询顾问的帮助下，核心企业和供应商根据其实际情况，制定平台的运行规则，并确定平台数据的规范和有效性；④录入数据、进行互动式操作体验，进行文档发放与接收、订单计划的发放与回复、协同会议等功能的操作体验，并由用户提交相应的应用报告；⑤应用需求分析和功能完善，汇总应用中出现的问题，对平台的功能配置以及企业间使用规范和约束进行完善和修正。

（3）协同信息服务平台运行阶段。该阶段需要依次进行以下5项工作：①平台试运行、功能验证，核心企业录入数据，与供应商展开协同应用，对平台的使用规则、平台的功能配置进行验证；②平台功能确认，企业在试运行平台之后，确认平台的使用规则以及功能配置；③平台正式运行，由核心企业下发协同项目正式启动文件，核心企业录入数据，通过平台开展新项目的协同设计和制造；④平台的应用效果及经验总结，核心企业和供应商在利用平台开展协同业务一段时期之后，对该段时期内平台的应用情况进行总结，在总结平台应用给企业带来效益的同时，也要关注平台的不足，积累平台运行的经验；⑤平台推广，以增加企业应用协同平台的功能，扩大参与的企业数量。

7.3 制造协同信息服务网的理论研究

基于制造业关联业务多链协同的信息服务需求已无法用单链结构准确描述，可以用一个由许多节点构成的网状结构模型表示，这个网络结构表明，要实现对它的控制和利用，必须建立相应的制造协同信息服务网。

7.3.1 制造协同信息服务网概念的提出

1. 制造协同信息服务网的概念

制造协同信息服务网的概念是在前人关于服务供应链和协同服务网等相关概念的基础上，结合多链协同信息服务需求的特点提出来的。

近年来随着服务外包的不断增长，出现了服务供应链的概念。国外关于服务供应链的研究从 2000 年开始起步，2004 年服务供应链正式开始得到关注。国内对服务链的研究目前主要集中在物业服务和物流服务等行业[9]。

在物流服务供应链研究方面，国内学者篆佳等认为服务链是服务行业企业通过向消费者提供服务良好的消费环境，为消费者提供消费过程中的各种服务，这些服务以最大限度地满足消费者需求为出发点，借助现代信息技术、物流技术、系统工程等把与服务有关的各个方面按照一定的方式组织起来，形成完整的服务链[10]。随着信息网络技术的发展，供应链的结构逐渐从链状向网状发展，使得企业间的合作关系趋于错综复杂并且越发紧密。张飞在此基础上面向机电行业的应用服务提出制造协同服务网的概念，以"网络组织理论""对策论""耗散结构理论"与"和谐管理理论"等为理论基础，研究了制造协同服务网的理论与方法研究以及技术实现[11]。王景峰等则提出一种基于复杂网络模型理论的协同制造服务网建模方法，根据建立的协同制造服务网络模型，给出关键服务发现的方法[12]。在协同制造服务网络模型中，可以将制造服务抽象为网络节点，将任意制造服务之间的可合作性抽象为网络边。通过定义、计算和分析节点的度、强度及聚集系数等参数及其关系，揭示各节点在服务网络中的重要程度。

本书在以上研究的基础上，进一步提出了面向制造业的新型信息服务模式——制造协同信息服务网（manufacture collaborative information service network，简称 MCISN）的概念，认为 MCISN 是由一组既自主独立又相互关联的制造服务型企业以及相关制造生产企业的信息部门，依据专业化分工，协同为制造产业价值链提供多链协同信息服务，以信息用户需求的价值实现为内在目标的企业动态网络集合体。

与制造产业价值链单链协同中交易成本主要发生在企业和企业之间、直接与最终信息用户相关的交易成本所占比重较小不同，在制造产业价值链多链协同中，由于整个服务生产和传递过程需要用户的直接参与，客户与协同制造企业之间的信息沟通成本占据了全部交易成本的极大比重。在这种条件下，无论是为了提高客户满意度，还是降低多链协同的整体运营管理成本，都要求所有参与制造产业价值链多链协同的企业能同步地与最终客户进行信息交流。因此，采用制造协同信息服务网的管理模式，可以有效地针对特定的客户服务需求，集成所有相关的企业资源同时同地协同运作。同时，在制造协同信息服务网中，由于服务的生产和消费同时发生且不能储存等基本特征，要求制造协同信息服务网在满足客户信息服务需求的过程中必须同时、同地集成制造企业和信息服务供应商的全部信息资源。

2. 制造协同信息服务网中协同的内涵分析

制造协同信息服务网中协同的含义，是指构成系统的要素或子系统之间的协调和同步。一个系统结构的稳定性取决于系统的有序度，而系统的有序程度又取决于各要素间的协同性。当自然界各种事物的规模和复杂程度发展到一定数量级的时候，该事物本身就会产生自组织现象[13]，这也是大自然的一个客观规律。一个系统从无序转化为有序的关键并不在于系统是否平衡，也不在于离平衡态有多远，而在于组成该系统的各子系统能否在一定条件下，通过它们之间的非线性作用、互相协同与合作自发产生稳定的有序结构，这就是系统的自组织协同结构思想。制造协同信息服务网的协同思想体现为信息服务企业个体内部协同、产业价值链上企业间的信息服务协同、制造协同信息服务网内不同产业价值链间企业的协同三个层次。

（1）信息服务企业个体内部协同。在这一层次的协同要素是服务企业个体内部的各个企业部门，如产品制造服务企业中的采购、库存、车间加工和财务部门等。服务企业个体内部协同是指企业内部各个部门之间的协同，只有服务企业个体内部要素间进行紧密协同，企业个体才具有凝聚力，才能对外表现出独特的核心竞争力，从而进一步进行更高层次的协同。因此，企业内部要素间协同是制造协同信息服务网协同层级的底层，是其他层次协同的构成基础。

（2）产业价值链上企业间的信息服务协同。这一层次的协同信息要素是原料供应服务信息、零部件供应服务信息、最终产品制造服务信息、物流服务供应信息、产品销售服务信息等。产业价值链上企业间的信息服务协同能够帮助协同制造企业缩短产品生产周期，降低产品生产成本，缩短用户需求满足的时间，从而提高协同制造企业的时间竞争力与价格竞争能力。

（3）制造协同信息服务网内不同产业价值链间企业的协同。在这一层次的协同要素是包括消费者在内的制造协同服务网内的所有成员企业。制造协同信息服务网通过计算机网络技术把消费者、最终产品制造服务商与产品销售服务商以及其他服务属性的企业联系起来，使得制造协同信息服务网内所有成员企业之间的信息沟通、传播、交互顺畅，做到信息精确、实时和可见，促进信息资源的共享和知识的积累，优化配置系统资源，共同对市场作高效、敏捷的响应，从而进一步提高制造协同信息服务网内企业的质量竞争能力与创新竞争能力。

7.3.2　制造协同信息服务网的主要服务内容

生产性信息服务业是工业增长中重要的中间投入，它投入的数量、质量和方式，越来越代表着工业增长的现代化程度。根据微观理论，企业所创造的价值主要来自于研发和营销等价值链两端的生产性服务活动[14]。随着专业分工的深化和产业结构的升级，生产过程的产前、产中和产后各环节需要融入更多的生产性信息服务，以提升有形产品的差异化竞争优势。

制造协同信息服务网中的生产性信息服务企业包括在生产前、生产中和生产后为生产提供相关信息服务的行业，诸如产品的研究和开发、产品的设计、生产的信息化服务、金融和保险、产品的现代物流、产品的营销和售后服务、企业的管理和法律咨询、企业账户的会计和审计、产品的广告设计和推广、产品的跨境贸易等方面的信息服务。

在制造协同过程中，需要信息流、物流、资金流的支持，它们贯穿在制造协同过程的各个环节，其中信息流服务是基础，它决定着物流服务、企业金融服务（资金流服务）的方向和进程。因此，制造协同信息服务网中的服务内容主要包括以下几方面：

（1）产品信息服务。制造协同信息服务网中产品信息服务主要包括原料供应信息服务、零部件供应信息服务、最终产品提供信息服务等。

（2）知识与研发信息服务。制造协同信息服务网中知识与研发信息服务包括新技术开发信息、新产品概念设计等信息服务。

（3）信息传输与软件服务。制造协同信息服务网中信息传输服务主要包括电信增值服务和其他信息传输服务；软件服务主要包括企业电子商务系统软件服务、企业管理软件服务、行业应用软件服务等。其中电子商务系统软件服务主要以行业专业电子商务平台的形式出现；企业管理软件服务包括财务软件、CRM 软件、ERP 软件等；行业应用软件服务包括制造业 CAD、工业自动化控制、面向产品研发的设计智能化系统、面向流程工业生产过程的自动化系统之类。

（4）现代物流信息服务。制造协同信息服务网中的现代物流信息服务一般以大型物流基地为核心、综合性物流配送区和专业性物流配送区为节点构成物流网络体系展开，物流信息服务能够直接渗透到企业、园区等各个终端，是连接产品生产服务链上、下游企业的纽带。

（5）科学技术信息服务。制造协同信息服务网中的科学技术信息服务主要是指科技信息交流与技术推广服务，包括科技信息中介、科技人才交流等方面的信息服务。

（6）商务信息服务。商务信息服务主要包括两类：一是信息咨询服务，包括企业的管理咨询、战略咨询、质量认证、会计审计、法律咨询等服务；二是市场信息服务，包括可行性研究、市场调查与研究、广告与包装设计、售后服务等方面的信息服务。

（7）企业金融信息服务。企业金融信息服务包括企业融资、企业上市、企业保险、企业创业过程中风险投资等方面的相关信息服务。

7.3.3 制造协同信息服务网的一般组织结构

1. 网络组织结构的定义及特征

网络组织是一个由活性结点的网络联结构成的有机组织系统[15]。信息流驱动网络组织运作，网络组织协议保证网络组织的正常运转，网络组织通过重组以适应外部环境，通过网络组织成员合作创新实现网络组织目标。网络组织的形态既可以是经济实体组织，如思科（Cisco）等，也可以是虚拟的组织，如 Linux、eBay 等。随着电子商务的蓬勃发展，许多传统的制造企业也正在进行组织变革，向网络组织转变。例如，全球知名的汽车制造企业通用汽车公司在保留其核心的汽车设计和销售部门的同时，将其生产制造部门剥离，通过资源外包等形式构建其价值链，转变为网络组织。

组织结构是一个组织内部各构成部分之间所确立的关系形式,有效地开发社会资源的第一个条件是有效的组织结构[16]。组织结构是否合理和科学,直接影响到组织能否高效运转。

网络组织结构是网络组织内部各构成部分之间的关系形式,一般可以分为有盟主与无盟主网络组织两种形式[17]。

在有盟主的网络组织中,有一个结点在组织中具有管理协调功能,通过指令、契约等信息来管理协调整个网络组织的运行。有盟主的网络组织又可以分为集合式和价值链式的网络组织。在集合式网络组织中,盟主结点作为组织与外界进行信息、物质(商品/服务)交流的枢纽,但不参与物质的创造过程,如沃尔玛、亚马逊等;而在价值链式网络组织中,盟主结点不仅作为组织与外界进行信息、物质(商品/服务)交流的枢纽,而且构造、指导、协调整个物质的创造过程,如思科、戴尔等。

在无盟主的网络组织中,各个结点处于对等的地位,通过各结点之间信息或物质的相互交流,形成组织的自我调节以维持网络组织的运行,形成网络组织的价值(表现为网络组织共有的知识或经验以及网络组织的声誉、品牌),并为网络组织各成员所共享。无盟主的网络组织又可以分为集成式和联盟式网络组织。在集成式网络组织中,各结点之间自由地进行信息与物质的交换,如eBay等;在联盟式网络组织中,各结点通过参与组织知识或经验的创造而共享组织的知识或经验,如 Linux、Java 联盟等。

制造协同信息服务网是以满足消费者客户需求的价值实现为内在指向性的动态网络组织,具有很强的目标导向性,通过创新满足客户不断变化的特定需求来适应市场变化。因此,综合分析上述各种形式的网络组织结构特征,表明只有价值链式的有盟主的网络组织结构符合制造协同信息服务网特性要求。

2. 制造协同信息服务有盟主的网络组织结构

制造协同信息服务网由一个盟主企业和若干个节点企业构成,盟主企业、核心节点企业和其他非核心节点企业之间的连线表示了成员企业间的信息流、资金流、物流的流动和联系(见图7-9)。盟主企业是在制造协同信息服务网中能抓住市场机遇、拥有不可替代核心能力的信息服务提供商,它通过指令、契约等信息来管理协调整个制造协同信息服务网络组织的运行。节点企业也分两类,一类是核心节点企业,即核心能力高于盟主企业能力的服务型企业,它们通过基本平等的合作博弈方式与盟主企业共同构成核心企业群;而另一类是非核心节点企业,即核心能力等于或低于盟主企业能力的服务型企业,

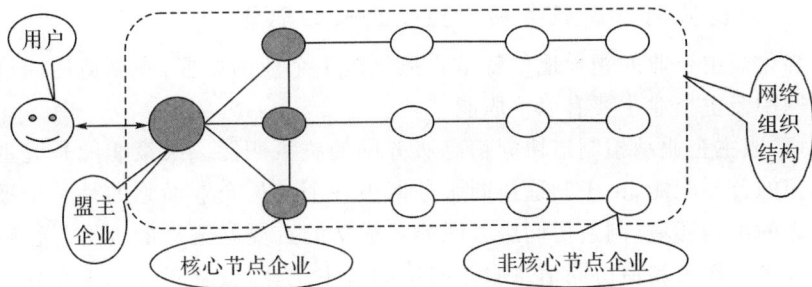

图 7-9　制造协同信息服务网组织结构

它们与核心企业群共同构成了制造协同信息服务网,但在制造协同信息服务网中处在被盟主企业选择的地位上,盟主企业随时可以选择其他企业来替代它们的位置。

3. 制造协同信息服务网中盟主企业承担的风险

在竞争越来越激烈的市场环境下,无论何种形式的组织结构都要承担一定的风险。即使制造协同信息服务网有盟主式的网络组织结构,也要承担一定的风险。一般导致一个组织失败的原因不外乎两种:一种是外部原因,一种是内部原因。对制造协同信息服务网络组织来说,外部原因也就是客户需求方面的原因,内部原因是其系统内部组织功能出现失调现象等。因此,对制造协同信息服务网来说,承担的风险主要是以下两种。

(1)客户端虚假需求引起的连锁反应。这是由于制造协同信息服务网的外部原因造成的风险形式,客户端的一个虚假的需求信息可能会使得整个制造协同信息服务网中成员企业都沿着错误的市场方向进行,从而导致失去市场并使制造协同信息服务网的成员企业蒙受巨大的损失。

(2)内部信息失真引起的连锁反应。由于制造协同信息服务网中,每个企业都是按照伙伴之间的信息来安排计划和生产的,倘若其中某一个节点上的信息失真就会引起牛鞭效应,从而导致整个制造协同信息服务网运行成本的提高,系统竞争能力下降。

因此,制造协同信息服务网要防范风险,使整个网络组织达到和谐,必须强化盟主企业的领导地位,建立核心企业群体,从而改善整个制造协同信息服务网的弹性,在整个制造协同信息服务网上实行库存信息、计划信息和客户需求信息的共享。

4. 制造协同信息服务网中盟主企业的职能

强化盟主企业的领导地位就是要强化盟主企业的职能，在制造协同信息服务网中盟主企业主要有以下职能。

（1）盟主企业承担制造协同信息服务网的决策职能。决策职能是盟主企业承担的首要职能，由于制造协同服务网中各个成员企业面临的是一个极其不确定的市场环境，制造协同服务网能否成功的首要问题是能否进行正确的经营决策。作为制造协同信息服务网中的盟主企业，就要正确识别和分析市场需求机遇，正确选择合作伙伴组合。盟主决策水平的高低直接关系到制造协同信息服务网络组织的成败，影响更多企业的存亡和发展。

（2）盟主企业承担制造协同信息服务网的创新职能。在电子商务环境下，制造业中无论是产品质量的竞争还是成本的竞争，归根到底都是企业创新的竞争，而负责策划和组织制造协同信息服务网中创新活动的正是盟主企业。所有的创新活动归根到底都是对服务要素进行新的配置，盟主企业能将这种服务要素的配置范围扩大到多个企业之间。因此，盟主企业很大程度上承担着整个制造协同信息服务网的创新职能。

7.4　制造协同信息服务网的建立方法

在讨论制造协同信息服务网建立方法之前，需要首先分析一下制造业典型的多链协同企业结构。

7.4.1　多链协同制造企业的结构分析

制造企业构架方式不同，其协同制造模式也不相同，相应地必须寻求灵活的信息服务方法来解决不同企业协同制造所面临的问题。在电子商务环境下，确定使用哪种协同信息服务方法时，应该先考虑不同类型的企业结构[18-19]。目前常见的制造企业结构有发散网结构、会聚网结构、"T"形网结构、"X"形网结构等类型。

1. 发散网结构

发散网是制造企业结构中的基础结构。在发散网中物料以大批量的方式存在，但是最早的原材料必须经过加工转换为中间产品，提供给其他制造企业作为它们的原材料。如钢铁制造业、石油、化工、造纸和纺织等流程加工企业就是典型发散网结构,在生产不同产品之前需要制成许多中间产品。

在这种发散网结构中,企业的上下游关系是由其所生产的产品在加工流程中的位置所决定的。企业的这种结构类型也被称作"V"形结构,这类企业在生产过程中每个阶段都增加了控制问题,但当网络延伸到最终用户时,发散网中企业所生产的多品种产品使其业务非常复杂。为保证不确定需求和确保工厂生产能力,需要库存作为缓冲,因此占用了大量的资金。

2. 会聚网结构

制造企业的信息服务业务本质上是由订单和客户需求驱动的。在制造、组装和总装时,为了满足客户需求,需要从大量的供应商手中采购大量物料。这种企业是一种典型的会聚网结构,即形成"A"字形状。例如汽车制造企业,往往需要将精力集中放在过程的重要装配点的物流同步上,但来自市场缩短交货期的压力,会迫使这些组织寻求更先进的信息系统来解决整体的信息同步问题。

3. "T"形网结构

"T"形网结构介于上述两种模式之间,这类结构的企业通常结合了这两种模式的特点,其情形在接近最终用户的企业(例如电子产品、食品加工等企业)和为总装配提供零部件的企业(例如汽车生产、电子和船舶制造企业)中普遍存在。这类企业从与它们相似的公司中采购大量的物料时,或给大量的最终用户和合作伙伴提供构件和套件时,会通过对通用中间件的制造标准化来减少它们的复杂程度,并根据现存的订单确定通用件,这样的过程就形成了"T"字形。从控制的角度来说,处理这种组织结构的最好方法是减少产品品种和利用先进的信息服务工具来维护和加强对网络组织的控制。

4. "X"形网结构

"X"形网结构是最复杂的,主要涉及那些既有流程特点又有按预测或订单生产特点的制造企业。这些企业需要管理许多原材料、半成品、中间产品(零部件)和不同的工厂,预测和需求管理是这些企业考虑的一个重点,通常采用按相似产品系列进行汇集的办法处理业务。显然,这些企业需要尽可能地限制提前期来稳定生产,而无须保有大量库存,于是往往采用协同的解决方案来满足其需求。例如,浙江吉利汽车车身厂,既要生产车身部件满足吉利汽车整车生产的需求,又要生产车身本身所需要的零部件,是一个典型的"X"形网结构。

7.4.2　基于 Agent 的制造协同信息服务网建模

现阶段建模技术研究方法多种多样，常用的主要包括网络设计方法、近似方法、优化仿真和企业建模方法等，这些建模方法虽然各有其优点，但也都在一定程度上存在着将概念层转化为操作层时相互之间的匹配关系不恰当的问题。实际上建模所起到的作用，应该是将相关理论转换为指导实际应用。复杂系统建模和开发技术的进步，主要体现在其不断增强的抽象技术上，包括过程抽象、数据类型抽象及对象抽象。而 Agent 在抽象方面又进一步实现了实体抽象，软件开发者可利用 Agent 更自然地去描述、分析和开发复杂系统[20-21]。

1. 基于 Agent 定义的协同信息服务网络模型

Agent 是一种具有控制功能的实体，它可以接收信息，并根据自身的知识、规则和控制逻辑对信息进行处理，然后把信息转发出去。在电子商务环境下，制造业进行协同制造所必需的信息是各种异构信息，它们提供不同的访问接口，为了能以一致的方法访问这些资源，系统必须有屏蔽异构信息资源的功能。Agent 具有公共性（commonality）、真实性（veracity）、自治性（autonomy）、互见性（awareness）和强制性（commitment），比较适合解决异构问题。因此，针对网络化协同制造这样的复杂系统，可以将 Agent 技术引入到其协同制造信息服务网络模型的建立过程中，采用基于 Agent 的建模方法来规划制造协同信息服务网络系统。

电子商务环境下，制造协同信息服务主体是一个多功能的组合体，合作伙伴企业间的相互依赖关系，使得彼此间的信息交互以及协作方式，对协同信息服务网络主体的设计与实现具有相当大的制约性。协同信息服务过程一般可分为以下五个阶段：

（1）产生协同信息服务需求，确定协同信息服务目标；

（2）协同信息服务规划，求解合理的协同信息服务结构；

（3）寻求协同信息服务的合作伙伴企业；

（4）选择协同信息服务方案，一般根据协作竞争者的情况反推最佳的协同信息服务方案；

（5）按协作或交互协议进行协同信息服务以实现所确定的目标。

基于 Agent 的模型定义如下：$M = <Ag, G, P, T, S>$

其中，Ag 表示协同信息服务网络主体。在整个信息服务网络的协同过程中,除了必须存在多个企业参与协同来实现协同目标最大化的协同参与者(网络实体结点)外,还存在负责多信息服务主体协同的协调者(网络控制结点)。协同协调者一方面提出协同信息服务需求,对协同信息服务目标进行规划;另一方面,还负责根据竞争者的条件挑选合适的协同信息服务伙伴。

G 表示协同信息服务目标,由协调主体在特定的情况下产生。

P 表示协同信息服务规则,规则的关键是构造问题的协同信息服务结构,确定完成协同任务所需要的网络结点、网络结点的相关性质以及网络结点之间的依赖关系。

T 表示协同信息服务伙伴集合,即参与协同信息服务的协作团体,$Ag \in^{①} T$。协同信息服务团体的形成是协调信息服务主体根据各主体竞争相应的协同网络结点的有关信息而确定的。

S 表示协同信息服务方案,它与协同伙伴相对应,并且 $S \in P$。

2. 模型的协同信息服务过程分析

多链协同信息服务主体在协同信息服务过程中,其协作行为必须满足信息服务网的特定性质,这些性质表现在如下几个方面:

(1)信息服务主体之间的相互信赖。信息服务主体间既有合作也有竞争,在协同信息服务过程中可以自主地去实现服务目标。

(2)信息服务主体参与服务全过程。信息服务主体对协同行为予以承诺,并保证在正常情况下不影响协同信息服务的顺利进行。

(3)确保协同信息服务过程无死锁。在选择协同信息服务方案阶段,首先对规划阶段所需要的协同信息服务网络结构进行优化,排除死锁出现的可能性。

(4)协调与约束。信息服务主体间的协同往往离不开协调,在协同目标中,不仅定义了信息服务主体应完成的任务目标,还定义了信息服务主体在协同过程中应满足的环境约束等性能指标,并将目标关系进程与目标结构进程组合在一起,从而保证信息服务主体行为在信息服务网络中的协调性。

7.4.3 基于复杂网络的制造协同信息服务网建模

1. 复杂网络理论及相关应用研究

复杂网络(complex network)是指具有自组织、自相似、吸引子、小世界、

---

① $\in$ 是数学集合运算中表示属于关系的符号。$Ag \in T$ 表示集合 Ag 属于集合 T。

无标度中部分或全部性质的网络[22]。其复杂性主要体现在以下几个方面：①结构复杂，表现为节点数目巨大，网络结构呈现多种不同特征；②网络进化，表现为节点或连接随时可能产生与消失，导致网络结构不断发生变化；③结点和连接多样性，复杂网络中的节点可以代表任何事物（节点多样性），并且节点之间的连接权重存在差异和方向性（连接多样性）；④动力学复杂性，表现为节点集可能属于非线性动力学系统，节点状态随时间发生复杂变化；⑤多重复杂性融合，即以上多重复杂性相互影响，可能导致更加难以预料的结果。例如，当两个节点之间频繁进行能量传输时，它们之间的连接权重会随之增加，并通过不断的学习与记忆逐步改善网络性能。

复杂网络理论近年来受到国内外学者高度关注，国内关于复杂网络的应用研究主要涉及信息网络、社会、经济管理等领域[23]，其中小世界网络、无尺度网络和复杂加权网络成为求解实际问题的重要工具。例如，江可申等通过构建基于小世界网络的企业动态联盟模型，研究如何在提高网络全局功能的条件下实现企业自身利益最大化[24]。周辉通过对我国广东地区关于 SARS 流言传播的研究，阐明现实社会中流言传播具有小世界网络的典型特性，利用复杂网络的相关理论可以更合理地解释各类流言从爆发到迅速传播整个过程中的潜在原因[25]。陈洁等则通过分析搜集到的中国电力网的有关数据，证明中国电力网具有小世界效应和无标度特性[26]。陈振毅等利用 BA 无标度网络模型模拟通信网络中的数据传输过程，用节点的容量指标反映实际路由器的缓冲区大小，用节点的处理速度指标来反映路由器处理数据包的能力；同时利用无标度网络中的度指标把节点分为两类，用度较大的中心节点模拟现实网络中重要的路由器，而用其他普通节点模拟一般的路由器，以反映现实通信网络中路由器不同的重要程度[27]。在制造业也存在许多复杂网络的问题，如企业合作网络、产品供应链网络以及客户关系网络等[28]。

在电子商务环境下，制造业不同企业形态和不同企业之间基于利益优先的原则，可以与一切可能的合作企业结成联盟实现多链制造协同，因此联盟网络结构既有一定的规律可循，又存在随机性，无法用规则网络或随机网络来表示，而小世界网络模型能恰当地反映基于联盟结构的多链协同制造特征。在协同制造信息服务中，若把信息服务视为节点，信息服务之间的关联构成边，那么制造信息服务之间也构成了一个复杂网络。通过协同企业的协作记录，建立以信息服务为节点的网络模型，对网络模型进行拓扑结构分析，可以发现信息服务节点的重要程度，从而发现某一时期某协同制造所涉及的信息服务中的关键信息服务。

2. 协同制造信息服务网的复杂网络模型建立方法

利用复杂网络模型建立协同制造信息服务网是一项复杂的系统工程,本书在此借鉴王景峰等人的协同制造服务网络模型构建方法[12],仅给出基于无标度复杂网络模型建立协同制造信息服务网的基本思路。

无标度复杂网络模型通常称为 BA 模型,由 Barabasi. A. L. 和 Albert, R. 提出[29]。BA 模型把幂律度分布引入网络,它描述的是一个生长的开放系统,从一小组核心节点开始,在网络生长的整个过程中,外界会不断地有节点加入这个系统。BA 网络模型的节点是不断增加的,但是新节点的加入不是随机的与原网络中的节点相连,而是与原网络中的节点的度成正比。BA 网络模型的度具有幂律型分布,其度分布的幂律规律广泛存在于现实网络。BA 模型把实际复杂网络的无标度特性,归结为增长和优先连接这两个非常简单明了的机制,成功地解释了实际网络无标度的形成机理,带有普遍意义。

BA 模型中的广义合作网络可以分为单模式网络(只有同一类参与者)和双模式网络(有两类不同的参与者)。双模式网络中的最重要一种称为隶属网,其中一类节点是某种活动、事件或者组织中的参与者,而另一类节点就是它们参与的活动、事件或者组织(称为项目)。如果把制造信息服务按照项目量—任务—服务的层次表示,直接以任务为样本,将每个项目 A 包含的任务 T 定义为隶属网的 act,把每个任务所需的制造信息服务定义为 actor,就得到由任务 T 和制造信息服务 R 所构成的隶属网。将该网络先用二分图表示,然后向制造信息服务节点投影得到单模式网络。参与每个任务的资源节点之间连有表示在此任务中合作关系的边,这样每个任务就可表示为一个完全图,各个任务中所共用的制造信息服务又可将这些完全图连接起来,使整个单模式网络成为完全图的集合,这样就构成了一个协同制造信息服务网络模型。协同制造信息服务所属的项目或企业信息可以附加在网络模型的节点上。

协同制造信息服务复杂网络模型的数学模型描述如下:

假设复杂制造信息服务网络有 n 个节点,m 条边。

定义 1 协同制造信息服务网络模型 $N=\{R_1, R_2, R_3, \cdots, R_n\}$ 表示节点全集,其中,n 为节点总数,R_i 代表第 i 个节点(制造信息服务);$M=\{T_1, T_2, T_3, \cdots, T_p\}$ 表示完全图项目集合,其中,p 为任务数,T_j 为第 j 个完全图项目。$N(T_j)=\{R_i|\}$ 表示 T_j 这个完全图项目中的节点集。

定义 2 权 ω_{ij}。节点 R_i 与节点 R_j 所代表的协同制造信息服务主体之间合作的次数定义为这两个节点之间边的权。

协同制造信息服务网络模型实际是根据历史数据统计得到的结果。借助该模型，根据某区域行业内协作企业的产品生产记录，可以查找主要零部件生产所需的关键制造信息。

建立协同制造信息服务复杂网络模型的主要步骤如下：

（1）选取统计样本。在某区域协同制造企业中选择进行统计的企业样本，划分项目，确定每个项目下所包含的任务。

（2）获取每个样本在一定时期内主要产品的生产记录。需要记录主要产品制造过程所需的典型制造信息，该制造信息可以是企业自身拥有的，也可以是协同制造企业的。

（3）数据预处理。收集好历史记录后，对数据进行初步分析，去除非典型信息。

（4）依据上述无标度复杂网络建模方法，建立制造信息服务复杂网络模型。

（5）将模型用矩阵表示，然后用可视化软件（例如，Ucinet、Pajek、Python等）表示为复杂加权网络模型。

（6）根据可视化结果，对制造信息服务节点进行修整处理。例如，删除孤立节点和节点数不超过3个的孤立局部网络等。

上述过程如图7-10所示，其中（a）是样本数据的项目—任务—协同制造信息服务示意图，（b）表示由任务和制造信息服务所构成的二分图，（c）表示由（b）构成的二分图向协同制造信息服务节点投影得到的具有复边的单模式网络，（d）是将（c）表示为矩阵形式后输入Ucinet得到的可视化协同制造信息服务网络模型。

以上构建的协同制造信息服务复杂网络模型，如图7-10（d）所示，属于BA模型中的广义合作网络模型，其顶点（即制造信息服务节点）的度反映了该制造信息服务节点被选择的次数。通过对协同制造信息服务复杂网络模型进行拓扑结构分析，比较各服务节点的度、强度和聚集系数，可以确定协同制造信息服务节点的重要程度，从而为协同制造企业快速发现关键制造信息，提高其市场快速反应能力和制造设计水平提供决策支持。

7.5 构建制造协同信息服务网的部分关键技术

协同服务的主要支撑技术是分布式应用技术，包括分布式规范和基础架构等方面，这些支撑技术与架构应用范围极为广泛，缺乏行业特性与专业的适

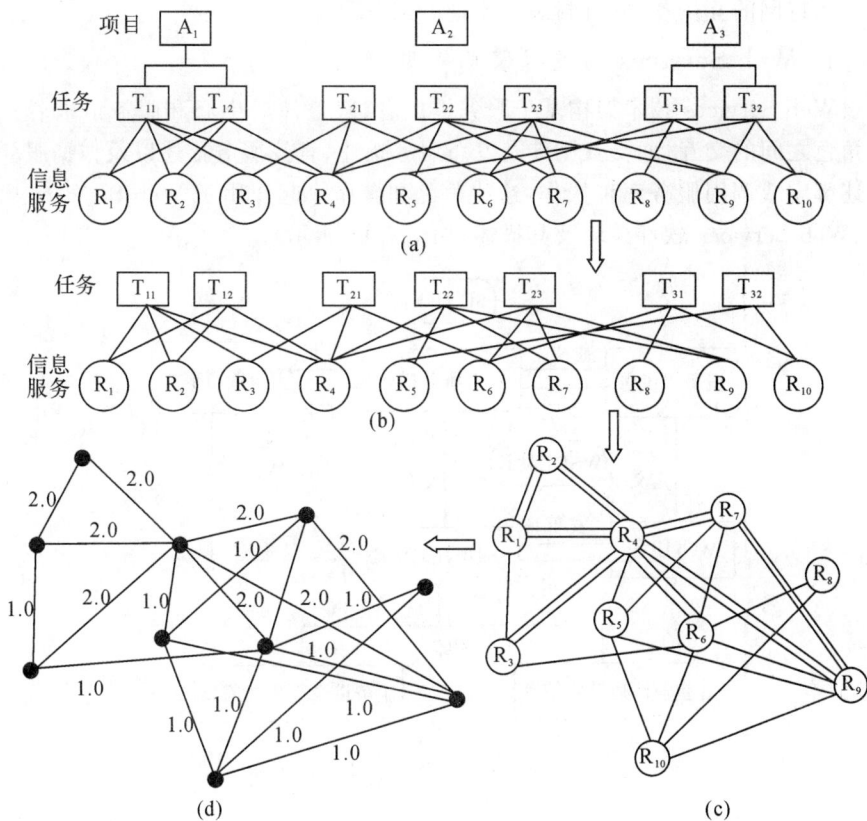

图 7-10　协同制造信息服务复杂网络模型建立过程

度综合[30]。因此,电子商务环境下的制造协同信息服务网需要从新的高度来重新审视,采用基于 Web 服务的系统架构和复杂网络开发等技术策略,综合提升现有技术的应用层次。

7.5.1　基于 Web Services 的技术架构

Web Services 是一种被 URI 识别的应用软件,它是自包含、自描述、模块化的应用,可以发布、定位以及通过 Web 调用[31],支持使用通过因特网协议交换的基于 XML 的信息与其他软件代理直接交互[32]。Web Services 是一种面向服务的体系结构,各个企业可以把与其业务相关的 API 发布到因特网上,并可被因特网上其他客户通过一定的协议和标准进行检索、调用,以完成基于因特网的互操作，并且封装了实现的细节[33]。

1. Web Services 的技术架构模型

Web Services 技术架构基于服务提供者、服务注册中心和服务请求者三种角色之间的交互，而交互则涉及发布服务描述、查找服务描述以及根据服务描述绑定或调用服务三种操作，这些角色和操作一起作用于 Web Services 构件、Web Services 软件模块及其描述（如图 7-11 所示）。

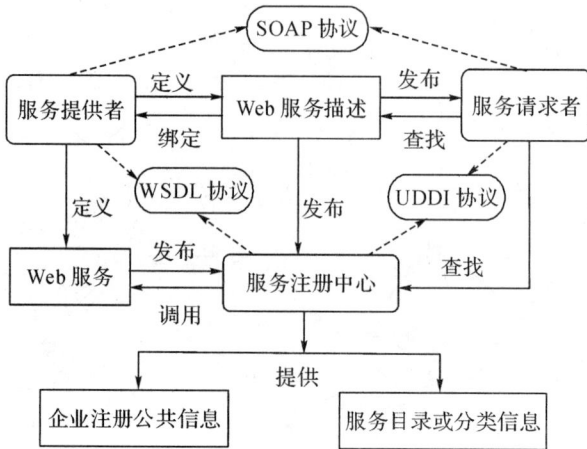

图 7-11　Web Services 的技术架构模型

服务提供者定义 Web Services 的服务描述并把它发布到服务请求者或服务注册中心；服务请求者使用查找操作从本地或服务注册中心检索服务描述，然后使用服务描述与服务提供者进行绑定并调用 Web Services 实现信息交互；服务注册中心提供企业注册公共信息（如服务类型、产品、URL 等），并提供服务目录或分类。在服务发布、发现和调用操作中主要涉及简单对象访问协议（SOAP）、Web 服务描述协议（WSDL）和统一描述、发现与集成协议（UDDI）等标准协议。

2. Web Services 交互操作涉及的主要标准协议

（1）简单对象访问协议（Simple Object Access Protocol，简称 SOAP）。SOAP 是分布式环境中基于 XML 交换信息的简单协议，包括 SOAP 封装、SOAP 编码规则、SOAP RPC（请求/响应）样式、SOAP 绑定四个部分。其中，SOAP 封装定义了一个整体框架必需的可扩展信封，用于表示 SOAP 信息处理程序之间的基本交换单位；SOAP 编码规则定义了一个数据的编序机制及应用程序中需要使用的数据类型;SOAP RPC(请求/响应)样式定义了一个用于表示远端过程调用和响应约定的信息交换模式;SOAP 绑定定义了使用底层传输协议来完成在结点间交换 SOAP 信封的约定。SOAP 为在一个松散的、分布的环境中使用 XML 对等地交换结构化的数据和类型化的信息提供了一个简单且轻量级的机制。SOAP 是在 XML 基础上定义的,完全继承了 XML 的开放性和可扩展性。SOAP 使用现有基于 TCP/IP 的应用层协议 HTTP、SMTP、POP3 等,可以获得与现有通信技术最大程度的兼容。SOAP 的主要优点就在于它的简单性,SOAP 使用 HTTP 作为网络通信协议,接受和传送数据参数时采用 XML 作为数据格式,提供了更高层次上的抽象,与平台和环境无关。使用 XML 和 SOAP 这样的跨语言、跨平台的解决方案简化了多链协同服务企业之间信息传递的一致性问题。

(2)Web 服务描述语言(Web Services Description Language,简称 WSDL)。WSDL 是一种 XML 应用,它将 Web 服务描述定义为一组服务访问节点,客户端可以通过这些服务访问节点对包含面向文档信息和面向过程调用的服务进行访问。WSDL 首先对访问的操作和访问时使用的请求/响应信息进行抽象描述,然后将其绑定到特定的传输协议和信息格式上,以最终定义具体部署的服务访问点。相关的具体部署的服务访问点通过组合就成为抽象的 Web 服务。发布 Web 服务时,Web 服务管理员可以先在 XML 注册表或其他 WSDL 储存库中发布 Web 服务的 WSDL 文档链接,然后应用程序(如 SOAP 客户机)搜索注册表来定位 Web 服务并使用这个 WSDL 文档;客户机访问 XMI 注册表中包含的 WSDL 文档,取得 Web 服务的信息和生成具有适当结构的 SOAP 信息;最后客户机用 WSDL 文档中的信息调用 Web 服务。

(3)统一描述、发现和集成协议(Universal Description Discovery and Integration,简称 UDDI)。UDDI 标准定义了 Web 服务的发布与发现的方法。为了实现 Web 服务,UDDI 提供了一种基于分布式的商业注册中心的方法,该商业注册中心提供了一个基于通用的 XML 格式描述的 Web 服务全球目录信息。UDDI 同时也是 Web 服务集成的一个体系框架,包含了服务描述与发现的标准规范,使得商业实体能够彼此发现,并能在一个全球性的注册体系架构中共享信息。当一个企业在服务注册中心注册实体后,其他的 UDDI 根节点就自动共享这些数据,从而能使商业实体快速、方便地使用企业应用软件来发现合适的商业对等实体,并与其实施电子化的商业贸易。

7.5.2 基于 BizTalk 的业务流程协同

Microsoft BizTalk Serve 是微软公司的核心产品之一,旨在为企业应用整合和流程自动化提供灵活的基础架构,它与. NET 开发平台和 Web Services 紧密整合,包含利用 XML 和 Web Services 技术实现的集成与业务处理过程自动化功能,能够导入和导出以业务处理执行语言(Business Process Execution Language,简称 BPEL)描述的业务流程。

业务流程协同设计与管理是制造协同信息服务网络平台的实施核心。在制造协同服务网内的不同应用程序具有不同的功能,这些具有不同功能的应用程序共同构成一项业务流程。例如,当库存耗尽时,仓库管理系统将提交一个库存补充请求,该请求将激活业务流程,并应用预定义的业务规则;如果该请求获得批准,则将发送到 ERP 系统,然后由 ERP 系统创建一个采购订单,同时开发一个进程向仓库返回一个指示已经创建采购订单的确认信息,最后还需要开发另一个确保采购订单已提交给相应原料提供服务商(供应商)的过程。此外,当供应商返回发运通知和发票时,将它与相应的采购订单进行核对,然后应用业务规则并为接收到的货物付款。对于这样一个跨企业和不同应用系统的业务流程,如果单靠常规的分布式协议如 CORBA 或 DCOM 开发任务,很难完成业务流程的协同交互操作。基于 BizTalk 框架的 Web 服务技术则开辟了一条便捷之路。

1. BizTalk 框架引擎

为使用户能够创建涉及多个应用程序的业务流程,BizTalk 框架引擎提供了指定业务流程的方法以及业务流程使用的各应用程序间的通信机制。

在 BizTalk 框架引擎中,业务流程不是通过使用 C♯ 等编程语言编写代码创建的,而是由业务分析员使用业务流程设计器,以图形方式组织一组自定义的形状来表示业务流程的条件、循环和其他行为。此外,业务流程还可以使用业务规则引擎表示业务流程中的规则,这种方法更简单易用并便于修改。

每个业务流程都可以创建订阅以指示其接收的信息类型。信息处理的一般过程如下:

(1)通过接收适配器接收信息。不同的适配器提供不同通信机制,可通过访问 Web Services、读取文件或其他方法获取信息。

(2)通过接收管道处理信息。接收管道可能包含多个组件,可执行各种任务,例如将信息从其固有格式转换为 XML 文档和验证其数字签名等。

（3）信息被传输到使用 SQL Server 实现的 Message Box 数据库。信息被传输到 Message Box 数据库后，便被发送到其目标业务流程，并由目标业务流程将执行自身要求的所有操作。

（4）经过上述处理后，通常会得到由业务流程创建的另一信息，将所得新信息保存在 Message Box 数据库中。

（5）新信息由发送管道进行处理，例如将其从 BizTalk 使用的内部 XML 格式转换为其目标需要的格式、添加数字签名等。

（6）信息通过发送适配器发送出去，该适配器使用适当机制与该信息的目标应用程序通信。

2. 实现和部署业务流程的基本步骤

BizTalk Framework 是业界用来实现不同应用程序交互操作的重要底层支撑。BizTalk 的目标是，将各种分散的应用程序融为一体，然后利用图形用户界面来创建和修改业务流程，以便使用这些应用程序提供的服务。针对上述信息处理的业务流程，可以开发基于 BizTalk 框架的 Web 服务来充当信息路由，对路由器进行相关的信息定义、信息映射、端口与规则配置，便可生成相应的 Web 服务来提供业务流程的自动化操作保障，以基本满足制造协同信息服务网络系统对协同业务流程的需求。

业务流程构建的主要步骤包括两大部分：标识文档并创建架构、将整个过程编译为".NET 程序集"。

第一步：标识文档并创建架构。架构是使用 Microsoft. Visual Studio. . NET 中的 XML 工具创建的，通过使用业务流程设计器创建业务规则来模拟业务流程和业务规则。如果在设计业务流程之前已知接收位置和发送位置，还可以在业务流程设计器中定义这两个系统之间的通信方式。如果在设计时不知道接收位置或发送位置，则可使用 BizTalk 浏览器定义通信方式。最后，使用管理控制台启用并启动各种服务。

第二步：构造完毕后将整个过程编译为".NET 程序集"。当部署完毕后，系统将生成一个系统服务常驻内存，一旦有业务流程激活，即可开始工作。然而，这种方式只适用于企业内部的业务流程协同，如果考虑跨企业协同，则需要将该业务流程发布为 Web 服务，这样就可以通过 SOAP 跨企业平台通信了。

7.6　本章小结

　　电子商务环境下的协同制造信息服务，是基于制造业产业价值链的上、中、下游各区段相应的协同信息服务需求展开的，这些需求包括关联业务单链协同制造信息服务需求、关联业务多链协同制造信息服务需求。针对单链协同制造信息服务需求，可以设计面向制造业产业链的信息服务平台，以行业门户网站的信息内容服务为基础、资源服务平台为支撑、提供支持企业业务能力外包与协同的协作服务；针对多链协同制造信息服务需求，可以采用基于 A-gent 的制造协同信息服务网建模、基于复杂网络的制造协同信息服务网建模等方式以及 Web Services、BizTalk 架构等技术实现。

参考文献

［1］韦韬；李东波；童一飞. 面向服务的网络化协同制造资源多目标重组优化调度［J］. 农业机械学报，2012，43(3)：193-199.

［2］于海斌，朱云龙. 协同制造：e 时代的制造策略与解决方案［M］. 北京：清华大学出版社，2004.

［3］OLIVIER Perrin，CHAUDE Godart. A model to support collaborative work in virtual enterprises［J］. Data& Knowledge Engineering，2004(50)：63-86.

［4］伍晓宇，王志勇. 模具网络协同制造［M］. 北京：机械工业出版社，2008.

［5］迈克尔·波特. 竞争优势［M］. 陈丽芳，译. 北京：中信出版社，2014.

［6］刘洪民，杨艳东. 生产性服务业与制造业融合促进我国制造业转型升级的战略思考——基于制造业价值链微笑曲线视角［J］. 经济界，2014(6)：29-33.

［7］陈静，孙林夫. 业务关联的多产业链协作网络模型［J］. 计算机集成制造系统，2010，16(5)：1089-1096.

［8］戢守峰，岳美思，唐金环，等. 基于 CPFR 的分销商可替代协同补货模型［J］. 中国管理科学，2013(1)：105-110.

[9] 马春.世界生产性服务业发展趋势分析[J].江苏商论,2005(12)：
87-88.

[10] 篆佳,王海燕,宗刚.服务链理论研究[J].北京工业大学学报(社会
科学版),2006(4):22-25.

[11] 张飞.制造协同服务网的理论与方法研究[D].杭州：浙江大
学,2007.

[12] 王景峰,李健,朱玉杰.基于复杂网络模型的协同制造服务网建立方
法[J].森林工程,2010,26(6):79-81.

[13] 赫尔曼·哈肯.协同学[M].凌复华,译。上海：上海译文出版社,
2013.

[14] 贾根良,刘书瀚.生产性服务业：构建中国制造业国家价值链的关键
[J].学术月刊,2012(12):60-67.

[15] 张千帆,李晋.网络型组织的协调机制[J].企业改革与管理,2004
(10):18-19.

[16] 罗伯特·B·登哈特.公共组织理论[M].扶松茂,丁力,译.5版.北
京：中国人民大学出版社,2011.

[17] 王耀忠,黄朋华,王小卫.网络组织的结构及协调机制研究[J].系统
工程理论方法应用,2002,11(1):20-24.

[18] UNAL, AYNUR. Electronic commerce and mufti-enterprise sup-
ply/value/ business chains [J]. Information Sciences, 2000,
63-68.

[19] TANG, JEUNG-TAI EDDIE; SHEE, DANIEL Y; TANGS
TZUNG-I. A conceptual model for interactive buyer-supplier rela-
tionship in electronic commerce [J]. International Journal of In-
formation Management, 2001,21(1): 49-68.

[20] 马军,薛晓飞,罗国富等.基于 Agent 的可重构协同制造服务链建模
及其应用研究[J].机械科学与技术,2012,31 (10):1654-1659.

[21] 贺鹏,于家城,王庆林.基于多 Agent 的可重构制造系统集成模型
[M].计算机工程与应用,2008,44(21):231-234.

[22] 郭世泽,陆哲明.复杂网络基础理论[M].北京：科学出版社,2012.

[23] 刘建香.复杂网络及其在国内研究进展的综述[J].系统科学学报,
2009,17(4):31-37.

[24] 江可申,田颖杰.动态企业联盟的小世界网络模型[J].世界经济研

究,2002(5):84-89.

[25] 周辉.流言传播的小世界网络特性研究[J].武汉科技学院学报,
2005,18(1):108-111.

[26] 陈洁,许田,何大韧.中国电力网的复杂网络共性[J].科技导报,
2004(4):11-14.

[27] 陈振毅,汪小帆.无尺度网络中的拥塞及其控制[J].系统工程学报,
2005,20(2):132-138.

[28] 宋晓艳,朱玉杰,徐琳.工业工程在中国制造业中的应用分析[J].森
林工程,2007,23(2):91-93.

[29] BARABASI, A. L. and ALBERT, R. Emergence of scaling in
random networks[J]. Science, 1999, 286(5439): 509-512.

[30] FEI ZHANG, ZICHEN C, YI M. Computation Model for Service
Resource[C]. Proceedings of the International Conference on Ad-
vanced Design and Manufacture: Harbin, 2006.

[31] 王伟军,黄杰,刘蕤等.电子商务信息管理[M].北京:科学出版
社,2010.

[32] W3C. Web Services Transaction Specification. http://www-106.
ibm. com/ developer works / library/ws-transpec.

[33] Hammer K. Web Services and Enterprise Integration [J]. EAI
Journal, 2001, 11(3):12-15.

浙江临港制造业电子商务信息服务模式构想

基于用户需求构建临港制造业电子商务信息服务模式,是推进信息化和工业化深度融合,实现以制造为基础、以服务为导向,使制造业由单纯提供"产品"向提供"产品＋服务"的服务型制造转变的重要途径之一。

根据浙江省临港产业带与制造业相关的发展规划精神,针对浙江临港制造业今后一段时期发展的重大需求,同时考虑当前已经具备的产业基础,本书从优化浙江临港电子商务信息服务生态、打造临港制造业基于 Web 2.0 的信息服务模式、建立制造业 B2B 交易平台与临港物流协同信息服务系统、完善浙江临港制造业电子商务信用信息服务体系、开发浙江临港制造协同信息服务平台等方面,给出构建浙江临港制造业电子商务信息服务模式的策略建议。

8.1 浙江临港制造业的相关发展规划与信息服务问题

构建浙江临港制造业电子商务信息服务模式必须与政府的相关发展规划精神相一致。浙江省自 2011 年以来,政府部门出台与临港产业带及制造业相关的发展规划主要有《中国制造 2025 浙江行动纲要》[1]《浙江海洋经济发展示范区规划》[2]《浙江省海洋港口发展"十三五"规划》[3] 以及全省各地市政府部门在此基础上制订的有关发展规划等。

8.1.1 发展规划中与临港制造业相关的要点分析

1.《中国制造 2025 浙江行动纲要》与信息服务相关的精神要点

中国制造 2025 浙江行动纲要指出,随着新一代信息技术和"互联网＋"大规模应用,制造与服务进一步融合,制造业结构正逐渐从中低端为主向中高端为主转变，制造业生产方式正逐渐从传统生产方式向智能制造、协同制造、绿色制造等先进生产方式转变；主要任务包括推进信息化和工业化深度融合、积极发展服务型制造和生产性服务业等，支持制造业企业延伸服务链，开发总集成、总承包业务，从单一产品制造向制造与服务集成转变；引导制造业企业整合产业链资源，促进研发设计、生产制造、运营维护及再制造各环节协同能力的提高。

选择或创建面向制造业用户的科学有效的信息服务模式，是实施这个行动纲领的重要切入点和有效途径之一。

2.《浙江海洋经济发展示范区规划》精神要点

国务院于 2011 年 2 月正式批复《浙江海洋经济发展示范区规划》，浙江海洋经济发展示范区建设上升为国家战略。批复认为，建设好浙江海洋经济发展示范区关系到我国实施海洋发展战略和完善区域发展总体战略的全局[4]。

根据《浙江海洋经济发展示范区规划》，浙江省将构建"一核两翼三圈九区多岛"的空间布局[5]。具体做法是：强化"一核"，即以宁波—舟山港海域、海岛及其依托城市为核心区，打造中国海洋经济参与国际竞争的重点区域和保障国家经济安全的战略高地；提升"两翼"，即以杭州湾产业带及其近岸海域为北翼，以温台沿海产业带及其近岸海域为南翼，打造浙江海洋经济产业发展带；做强"三圈"，即杭州、宁波、温州三大沿海都市圈，打造我国沿海地区海洋经济活力较强、产业层次较高的重要区域；集聚"九区"，即在整合提升现有沿海和海岛产业园区基础上，重点建设杭州、宁波、嘉兴、绍兴、舟山、台州、温州等市的九大产业集聚区；利用"多岛"，即加强分类指导，根据各海岛的自然条件，着力建设各具特色的综合开发岛、港口物流岛、临港工业岛、现代渔业岛、清洁能源岛、海洋生态岛等，重点推进舟山本岛、岱山、泗礁、玉环、洞头、梅山、六横、南麂等重要海岛的开发利用与保护。同时，要加快建设海运、铁路、公路、内河运输等综合交通网络，完善海陆一体化物流服务体系和大通关、直通关服务体系，推进海洋先进装备制造、清洁能源装备制造等海洋产业向内陆拓展，促进示范区与湖州、金华、衢州、丽水等内陆地区的联动协调发展。

这个规划拟定的浙江临港产业带涉及的基本区域范围及产业结构，初步奠定了构建制造业信息服务生态系统的产业基础。

3.《浙江省海洋港口发展"十三五"规划》精神要点

海洋是浙江经济社会发展的优势和潜力所在，2016 年浙江省人民政府制订了《浙江省海洋港口发展"十三五"规划》，规划范围内的港口主要包括宁波舟山港、嘉兴港、温州港、台州港，以及体现与海洋港口联动发展的内河（陆）港。

港口发展主要目标是：到2020年，初步建成全球一流现代化枢纽港，初步形成全球一流航运服务基地，初步建立全球一流大宗商品储运交易加工基地，初步确立全球一流港口运营集团，使得全省现代化、一体化的海洋港口管理体制基本形成，陆海联动、港产城融合发展进程不断加快，港口经济圈的辐射带动能力明显提升。

港口发展布局：积极推进形成以宁波舟山港为主体，以浙东南沿海港口和浙北环杭州湾港口为两翼，联动发展义乌国际陆港及其他内河港口的"一体两翼多联"的全省港口发展格局，全面提升全省港口整体实力。

港口经济圈构建：大力推进海港、海湾、海岛"三海"联动，加快推进港口、产业、城市融合发展，以现代化枢纽港建设为核心，以多式联运港口集疏运体系为支撑，以现代海洋产业发展为重点，以重要节点城市为支点，打造覆盖长三角、辐射长江经济带、服务"一带一路"的港口经济圈，努力建成我省承担国家战略的主载体、经济转型升级的主引擎、区域协调发展的主平台。

这个规划进一步奠定了浙江省依托临港产业带构建制造业信息服务生态系统的产业基础和内涵。

4. 浙江省各地政府部门发展临港产业经济的相关规划与建设情况

浙江省各地市政府部门自2011年以来，也陆续出台了临港产业经济的相关发展规划，对省政府的规划进行了落实与细化。

(1)《宁波市海洋经济发展规划》[6]。该规划于2011年编制，提出构建"一核两带十区十岛"空间功能的布局框架，重点建设宁波杭州湾产业集聚区、梅山国际物流产业集聚区、余姚滨海产业集聚区、慈东产业集聚区、宁波石化产业集聚区、北仑临港产业集聚区、象山港海洋产业集聚区、大目湾海洋产业集聚区、环石浦港产业集聚区和宁海三门湾产业集聚区，着力打造综合利用岛、港口物流岛、临港工业岛、清洁能源岛等；全力推进临港产业重大平台建设，做大做强高端装备、新能源汽车、信息制造、金属新材料、绿色家居等临港制造业；大力发展集装箱运输、仓储配送、冷链物流、中转物流等临港物流业；积极培育金融商务、信息服务、电子商务和船舶服务、口岸服务、临港信息服务等临港服务业。

(2)《湖州市临港产业发展规划(2016—2020)》[7]。该规划提出构建"一芯、两带、多组团"总体布局，以湖州铁公水综合物流园区以及湖州经济技术开发区为核心的临港产业发展核心，形成京杭运河和长湖申线东西、南北两大对外物流大通道和经济活力带，依托主干航道和临港物流平台，辐射带动周边区域形成紧密互动的吴兴临港组团、南浔临港组团、长兴临港组团、德清临港组团、安吉临港组团，打造服务浙苏皖区域的物流基地。作为全国 28 个内河主要港口之一的湖州港，港区内的德清物流园、长兴综合物流园、南浔物流园等一批物流园区已初具规模，并形成了金属新材料、新能源、新型建材、绿色家居、装备制造等一批特色鲜明的临港产业。

（3）《台州头门港经济开发区的布局规划》[8]。由临海医化产业园、临港产业集聚区和港口物流区三个区块组成，构建以头门港区为核心，以大麦屿、海门港区为重点，串起健跳港、海门港、龙门港和多个港点的台州"组合港"，形成资源共享、优势互补、错位发展、齐头并进的发展新格局。

（4）《温州浙南沿海先进装备产业集聚区发展规划》[9]。该规划提出浙南沿海产业集聚区形成"一心、两带、四区"的总体布局框架，同时加强鳌江口及以南沿海的南部拓展区块联动与互补发展。在核心区块重点引导汽车产业和机械装备制造产业两大产业集聚，空港新区块引导发展通用航空制造业、机械装备制造业，瑞安塘下产业区块积极培育轨道交通装备制造企业，瑞安阁巷产业区块以汽车及摩托车零部件、机械制造、高分子材料等先进制造业为重点，平阳宋埠产业区块引导印刷包装、金融机具等特色机械制造业向规模化、高端化发展，同时加快传统产业转型升级。

8.1.2　浙江临港产业带制造业信息服务建设状况分析

浙江各地在进行临港产业经济发展规划的同时，也注重规划的具体实施和区域内制造企业的信息服务基础设施的建设。例如，宁波化工园区拟建立一套自动化信息平台共享系统，在生产流程一体化数据库的基础上，更新原先使用的生产、消防等安全程控系统，能够从各岗位控制系统中采集数据，完成实时数据上传；宁波市象山临港装备工业园在中石油、中石化、杭钢富春、新乐造船、日月重工等大型重装铸造企业相继落户后，许多企业引进先进的智能化信息监控平台；宁波大榭、镇海石化等老石化基地在更新库区硬件设备的同时，投入资金进行设备技术更新改造。杭州市则以智能制造、智慧社区、低碳生态、宜业宜居为特征，推动临港地区形成智能制造产业配套优化升级、智能制造企业集聚、科技创新人才汇聚的战略新高地。

另一方面，也必须注意到，目前浙江省临港产业集聚度和层次仍相对偏低，水运、临港物流和临港制造业各自建设发展，各地业态同质化竞争现象依然未能根除，港口物流产业链条短，临港生产性服务业发展相对滞后等问题也仍然存在。

要妥善解决这些问题,仅靠行政手段显然还不够。为此,可以借助现代信息技术和方法,通过构建信息服务生态系统优化临港制造业的信息服务生态环境,寻求有效的信息服务模式,建立起临港区域企业自身互相协调的机制,促进临港区域内制造业和其他相关产业和谐共生,共同发展。

8.2 优化浙江临港制造业电子商务信息服务生态

浙江临港产业带各类企业在各级政府的建设规划指导和推动下,在电子商务应用快速发展过程中,制造业核心企业与其上、下游合作伙伴以及相关各类服务型企业之间已逐渐形成了相互依存的关系,基本具备了以此为基础构建一个庞大信息服务生态系统所需的条件。打造浙江临港制造业电子商务信息服务生态系统,优化其信息服务生态环境,是构建浙江临港制造业信息服务模式的重要基础。电子商务信息生态系统包括信息场、信息生态链和信息生态圈等不同的功能子系统(详情参阅本书2.5.3节),因此,优化浙江临港制造业电子商务信息服务生态,可以从构建其信息场、信息生态链和信息生态圈入手。

8.2.1 构建临港制造业电子商务信息场

在浙江临港产业带各类企业的电子商务活动中,按照信息服务的应用场所和基本作用的不同,可将其分为信息生产者信息场、信息传递者信息场、信息消费者信息场和信息分解者信息场四类。其中,信息生产者信息场提供产品品质、价格、生产量等信息,主要由各类产品生产企业及产业链上游原材料供应商企业构成;信息消费者信息场提供用户、消费特性、需求量等信息,主要由处于制造产业链中、下游的消费者(经销商)及需要采购原材料的生产企业构成;信息传递者信息场提供网络服务、物流、金融等信息,主要由为制造企业电子商务活动提供支撑服务的服务型企业构成;信息分解者信息场提供政策、科研等信息,主要由政府、高校及科研院所、第三方信息服务机构等构成。各个信息场的信息数量、信息质量等信息特性各不相同,不同类型的信息场相互作用、相互影响,共同完成信息的生产、传递、消费和分解活动。

8.2.2 构建临港制造业电子商务信息生态链

浙江临港制造业电子商务信息生态链包括主干链和支撑链,其中主干链由各核心制造企业形成的信息主体构成，支撑链由各支撑服务型企业形成的信息环境构成。

1. 主干链

在浙江临港制造业电子商务信息服务生态系统中，核心制造企业为主要信息生产者，采购商、经销商为信息消费者，第三方信息服务机构为信息传递者，政府和相关科研与教育机构为信息分解者，它们构成了临港制造业信息服务生态系统的主干生态链。

临港制造业电子商务信息服务生态系统通过电子商务将信息主体的信息流有序地组织在一起，通过电子商务系统与生产制造企业以及采购商和经销商等相关企业合作，为买卖双方搭建一个完全自由竞争的互联网交易平台，同时动态接纳和更新系统成员，保证系统自由地与外界进行信息交换。

2. 支撑链

为了让浙江临港制造业电子商务信息服务生态系统快速发展，必须要有稳定的经济环境、健全的法律环境、良好的社会环境、完好的信用机制、必要的网络基础设施、完善的线上结算体系和线下物流配送系统、先进的技术和健康的信息文化等构成的良好信息生态环境。

浙江省人民政府及各地市政府制订的相关临港产业经济发展规划，为形成临港制造业电子商务信息服务生态系统所需的信息生态环境铺平了道路，创造了良好的发展基础。临港产业经济带内的各类各具特色的工业园区、物流园区以及相关金融服务、第三方信息服务机构等，它们在产业价值链上存在生态协同关系，在信息链上也同样存在着生态协同关系。各类制造业相关网络服务促进了信息的传播，其搜索及邮箱服务可以用来搜集和传递海量信息；一些大型核心制造企业的网站和信息化系统已十分完善，拥有先进的服务器系统、数据库系统、数据存储备份系统、网络运行安全系统等，保障了各类信息高效、安全地流动，其企业网站平台可以方便买卖双方进行信息交流，促进网上销售；制造企业还可以通过自建的网站和第三方 B2B 电子商务交易平台发布供需信息；第三方信息服务平台网站如阿里巴巴速卖交易平台、中国制造网等，可以为制造业企业的搭建有效的跨境交易信息沟通渠道。

总之，浙江临港制造业可以通过构建一个综合性的大型开放性信息交互服务平台，打造以制造产业价值链为核心的、与合作伙伴共同成长的信息生态系统，让制造企业及第三方电子商务信息中介成为基础信息服务提供商，通过技术支持提供网络交易所需的支付、物流、软件、保险等相关支撑服务，并通过制定共同的交易规则、规范交易流程等手段为网上交易双方提供安全、可靠、方便、快捷的信息管理和互动交流平台，以实现信息流的顺畅流转。

8.2.3 构建临港制造业电子商务信息生态圈

信息生态圈是信息主体与信息环境之间以信息为纽带，以满足用户信息需求为目标而形成的一种互动关系。临港制造业电子商务信息生态圈可以由核心层、扩展层、相关层和外部层组成，如图8-1所示：

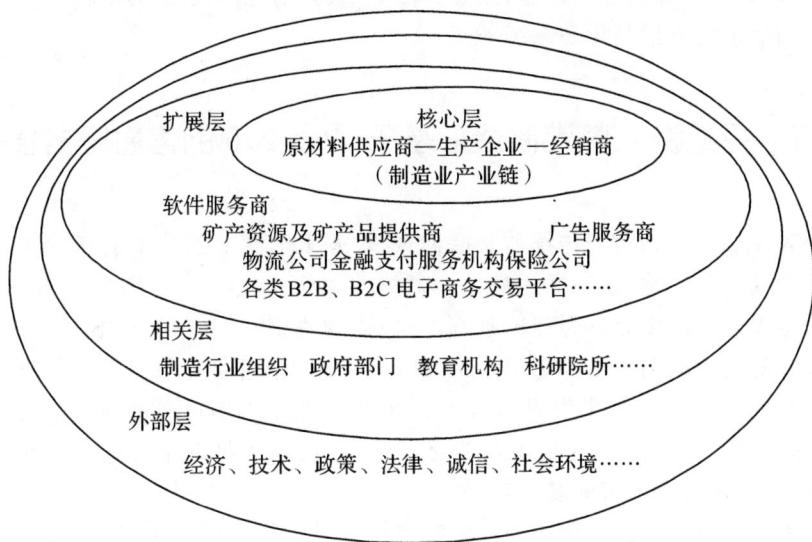

图 8-1 临港制造业信息生态圈模型

核心层主要包括原材料供应商企业、各类生产制造企业、产品经销商。核心制造企业网站及大型 B2B 交易网站为制造业产业链上的买、卖双方提供交易平台，进而形成买卖双方相互依赖的共生关系。

扩展层除了包括为原材料生产加工企业提供矿产资源和矿产品的供应商以外，还包括物流服务公司、软件服务商、广告服务商、金融支付服务机构、保险公司、各类电子商务交易平台服务提供商等，这些服务机构分别提供电子商务交易相关的支付、物流、软件、广告、搜索等信息服务。

相关层主要包括与制造业企业电子商务交易活动相关的政府部门、行业组织、教育和科研机构等，在特定的条件下各相关部门会发生一定联系。

外部层主要包括经济、技术、政策、法律、信用、物流等大环境。外部层的经济形势、技术条件、政策法规等都不同程度地影响了临港制造业电子商务信息生态系统的发展。

临港制造业电子商务信息生态圈应该具有自动调节的功能,尽管这种自我调节能力受进入圈内的企业种类和数量的影响十分有限。一般来说,进入圈内的企业信息种类越多样化,信息交互和信息循环就越强、越快速,信息生态系统的调节功能也就越强。然而,信息太多或太少都会破坏电子商务信息生态系统的平衡和完整,降低网络的合作价值。当信息生态圈建设和发展到成熟阶段时,各类信息的比重、数量等趋于平衡,信息的流向与流量趋于稳定,即达到电子商务信息生态系统平衡。

8.3　打造浙江临港制造业基于 Web 2.0 的信息服务模式

Web 2.0 是相对于传统的互联网模式 Web 1.0 发展而来的新一代互联网应用模式的统称,这一概念最早于 2004 年由 Tim O'Reilly 首次提出[10],它以长尾理论及六度分隔为理论基础,具体表现为 Blog、TAG、SNS、RSS、Wiki 等技术的实际应用。在 Web 2.0 环境下,用户的信息行为与需求也相应地发生巨大的变化[11]。如果说 Web 1.0 的主要特点在于用户通过浏览器获取信息;那么 Web 2.0 则更注重用户的交互作用,用户既是网站信息内容的浏览者,也是网站信息内容的制造者[12]。

Web 2.0 目前已发展成为能确实提供个性化服务的前沿技术,在制造业各领域,可以借助 Web 2.0 下的信息推送技术、分类检索技术以及 SNS 等社会化媒体工具,提供个性化信息服务,能够更好地满足用户的个性化需求。因此,基于 Web 2.0 的交易信息服务,实质上是个性化的信息服务方式。

8.3.1　Web 2.0 下个性化信息推送服务模式

在 Web 2.0 环境下,临港制造业电子商务交易信息服务可以针对产业链上各企业的信息需求,采用个性化信息推送的方式进行。

个性化信息推送服务,是通过研究、分析用户的行为习惯,运用信息推送技术,定期或长期将有关信息推送给用户的一种个性化主动信息服务方式[13]。个性化信息推送服务,也可以针对用户提出的明确要求,利用搜索软件在海量信息库中筛选并主动地向用户提供符合其需求的信息,是现阶段 Web 服务较流行的形式之一。基于 Web 2.0 的个性化信息推送服务为人们在海量信息中寻求有效、快捷的信息获取方式提供了捷径。早期基于 Web 1. 0 的个性化信息服务提供的内容主要是由新闻剪裁、股票报价和目录推荐等组成。随着电子商务的发展，强大的市场需求推动了个性化信息服务在电子商务领域的广泛应用。

信息推送技术是一种信息聚合技术，它能够高效、便捷地进行信息共享和发布，在最短时间内为用户提供尽可能多的信息资源。例如，RSS 利用 XML 标准来定义信息内容和发布格式，为信息的传输提供了一个低成本的、快速发布信息的通道。

基于 Web 2.0 下的信息推送服务最大的优点在于提供"信息找人"的主动服务，用户往往只需一次输入请求或者根本不需要用户主动提供需求，便可定期不断地收到其所需的最新信息。因此，Web 2.0 环境下，针对临港制造业用户的个性化信息推送服务应该具备如下特征：其一，信息推送主要是根据制造企业用户在个性发展、行为习惯等方面的表现，利用数据推送、过程跟踪、智能代理等技术，预测用户的兴趣或选择，主动向用户推送其可能需要的信息，以求最大限度地满足用户的信息需求；其二，基于 Web 2.0 的个性化信息推送服务是定向式、跟踪式的专题信息服务，可以向制造业用户提供市场动态、行业新闻、新产品通告等推送服务；其三，基于 Web 2.0 的个性化信息推送服务具有集成性、易获性、智能化等特点，在信息推送过程中各参与方相互之间应基于一种协同机制进行工作。

8.3.2　Web 2.0 下信息分类定制服务模式

个性化信息定制服务是指先由用户根据其兴趣、需求，从已设置好的各种类型的资源、服务中选择所需要的信息进行定制，然后根据分众分类法的基本原理，由系统按用户选定的行业领域、信息内容等整合相关定制信息，定期推送给用户。分众分类法通俗地讲，是一种自下而上的、社会性的、用户共同创造的、自由的分类法，一般由用户将其感兴趣的信息加以组织整理，自由选择关键词为信息贴加标签，具有强烈的个人背景特色[14]。典型的代表网站如美味忆签(del.icio.us)和闪亮图片夹(Flickr)等。这些网站并不是按照专家建立起来的目录分类学来给网站分类，而是基于一种由大众逐渐发展起来的分类体系——分众分类法，创建者并不是把其对互联网结构的看法强加给用户，而是将权利交给用户，借助大众的力量开发出一套分类体系。

分众分类法是 Web 2.0 网络的重要特征，往往依靠开放式标签系统 Tag 自动实现，具有开放自由、自动聚类、随意性等特点。基于 Web 2.0 的信息分类定制服务，一般可以为临港制造业电子商务交易提供行业动态、市场信息、用户数据库资源、搜索引擎关键词等的个性化定制信息。

8.3.3　Web 2.0 下用户的互动服务模式

Web 2.0 环境下的个性化信息服务是一种双向沟通的零距离信息服务，用户在获取所需信息的同时，也能顺畅地表达其对所消费产品的意见，既是信息的浏览者，同时也是信息内容的建设者。企业用户借助微信、微博、博客、简易信息聚合(RSS)、SNS 等社会化网络媒体工具，能够方便地与信息服务提供商进行交互，交易信息个性化互动服务的途径与内容都十分丰富。

(1)微信公众平台互动服务。临港制造业企业可以通过微信公众号，实现与特定客户群体进行文字、图片、语音全方位互动沟通。例如，通过发布企业公众号二维码，让微信用户随手订阅企业相关信息；通过微信用户分组和地域控制，实现直达目标用户的精准消息推送；借助微信个人关注页和朋友圈，实现品牌的病毒式传播。

(2)微博互动服务。临港制造业企业可以通过选择关注度高和参与人数多的微博平台，开展一系列活动吸引目标客户，引导用户积极参与企业活动传递信息价值。

(3)博客(Blog)互动服务。博客提供了一种简易的信息发布平台，临港制造业企业用户可以用博客系统发布产品信息或者营销推广信息，也可以通过企业网站的博客频道进行在线客服工作，与用户交流互动。

(4)维基(Wiki)互动服务。维基很好地运用了众人的智慧，既能促进已有资源的使用，又能为信息平台增加新的资源。临港制造业企业用户可以利用维基超文本系统发表意见，或者对新产品设计主题进行扩展、探讨，不断丰富与改进内容，以满足用户的个性化需求。

(5)简易信息聚合(RSS)互动服务。RSS 是一种站点与站点之间共享内容的简易方式，临港制造业企业用户可以借助 RSS 进行行业新闻发布、产品信息推送服务等。

(6)社交网络服务(SNS)。SNS 提供一种可以无限扩张自身人脉的网络交往方式，以六度分割理论为基础，实现人际交流，满足各种信息需求。临港制造企业可以通过 SNS 建立用户交流网，形成各制造领域电子商务交易信息的共享平台。

(7)互动标签(Tab)服务。互动标签是一种网络用户运用自由定义关键词的方式来进行协作分类的活动。用户可以根据需要为营销信息的页面或博客建立个性化标签,由此形成多种更符合用户个性化需求的信息分类或聚类规则,同时还可以看到网站上所有使用了相同互动标签的博客,由此能促进与其他用户产生更多的联系和沟通。互动标签服务使得网络微内容之间的相关性和用户之间的交互性大大增强。

8.3.4 基于 Web 2.0 的个性化信息服务模型设计

针对浙江临港制造业对电子商务信息服务的需求及其特点,可以利用信息推送技术向用户提供其所需的市场供求信息等个性化信息推送服务;利用分类检索技术向信息用户提供信息分类检索服务;利用博客、微博、微信、社交网站、简易信息聚合、维基等基于 Web 2.0 的工具与临港制造业用户进行广泛的信息互动服务。基于 Web 2.0 的个性化信息服务模型如图 8-2 所示。

(1)数据资源层。临港制造业各领域的核心企业(例如,汽车生产领域的吉利控股集团有限公司、紧固件生产领域的晋亿实业股份有限公司、石油化工产品生产加工领域的"镇海炼化"等)、第三方信息服务中介(例如,网盛生意宝、中国制造网、阿里巴巴 B2B 交易平台等)、金融服务机构(例如,各大商业银行、大型第三方支付平台)等的基础设施和信息系统积聚了大量数据,这些数据通过技术集成,形成 Web 数据库,供技术逻辑层进一步分析。知识库用来存储经由技术逻辑层分析处理后形成的各种有价值的规则(知识)或用户提供相关业务信息。

(2)技术逻辑层。该层负责前后台数据获取,对信息进行分类、过滤,尤其是对博客、简易信息聚合、互动标签、维基等页面中低耦合度的信息做结构化处理并定制索引,进行本体语义标注,根据相关规则,通过语义分析、检索和网络数据挖掘等技术进行信息抽取,最终通过 Push 等技术将知识推送到上一层[15-16],进行服务的定制。为了实现下一步的个性化信息推送服务,需要采用本体技术和数据挖掘技术。采用本体技术,检索系统能解析 Web 数据库各种内容结构的信息资源及其相互之间的复杂语义关系,提高检索结果的准确性。Web 数据挖掘技术和大数据分析是实现个性化信息服务的关键技术,采用 Web 数据挖掘技术,通过访问路径分析、关联规则发现、序列模式分析、分类规则发现、聚类分析等技术,能够实现用户建模,从而可以根据用户的不同特点和偏好,为用户提供个性化推送。

(3)应用服务层。该层根据用户个性化需求,为用户定义一些可选择的、相对独立的个性化推送服务模块、互动交流服务模块、分类检索定制信息服务模块等,其中互动交流服务可利用博客、简易信息聚合、维基等 Web 2.0 下的

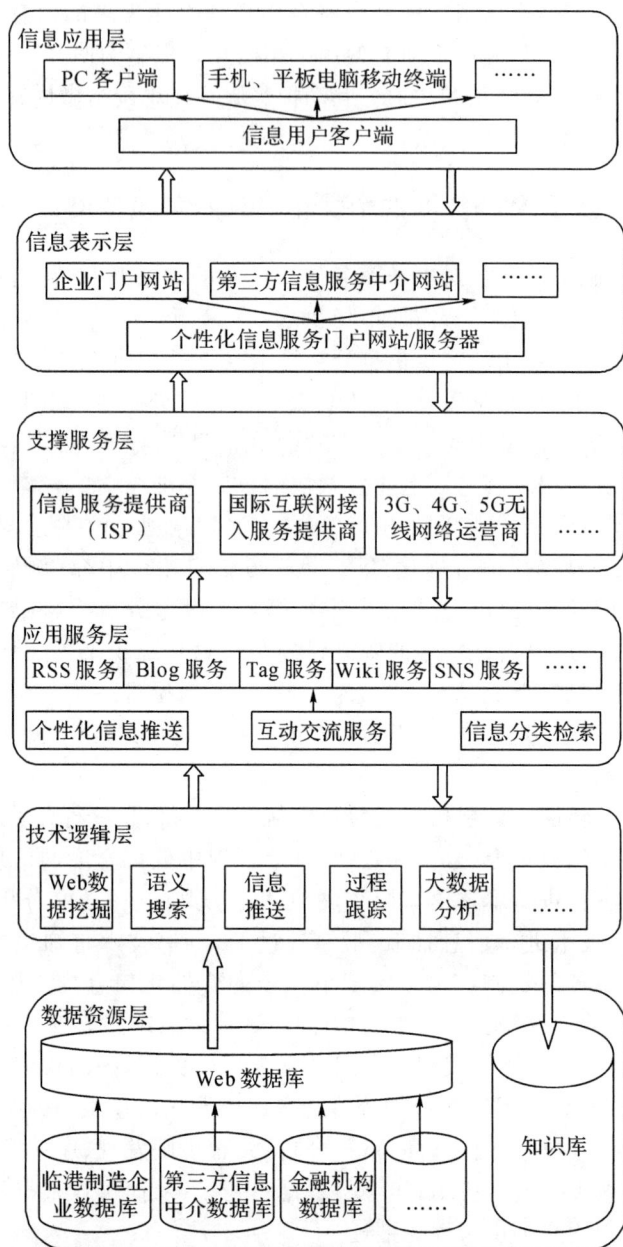

图 8-2　基于 Web 2.0 的个性化信息服务模型

工具进行。

（4）支撑服务层。该层提供支撑个性化信息服务所必需的网络和通信基础设施。提供支撑服务的服务商主要包括信息服务提供商（ISP）、国际互联网接入服务提供商。

（5）信息表示层。信息表示层即企业个性化信息服务门户网站，该层为用户电子商务个性化信息服务系统的入口，用户登录后，可以享受个性化的服务，如通过博客、简易信息聚合、互动标签、维基等，发布讨论评价、网络文摘、进行推送服务等。

（6）信息应用层。信息应用层即信息用户客户端，用户可以通过 PC 机客户端、手机及平板电脑等移动终端访问信息表示层的个性化信息门户网站，获取（检索或接收）所需的信息。

8.4　建立制造业 B2B 交易平台与临港物流协同信息服务系统

在分析浙江临港制造业企业通常使用的主要 B2B 电子商务平台的信息服务状况、浙江临港物流企业的信息服务现状的基础上，给出建立 B2B 交易平台与临港物流协同信息服务系统的策略建议。

8.4.1　B2B 电子商务平台与临港物流信息服务现状分析

电子商务环境下，企业处于开放性、综合性、复杂性与网络化的运作环境之中，物流服务问题相对更加复杂。一方面，通过电子商务平台进行网络交易的浙江临港制造业企业越来越多，其对物流服务的需求量越来越大，要求也越来越高，但是目前大量借助第三方网络交易平台（如阿里巴巴 B2B 交易平台、网盛生意宝、中国制造网、环球资源等）开展 B2B 交易活动的企业还不能实现真正的信息流、资金流、商流、物流一体化运作，企业在 B2B 电子商务平台上实施商品交易之后产生的物流问题往往被割裂开来，需要买卖双方企业自行另觅渠道采用其他商业模式完成最终的物流配送，特别是通过中国制造网、环球资源等平台进行跨境贸易的企业，其物流服务问题更加突出。

另一方面，浙江临港产业带内许多物流企业通过信息技术的应用和资源的整合，在一定范围内和一定程度上形成了制造企业、销售企业和包含物流联盟组织、虚拟组织及其他物流组织形态在内的开放性物流服务网络，物流服务的数字化程度有了很大提高。例如，在宁波港口物流中，货代、船代与港口、海关之间流传的 20 多种纸面单证，已经逐渐被电子报文所替代。目前宁波港物流网络平台支持 UN/EDIFACT911、93、95A、95B 等版本的标准报文和交通部提供的 20 多种平台文件（如集装箱装/卸报文），能够实现用户自定义的各种报文传输和不同格式报文之间的转换，还能提供电子报关和港口综合信息、集装箱堆场、装船、卸船及国际中转等业务的申报查询服务等一系列增值性信息服务。

但是，由于参与 B2B 电子交易的买卖双方企业所处地域分散、需求多样，且销售或采购活动一次性任务多，电子商务交易平台与相关物流服务商之间缺乏共享的利益目标和有效协同机制，同时也由于一些物流企业因网络环境下物流运作风险呈现多样化、复杂性特征而畏缩不前，致使 B2B 电子商务交易平台与临港物流服务网络之间信息服务割裂，客户企业不能实现便利高效的"一站式"全程电子商务服务。

由此可见，实现 B2B 电子商务平台与物流服务网络之间一体化运作的基础条件已经基本具备，只是缺乏让两者协同运作的机制和相关的保障性服务。因此，探讨 B2B 电子商务交易平台与物流服务网络之间的协同运作机制及其风险预警问题，推动物流网络中各节点信息和资源实现共享与协同作业，使 B2B 电子商务交易平台与临港物流服务网络相关配套服务无缝协同，为企业客户提供一体化物流服务，打造新型的 B2B 电子商务服务模式，具有重要的实际应用价值。

8.4.2　建立 B2B 交易平台与临港物流协同信息服务系统的策略

1. 建立 B2B 平台与物流协同信息服务系统的总体思路

基本思想：面向浙江临港制造企业 B2B 电子商务交易的物流服务需求，通过建立 B2B 电子交易平台和物流信息网络之间的协同服务机制，整合社会物流服务网络资源，解决电子商务交易与物流配送一体化服务问题，为企业提供"门到门"物流协同服务；同时，对其协同运作中可能存在的市场风险因素进行分析，构建基于 BP 神经网络的协同风险预警子系统。

B2B 交易平台与临港物流协同信息服务系统模型如图 8-3 所示。

2. 建立 B2B 平台与物流协同信息服务系统的基本步骤

(1)针对 B2B 电子商务交易双方及相关物流企业对电子商务交易平台与

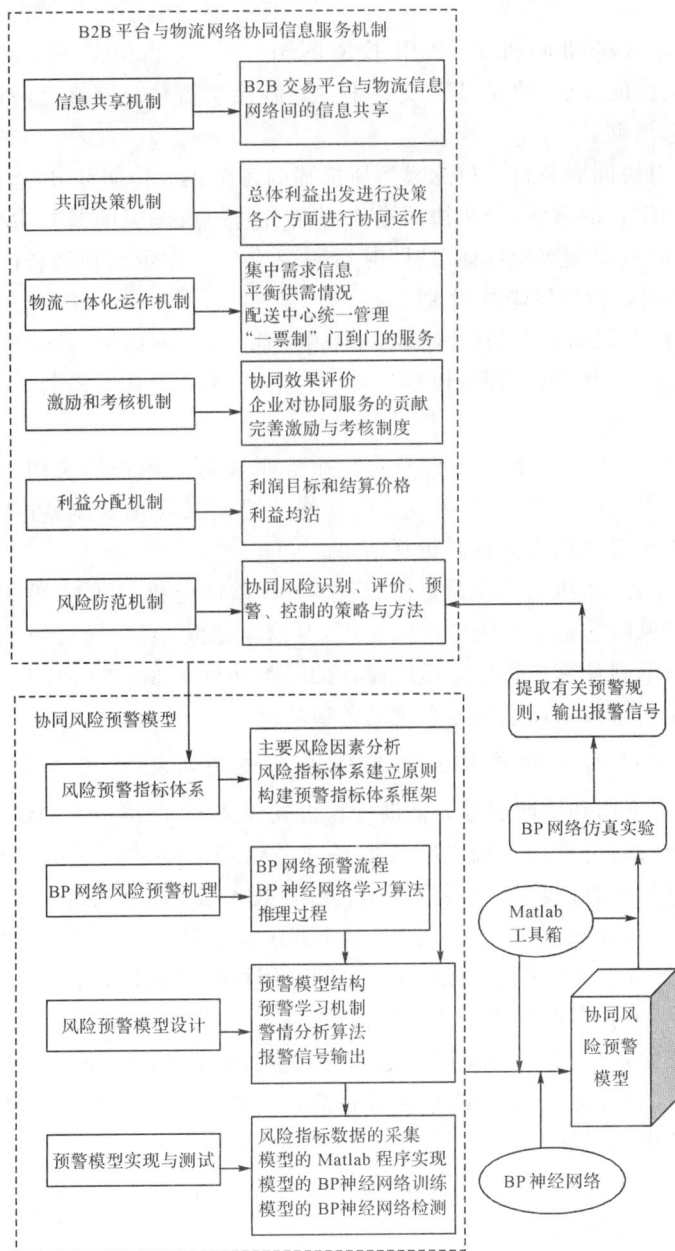

图 8-3　B2B 交易平台与临港物流协同信息服务系统模型

物流服务协同运作的需求，运用本书 5.4.1 节提出的电子商务平台与物流网络间的信息服务协同机制，采用 E-R 图与 UML（Unified Modeling Language）相结合的方法，建立 B2B 交易平台与临港物流信息网络之间协同服务机制的概念模型。

（2）针对协同服务机制概念模型所描述的各个主要协同环节，运用定性与定量研究相结合的方法，分析协同运作可能引起的市场风险及其主要影响因素，构建协同风险预警指标体系；同时运用理论与实证研究相结合的方法，分析 BP 神经网络预警风险的机理。

（3）在前阶段研究获得的风险预警指标、BP 神经网络风险预警机理的基础上，进行协同运作风险预警模型设计，并用 Matlab 工具箱函数等工具实现该风险预警模型。

（4）结合 B2B 电子商务平台与物流服务企业协同运作的实例，采集相关风险指标数据，并用 BP 神经网络对所构建的协同风险预警模型进行仿真训练、检测，直至得到较为满意的仿真结果。

（5）最后将该"协同风险预警模型"作为"风险防范机制"的重要组成部分，导入到协同风险防范子系统中加以应用，对前期建立的"协同机制模型"进行充实、完善；编制计算机程序实施所设计的各类协同机制，实现 B2B 电子商务平台与物流网络协同信息服务系统的各项功能。

3. B2B 平台与物流协同信息服务系统的实施方法建议

（1）动态重构和协同服务。借助计算机软件技术、网络技术和物流信息技术实现系统的动态重构和临港物流服务业务管理之间的信息协同服务。例如，可以采用软构件技术、中间件技术、WEB 技术、XML 技术和 Web Service 技术等，在 Windows 2000/Vista/XP 和 Linux 等多种网络操作系统平台上运行，支持多种数据库管理系统，加强平台的通用性和开放性，支持 EAI 应用的定制和快速实施，实现系统的动态重构，加强浙江临港船舶一站式申报系统、安检快速查验系统、集装箱箱体鉴定系统、危险品监管系统、网上对账与支付系统、在线订舱系统、集中采购系统等临港物流业务管理之间的信息互动，使平台的服务更加完善。

（2）利用 BP 神经网络仿真训练与检测预警模型。BP 算法的学习过程包括信息流正向传递和误差修改反向传播两部分。算法运行时，先启动正向传递程序，将需要处理的信息从输入层神经元节点导入，经过 BP 神经网络的隐含层处理后传向网络的输出层，并在输出层对所输出的结果进行比较和判断分析。如果输出层的实际输出值与样本期望值之间的误差超出预定范围，则

BP算法开始误差逆向修改过程,即误差信号沿神经元正向连接时的通路逐层返回,同时逐一修改各层神经元节点之间连接的权值。BP网络经过多次迭代学习训练,反复地通过信息正向传播与误差反向修改进行各层权值调整,直到BP网络输出层的输出误差达到预定范围或迭代次数达到预定值,学习过程结束。在整个模型的实现过程中,关键参数的实现可以采用自适应策略,预警模型可利用Matlab实现并进行仿真,输出预警信号。

4. 实现B2B平台与物流协同信息服务系统的关键技术

实现B2B平台与物流协同信息服务系统的关键技术主要包括:B2B交易平台与物流服务网络协同运作风险预警模型风险指标及预警阈值的确定、BP网络训练学习参数的调整、预警信号的输出等技术。

(1)风险指标值的选取及预警阈值的确定。B2B交易平台与物流服务网络协同运作风险预警指标体系包含了定性指标与定量指标,是一个可以全面反应B2B网络平台与物流服务企业运作状况的指标体系。解决途径:在进行协同运作风险预警分析时,以物流网络服务企业运作风险指标体系为基础,采用专家评分(定性指标)和收集企业公开的财务数据(定量指标)的方式,通过综合判定得到样本数据,然后进行归一化处理得到运作风险指标值;对于预警阈值的确定,可选取协同运作过程某类风险的动态平均值为其性能指标,运用阈值集合 x 的特征函数 $u(x)$,综合考虑确定性阈值与非确定性阈值的优点,采用分段确定阈值监控方法来度量监控信号值的大小,同时依据国际公认、历史经验或专家意见,结合当时当地经济运行的实际情况综合考虑确定。

(2)BP网络训练学习参数的适应性调整。适应性调整可简单地理解为把已获取到的解决方案的一部分用其他内容替换,或者修改整个解决方案。解决途径:为了提高BP算法的收敛速度和精度,可采用二次自适应调整学习参数的改进型BP算法。其基本思想是:在每次学习过程,进行二次学习参数的自适应调整,第一次是自适应调整学习率 η 和动量因子 mc,进而调整连接权和阈值。具体做法是:在第 t 次迭代完成之后,比较本次迭代的总体误差 $E(t)$ 与上一次的总体误差 $E(t-1)$ 的大小,调整学习率 η 和动量因子 mc,然后调整连接权和阈值。第二次是自适应允许均方误差 $\mathcal{E}$ 的值,其方法是:在第 N 次学习(指所有样本学习一遍)完成后,求出本次学习的最大误差 $SE_{max}(N)$,然后计算最近两次学习过程中最大误差变化量的平均值 ΔSE_{max},把这一平均值与根据精度要求确定的收敛界限值相比较,根据比较结果调整允许均方误差 e。此时得到权值和阀值即为网络的最终参数值,输入预警知识库,否则继续BP神经网络的训练。

（3）预警信号的输出。解决途径：将 B2B 交易平台与物流服务网络协同运作风险预警信号的输出方式分为综合预警信号的输出和单因素预警信号的输出两类。对于综合预警信号的输出，充分利用所建立的 BP 神经网络预警模型的实用性及智能性，在一定的周期内，对协同运作渠道整体风险进行实时监控，输出反映企业整体运行状况的综合评价结果，将其与风险等级匹配，及时准确地发出相应的警报信号；同时，可以通过绘制综合风险趋势信号图来反映协同运作状况的变化发展趋势，以便更清楚地观察协同运作风险走势。对于单因素预警信号输出则根据单项指标的变化情况来进行预警，即把单个预警指标的当前指标值和该指标的警限值进行比较，从而判断其当前的状态，依据具体情况发出不同的警报等级。

8.5　完善浙江临港制造业电子商务信用信息服务体系

电子商务信用信息服务体系由信用信息服务的组织管理体系、资源内容体系、运营保障体系等部分构成。本书在对浙江省宁波北仑区临港制造业基地、杭州湾新区中出口加工区和先进制造业集聚区的制造企业以及甬台温等地其他中小型制造企业电子商务信用信息服务现状及需求进行调查分析的基础上，针对现阶段存在的主要问题，从构建和优化两个不同层面对浙江临港制造业电子商务信用信息服务体系的建设提出可行性建议。

8.5.1　浙江企业信用信息服务存在的主要问题分析

近几年来，浙江省各地区依托税务、金融机构以及大型电子商务网站已不同程度地开展了企业信用等级评定工作，在企业信用等级的评定制度设计和实操方面积累了不少经验，取得了一定成效。但目前全省企业，特别是制造业企业信用等级评定工作还存在许多不足，离电子商务（特别是跨境电子商务）活动中对企业信用信息的需求，还存在很大差距。

1. 缺乏统一的企业信用体系建设和管理主体

现阶段作为企业信用体系建设和管理的主体并不统一，主要由各地税务机关、银行金融机构、工商、海关、质检等部门或大型电子商务交易服务平台各自在其业务所涉及的范围内不同程度地开展企业信用评价工作，缺乏统一的评价标准和管理准则，而且不同机构对企业的信用评价信息往往仅限于本行业内部交流,不能在全社会广泛共享。例如,目前税务机关与工商、海关、质检等部门在联合评价、信用评价信息交换等方面尚未建立起完善的信息共享机制和制度,纳税信用评价信息尚无法充分在企业资质审批、产品出口、质量检验等领域发挥出应有的激励和惩戒作用。

2. 未建立功能完备的企业信用信息库

目前全省尚未建立起具有信息完整、科学,数据查询快捷、便利等特点的统一的企业信用信息数据库,这不仅不便于企业信用信息的调用、分析和存储,也不利于企业信用评价工作的统一开展。同时,由于未建立统一完备的企业信用数据库和信息服务平台,也在一定程度上迟滞了企业征信服务的推出。现阶段国家依托中国人民银行征信中心进行联合征信数据库的建设,归集和管理企业信用信息,但多年来一直存在着采集难、共享难的问题,企业信用信息(非金融领域的)覆盖度并不全且更新较慢,市场主体和相关机构无法在市场活动中随时查阅企业信用状态,这在一定程度上也阻碍了企业信用评价社会影响力的提升,不利于企业电子商务(特别是跨境贸易电子商务)的顺利展开和健康发展。

3. 企业信用等级评定信息应用范围狭窄且激励度不足

经过几年来的探索和建设,尽管企业信用评定制度不断得到补充完善,但企业信用评价信息在应用范围、激励效果以及社会影响力方面仍然十分有限。征信产品还停留在基础性的信用报告水平,增值产品不够丰富,缺乏跨部门、跨领域的实用性,条块分割的局面也比较突出。例如,不少企业的信用评价信息,仅限于税务机关或金融机构用于对不同信用等级的企业实施分类管理。同时,由于对高等级信用企业的奖励和激励不足,使高信用资质难以对低信用度企业产生较大吸引力。

8.5.2　健全临港制造业信用信息服务的组织管理体系

现阶段国内电子商务信用信息服务的组织机构主要包括个人信用信息服务中介机构、商业市场上的企业资信服务机构,资本市场上的企业信用评级服务机构等类型,并未形成统一的企业信用体系管理主体。

针对浙江省临港制造企业电子商务信用信息服务的需求特点,以及缺乏统一的企业信用体系建设和管理主体等现状,建议以政府为主体,联合政府相关管理部门和其他社会力量,从以下方面着手,共同探索建立临港制造业企业信用信息服务的组织和管理体系。

1．针对临港企业征信工作完善有效的组织推进机制

企业信用体系建设是整个社会信用体系建设中最关键、最活跃和最具影响力的部分。企业信用不仅在金融市场被投资人或贷款人所关注，而且在一般交易市场上也被多方重视，随着经济契约化的发展，企业信用将成为合作与交易的先决条件。因此，建议目前由省政府发改委会同人民银行，联合政府其他相关部门以及大型电子商务企业，出台针对浙江临港制造业企业信用体系建设的联席会议工作细则，完善固定工作机制，形成组织合力，全力推进临港企业征信工作。

2．健全企业征信机构体系并整合信用信息

电子商务信用信息服务要求企业征信体系既能高效运行，又能提供具有明确针对性的企业信用信息，这就必须建立一批既能充分利用各项资源、又能发挥规模效益的征信机构，同时在信息资源整合、共享与信息增值服务等环节进行有效协同。因此，建议从我省目前临港企业征信需求入手，构建具有行业特色且平等竞争的多种征信机构，同时整合人民银行信贷登记查询系统、工商企业信用分类监管信息系统等各有关部门的企业信用信息，纳入全省统一联合征信平台，实现企业信用信息依法披露，形成多层次、多方位征信信息资源整合利用的发展格局。

3．提升企业征信数据采集与分析应用水平

（1）提升重点征信数据采集分析的效率和质量。企业征信数据采集是企业信用信息管理的重要环节，也是企业信用评价的依据。通过将分散在不同部门的主要信用数据指标集中分析和展示，结合多种现代信息技术手段，利用可视化的自动表格生成工具，及时、直观地了解被征信企业在各种商业活动中的信用指标，深入分析各项指标的形成过程、内部构成，确保各项征信数据的客观可靠。

（2）建立一企一册的信用信息查询机制。将企业征信数据信息纳入企业信用管理平台信息库，建立一企一册的信用信息文档和相应的信息查询机制，可以直观全面、精准快速地查询到企业不同层面的征信信息，方便进行个性化定制分享企业信用信息。在满足信息权限的前提下，可以根据用户需求为其提供定制化的企业信用信息共享服务。

8.5.3　构建临港制造业信用信息服务内容体系

电子商务信用信息服务活动主要包括两方面的内容，即征信活动和信用

评级活动。针对目前浙江省临港制造业信用信息服务的主要业务需求,建议开展全省临港产业园区制造业企业征信、信用评级、信用调查工作,构建其电子商务信用信息服务内容体系。具体来说,应重点做好以下事项。

1. 建立统一权威的企业征信信息库

建立浙江临港制造企业信用信息库。当前,银行、税务、工商等部门各自建立并维护企业信息库,互不共享,企业用户无法系统准确地全面了解与其交易的企业信用情况。因此,建立动态、翔实、全面的临港制造企业征信基础信息库,实现政府各部门之间、政府部门与企业之间资源和数据资料的纵向和横向共享,满足不同层级的需求,是更好地提供信用信息服务的基础,也是政府大数据发挥价值的核心。

2. 构建自助式移动数据平台

随着移动应用(APP)的普及,电子政务和电子商务的移动应用正日益深入地改变着人们的生活和工作方式。建议根据政府各部门的管理和企业需求等实际情况,定制开发数据类移动客户端,将各部门重点关注的企业信用信息通过 APP 等方式及时推送给有需要的相关企业,为企业决策提供多渠道、多层次的信用信息支持。同时建立数据发布平台,动态发布经济运行数据等重点信息。

3. 深入有效地开展全行业企业信用评价工作

针对临港制造企业信用信息服务需求,建议从以下几方面深入有效地开展全行业企业信用评价工作:

(1)完善企业信用评价体系。从企业资质信用、法人信用、纳税信用、信贷信用、合同履约信用、产品(商品)质量信用、服务信用、员工信用等方面入手,打造信用基础。

(2)提高企业信用评级的客观公正性。企业信用评价机构应严格按评价标准进行评价,同时引进大数据分析评价技术,提高企业信用评级的公信力。

(3)重视企业信用评级结果的使用。有关部门应该引导、规范企业信用评级活动,将规模以上企业全部纳入评价系统,并对评价结果积极采用。

4. 积极发展大数据征信产业

利用浙江拥有的大型征信公司和评级机构,发展大数据征信产业。政府要创造良好环境,鼓励和积极支持以信用管理为核心的各类大数据平台发展,创新监管方式,加强政府数据共享和比对校核服务,促进分享新经济模式的发展,同时也丰富信用信息服务内容。

8.5.4 优化临港制造业信用信息服务的运营体系

信用信息服务的运营一般可以采用政府驱动和市场驱动两种模式。浙江近年来在加快推进社会信用体系建设、改善市场信用环境、规范市场经济秩序方面，做了大量工作，取得了长足的进展。针对现阶段临港制造业信用信息服务需求，建议从筑牢信用信息共享基础、健全激励惩戒机制、推进跨境信用合作、培育规范信用服务市场、加强诚信文化建设等方面，对临港制造业信用信息服务的运营体系进行优化，以提高企业诚信意识和信用服务水平。

1. 建立统一的信用信息共享机制

建立企业信用资信查询共享机制，提高企业信用信息资源的利用效率，建议着重做好以下几点：

（1）根据用户需求建成全省统一的临港制造企业信用信息公共服务平台。依托网络信息技术，将分散在政府各业务部门和第三方企业网站的企业信用信息整合在统一企业基础信息库中，建立数据完整、查询快捷便利、具有强大信息统计分析功能的企业信用数据库和应用平台，并以此为基础逐步实现企业信用信息的社会化查询与共享。

（2）依法推进企业信用信息资源开放共享。依法推进企业信用信息在采集、共享、使用、公开等环节的分类管理，建立由省政府牵头，税务、银行、工商、海关、法院等部门定期传递、共享企业信用信息的制度，进一步完善企业信用信息交换共享机制，有序推进企业信用信息资源的开放共享与应用。

（3）完善信用信息目录和失信披露制度。统一社会信用代码制度和相关实名登记制度，完善信用信息目录，规范信用数据归档和相关信息管理流程；同时加强临港制造企业信用信息记录与管理，完善失信记录和披露制度。

（4）建立健全内部风险防范和信用信息安全管理机制。

2. 建立完善信用激励惩戒机制

完善企业信息传递机制、企业守信激励机制、企业失信约束机制和惩罚机制等一系列信用制度，推动统一、完备、全覆盖和一体化的征信平台建设。

（1）建立并实施浙江省企业失信行为联合惩戒制度。综合运用守信激励政策和市场性、行政性、行业性惩戒措施，使守信者处处受益、失信者寸步难行。对严重违法失信主体实行市场禁入制度，强化行政监管性惩戒，实行多部门、跨地区、跨行业惩戒联动。

（2）完善社会舆论监督机制。建立各行业失信黑名单制度和市场退出机制,积极推动行业协会自律监督机制建设,加大对守信主体的政策支持力度。

(3)加强重点领域信用建设。围绕当前经济最活跃、问题最突出的临港制造业领域,例如紧固件制造领域,着力构建信用信息系统,出台完善"红黑"名单制度,加强守信联合激励和失信联合惩戒,营造产业发展的良好环境。

3. 培育规范企业信用服务市场

(1)大力发展各类信用服务机构。逐步建立公共和社会信用服务机构互为补充、信用信息基础服务和增值服务相辅相成的信用服务组织体系。

(2)培植信用服务龙头企业和产品。支持实力较强、规模较大的征信机构发展成为全国性和区域性龙头企业;拓展信用服务产品在政府管理、社会治理和市场交易中的应用。

(3)完善信用服务市场监管体制。大力推进市场主体信息公示披露和政府行政处罚等信用信息的及时公开,打破信息孤岛,完善信用法制建设,加强信用服务行业自律。

4. 加强诚信文化建设

(1)积极推进企业信用体系建设综合性试点。普及诚信教育,倡导诚信理念,弘扬中华民族诚实守信的传统文化和现代市场经济的契约精神,推动形成崇尚诚信、践行诚信的社会风尚。

(2)加强企业信用管理人才队伍建设。加快信用专业人才培养,建立健全企业信用管理职业培训与专业考评制度。

5. 推进跨境信用合作

积极探索跨境企业信用合作途径,在此基础上进一步深化企业信用信息的互联互享,建立常态跨境化合作机制;在毗邻国家和地区开展类似探索,鼓励跨境征信机构间的信用数据共享,建立"诚信+风险"溯源体系下的跨境电子商务监管模式。

8.6　开发浙江临港制造协同信息服务系统平台的策略

浙江临港制造协同信息服务系统平台,面向浙江省人民政府在海洋经济和港口发展等相关建设规划中涉及的临港区域内的各产业带,是一个由众多生产制造企业和生产服务企业为活性结点构成的有机网络组织系统,其中单纯针对某条制造产业链(例如汽车制造产业链)的协同信息服务可以看作是基于关联业务的单链协同服务。根据本书 7.2.2 节阐述的关联业务单链协同信息服务平台的体系结构,在此以汽车制造行业为例,给出构建制造协同信息服务系统平台的总体方案以及针对不同生产领域应用的功能模块设计方案。

8.6.1 制造协同信息服务系统平台总体方案

制造协同信息服务系统平台是针对信息用户与生产企业、生产企业与供应商、生产企业与服务商间的关联业务电子商务信息服务需求,覆盖从产品供求信息发布、订单获取、产品销售,到协同设计、采购、生产、库存、发货、物流配送、结算、付款等全过程信息化应用的行业公共信息服务平台。该平台总体上分为四层,自下而上依次为:企业信息资源层、信息协同管理工具、信息集成通用服务层、信息协同应用层(如图 8-4 所示)。

1. 企业信息资源层

制造协同信息服务系统平台的企业信息资源层包括基础数据库、共享资源库、专业标准库等信息资源。其中,基础数据库主要有产品数据库、标准件库、通用零部件库、原材料库等;共享资源库主要有客户资源库、人力资源库、设备资源库、软件资源库等;专业标准库包括行业标准库、专业知识库等。

企业信息资源层为制造协同信息服务系统平台的运行提供必不可少的数据库和资源上的支撑。

2. 信息协同管理工具层

信息协同管理工具层主要包含了对制造协同信息服务系统平台进行信息集成管理所需要的各种工具,如用户管理、日志管理、数据集成、资源调度、接口管理、安全管理、事务管理、运行监控、消息管理、服务管理、项目管理、流程管理、协同关系管理以及其他一些管理工具。

管理工具层负责收集和存储有关客户和站点的信息,对 Web 站点进行全局管理。

3. 信息集成通用服务层

制造协同信息服务系统平台的信息集成通用服务层包括向系统开发人员提供的一些通用服务和工具,如数据库访问服务、XML 解析器、报表生成服务、工作流服务、用户接入服务等;同时还包括向消费者和成员企业提供的应用集成服务、邮件服务、资源检索服务、项目管理服务、跨越访问服务、信息认证服务、信息发布服务、信息检索服务、目录服务以及其他服务。

通用服务层面向消费者和成员企业用户提供基本业务服务。例如,产品

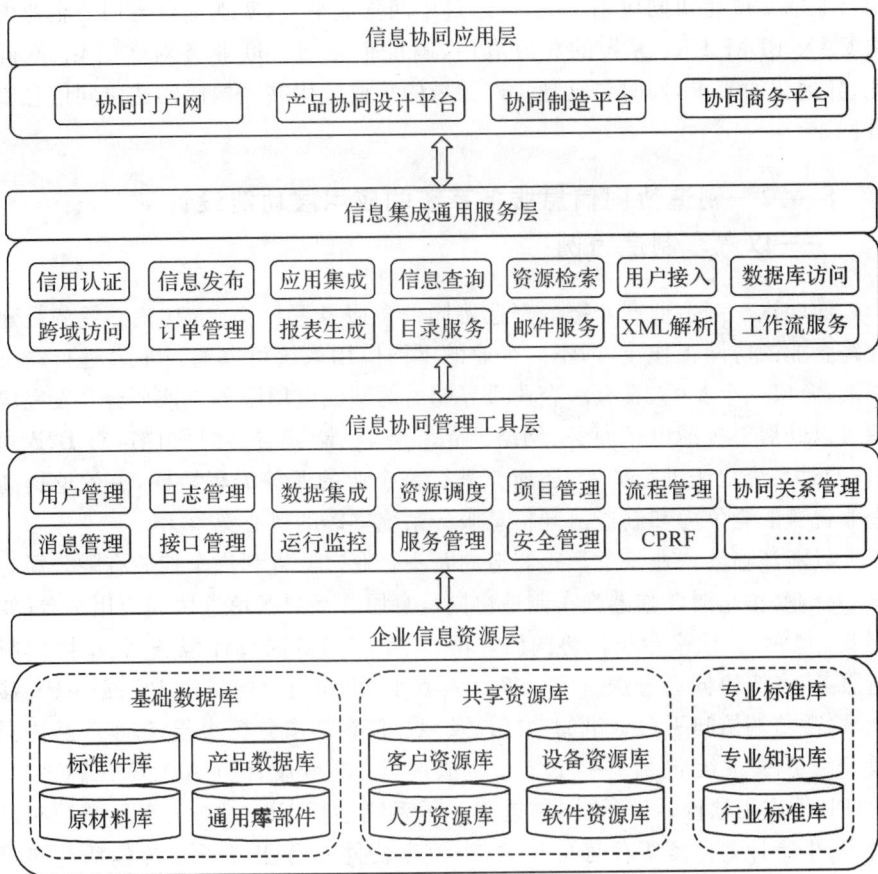

図 8-4 制造协同信息服务网系统平台总体方案

目录服务可以创建产品目录,添加、更新产品目录数据,提供基于 XML 格式的导入和导出功能,并面向企业的应用提供向其他合作伙伴传递产品目录的功能;订单管理模块负责接收客户订单,自动发送给相应的供应商,自动接收订单返回状态。

4. 信息协同应用层

信息协同应用层由协同门户网、协同设计平台、协同制造平台、协同商务平台等一系列功能子平台构成,并通过中间信息集成通用服务层和信息协同管理工具与企业内部的信息化系统中的各类信息资源实现数据的集成。

根据不同行业用户群体的具体需求,信息协同应用层可以按需组合成不同行业的集成化协同应用方案,并通过中间集成平台,实现平台与用户企业内部 CAX/PDM/ERP 系统的集成应用,满足企业间关联业务对实时化、准确化、异地化的要求,同时与其他生产领域的集成应用共同构成制造协同信息服务网。

8.6.2　制造协同信息服务系统的应用层功能设计
——以汽车制造为例

面向汽车制造业产业链的制造协同信息服务系统平台,其核心任务是建立跨企业的协同工作流,即不同企业的不同应用系统可以通过平台进行动态集成,合成一个新的、具有跨企业边界能力的基础应用服务。该平台开发完成后可以开展常规的电子商务、网络营销业务,也能够与协同伙伴进行 B2B 贸易;若对系统功能进行扩展,还能够进行跨企业的业务流程协同,有效地提高企业自身的竞争力和制造协同信息服务系统整体的核心竞争力。

以浙江临港产业带中汽车制造的龙头企业——吉利汽车控股有限公司为核心企业,构建浙江临港汽车制造协同信息服务系统的信息协同应用平台(如图 8-5 所示)。该平台包括协同门户网、汽车产品协同设计服务、汽车协同制造服务、汽车协同商务服务等子系统。其中,协同门户网提供 PC 端、APP 移动端、微信端访问平台资讯的功能以及用户信息需求分析功能;汽车产品协同设计服务子系统包括并行设计、虚拟设计、造型设计、CAD、CAE、CAM、CAPP 等应用软件;汽车协同制造服务子系统包括 ERP、DSS、产品型号项目管理、生产计划进度管理等应用软件;汽车协同商务服务子系统包括合同管理、网上竞标、订单跟踪、产品配置、售后服务、CRM、SCM 等软件。它们与企业信息资源层、信息协同管理工具、信息集成通用服务层共同构成一个完整的面向汽车制造行业制造协同信息服务系统。

核心制造企业、技术服务企业、原材料及外协件供应商可以利用该平台快速方便地在互联网上发布供求信息、选择合作伙伴、确定协同设计关系、发放协同设计数据,进行协同设计项目管理、协同任务管理、协同设计文档管理、协同变更和版本管理、协同视频会议解决技术冲突、协同设计知识管理、APQP过程管理、供应商管理、三维虚拟零部件库管理、协同设计资源管理、手机移动办公和移动商务,进而实现核心企业跟供应商之间从新车型的工程化设计、工艺或工装设计、样车试制到定型全过程的网络化异地协同设计与同步开发,从而大幅度缩短新车型的研发周期,提高新产品的研发效率。

具体操流程如下:企业用户首先通过终端登录协同门户网,将信息服务需

図 8-5 汽车制造协同信息服务系统的信息协同应用方案

求提交给协同应用平台的信息需求分析子系统；然后由信息需求分析子系统对企业提出的需求进行分析并访问企业信息资源层中的专业知识库，如果能直接从知识库获得所需信息，就直接反馈给协同应用平台中的协同门户网，否则将视具体需求进入相应可以获得信息的渠道，例如进入协同设计平台、协同制造平台、协同商务平台或者进入信息集成通用服务层，由服务平台内部对信息进行筛选、处理、加工后提供给需求企业。

　　汽车制造协同信息服务系统面向最终用户的接口可以是协同门户网，也可以是协同商务服务网站。客户登录某协同商务服务网站，选择所需的商品，添至购物仓，选择配送方式，系统根据配置参数自动计算税率并生成订单，然后将订单通过网络传输至汽车制造服务商的 ERP 系统。如果系统判定有能够满足需求的库存量，则执行物流策略进行产品配置，同时将订单的反馈发送给销售商门户，系统可以方便地跟踪订单的执行情况。如果制造服务商没有所需数量的库存，则 ERP 系统执行生产规划，向零部件供应服务商递交采购订单，组织生产制造。零部件供应服务商接到订单后将面临制造服务商类似的情况，即向下级零部件或原料供应服务商提交所缺配件的采购申请。同时系统产品目录管理能够实现产品目录传递与更新的自动化，当制造服务商有新车型问世并组织销售时，系统可以直接向销售服务商的系统提交新车型数据；销售服务商系统则自动刷新产品目录，最终用户可以看到网站上销售内容的变更等实时信息。

8.7　本章小结

　　本章以浙江省各级政府部门对临港产业经济带的有关发展规划精神为指

浙江临港制造业电子商务信息服务模式构想

第8章

导,针对浙江临港产业带的特点,结合本书第 3 章所述临港制造业电子商务信息服务需求,综合运用本书第 4、5、6、7 章所述的相关成果,从打造浙江临港制造业基于 Web 2.0 的信息服务模式、建立制造业 B2B 交易平台与临港物流协同信息服务系统、完善浙江临港制造业电子商务信用信息服务体系、以汽车制造为例构建浙江临港制造协同信息服务系统平台等方面,提出浙江临港制造业电子商务信息服务模式的构建策略。

浙江临港制造业电子商务信息服务模式的实施,对于完成《中国制造 2025 浙江行动纲要》提出的推进信息化和工业化深度融合、大力拓展服务型制造新模式、积极发展服务型制造和生产性服务业等重点任务,推进制造业服务化转型升级、有效提升生产性服务业的产业规模,能够产生十分重要的推动作用。

参考文献

[1] 浙江省人民政府.中国制造 2025 浙江行动纲要[EB/OL]. http:// www.zj.gov.cn/art/ 2016/2/17/ art_ 37173_261403.html, 2016-02-17.

[2] 浙江省人民政府办公厅.浙江海洋经济发展试点工作方案[EB/OL]. http://www.zj.gov.cn/ art/2013/1/4/ art_38271_231795. html, 2011-04-06.

[3] 浙江省人民政府办公厅.浙江省海洋港口发展"十三五"规划[EB/OL]. http:// www.zj.gov.cn /art /2016/5 /3/art_12461_272901. html, 2016-04-28.

[4] 新华社.国务院正式批复《浙江海洋经济发展示范区规划》[EB/OL]. http://www. gov. cn/jrzg/2011/03 /01/content_ 1814117. htm, 2011-03-01.

[5] 赵洪祝.建设浙江海洋经济发展示范区[J].港口经济,2011(4):5-6.

[6] 宁波市发改委.宁波市海洋经济发展规划[EB/OL]. http://gtog. ningbo. gov. cn/art/ 2011/5/23 /art_ 97 _ 159026. html, 2011-05-23.

[7] 浙江省交通运输厅.《湖州市临港产业发展规划》通过市政府批复[EB/OL.]http:// www.zj. gov. cn /art/ 2017/2/9/art_ 13104_

2215885. html,2017-02-09.

[8] 浙江头门港经济开发区管委会.浙江头门港经济开发区获省政府批复[EB/OL]. http:// www. zjtz. gov. cn/xxgk/jcms_files/jcms1/web66/site/art/2017/5/27/. 2017-05-27.

[9] 浙江省发改委.关于印发《温州浙南沿海先进装备产业集聚区发展规划》的通知[EB/OL]. http://www. zjdpc. gov. cn/art/2014/12/8/art_809_697447. html,2014-12-08.

[10] O'REILLY,T. What is Web 2.0：design patterns and business models for the next generation of software[J]. Social Science Electronic Publishing,2007,97(7)：253-259.

[11] 陆萍,张蒂,邓克武,等.Web 2.0环境下基于用户需求的信息服务研究[J].情报杂志,2010,29(3)：170-172,52.

[12] 陈晴光.网络营销服务及案例分析[M].北京：北京大学出版社,2016.

[13] 李育嫦.基于Web 2.0的高校图书馆个性化信息服务:现有模式、存在问题及服务优化[J].新世纪图书馆,2011(4)：30-33.

[14] 龙卫东,赵丹僖,叶春芳.文献分类法、信息分类法和分众分类法探究[J].情报探索,2010(4)：6-8.

[15] 陈晴光.基于Web访问信息挖掘的商业智能研究[J].计算机工程与设计,2008,29(6)：1413-1416.

[16] 王伟军,刘艳芬,王显彬,等.基于Web 2.0的知识管理系统的设计[J].情报理论与实践,2009(6)：97-101.

学术名词索引